経営者の教科書

HBR'S 10 MUST READS FOR CEOS

ハーバード・
ビジネス・レビュー
CEO論文
ベスト12

ハーバード・ビジネス・レビュー編集部＝編
DIAMOND ハーバード・ビジネス・レビュー編集部＝訳

ダイヤモンド社

HBR'S 10 MUST READS For CEOs
by Harvard Business Review

Published by arrangement with Harvard Business Review Press, Brighton, Massachusetts
through Tuttle-Mori Agency, Inc., Tokyo

はじめに

本書は、社長をはじめとする経営層全般が抱くであろう典型的な悩みに幅広く応える内容として、戦略立案の手法から、イノベーションを起こしやすくする組織変革、社員間のコミュニケーション円滑化の方法、有望な人材の採用や育成などについて、第一線の研究者が書いた論文を集めています。『経営者の教科書』と銘打ってはいますが、CEOや社長などの経営陣、将来経営を担うマネジャークラスにある人はもちろん、リーダーを目指すすべてのビジネスパーソンの必読書です。

米国の名門経営大学院、ハーバード・ビジネス・スクールの教育理念に基づいて、1922年、マネジメント誌*Harvard Business Review*（HBR：ハーバード・ビジネス・レビュー）が創刊されました。同編集部とダイヤモンド社が提携し、日本語版『DIAMONDハーバード・ビジネス・レビュー』（DHBR）を1976年に創刊しました。以来、DHBRは月刊誌として、「優れたリーダー人材に貢献する」という編集方針の下、学術誌や学会誌のような無用な難解さを排し、「実学」に資する論文を提供しています。ビジネスパーソンがマネジメント思想やスキルを独学したり、管理職研修や企業内大学、さらにビジネススクールで教材として利用されたりしています。そのHBR誌の掲載論文から、同編集部が「CEOが知っておくべきこと」として厳選した11本の論文と、同誌運営ウェブサイトHBR．orgの掲載論文1本を集めたものが、本書です（各論文執筆者の肩書きは基本的に、論文発表時のものです)。

第1章「戦略構築にこそ戦略が必要である」は、ボストン コンサルティング グループが、10の産業分野の120社を対象に行った調査がもとになっています。多くの企業幹部が、臨機応変で柔軟な戦略の必要性を感じながらも、実際には、一律に予測可能で安定した環境で事業が行われる想定下で、戦略を立てていました。では自社の環境に即した戦略を立てるにはどうすればよいのか。本稿では予測可能性と改変可能性の2つの軸でマトリックスをつくり、自社にふさわしい戦略スタイルを採用する方法を具体的に説明しています。

第2章「イノベーション戦略の70:20:10の法則」によると、イノベーションが生まれやすい企業では、イノベーションの性質別の資源配分比率がほぼ一致していました。イノベーション領域を、既存事業中心の中核レベル、既存事業から少し踏み出した隣接レベル、まだ存在しない新しい市場を創出する転換レベルの3つに分けた時、資源の投下比率が7:2:1になっていたのです。そうした企業はPER(株価収益率)も他社より10~20%高くなっていました。もちろんこれは黄金比率ではなく、業種によっても、成長フェイズによっても異なります。自社のそれぞれの領域でのイノベーションへの取り組みの件数や内容、どのように資源を配分しているのかを把握し、自社に適した比率を維持し、トータルでイノベーションを起こすための資源ポートフォリオをマネジメントする必要性と方法論が述べられています。

ところで、戦略がいかに優れていても、組織がきちんと動かないと意味がありません。第3章「会話力が俊敏な組織をつくる」は、組織内での効果的なコミュニケーションをリーダーはどのようにマネジメントすべきかを説いた論文です。100社以上の企業の150の経営者や広報担当者へのインタビュー結果から、組織内の会話を「親密性」「双方向性」「包括性」「意図性」という4つのテーマに分けて分析、解説し、これら4つを備えるコミュニケーションの有効な実践法を指南しています。

第4章「ストラテジック・インテント」は、名著『コア・コンピタンス経営』の著者2人、C・K・プラハラッドとゲイリー・ハメルによる論文です。コア・コンピタンスという言葉が初めて登場した記念碑的な論考です。1980年代から約20年の間にグローバルに頭角を現した企業、コマツやキヤノン、ホンダなど日本企業の事例が数多く語られています。ストラテジック・インテントと本論で呼ぶ、高く、確固たる目標と執念があるそれらの企業が、どのように既存の市場に切り込み、競争優位を築き、競争ルールを塗り替えていったか。その記録は、現在の変化の激しいビジネス環境にも当てはまり、今日でも大いに参考になります。

リーバイスや一時のボルボのように、めざましい成長を続けていた企業の売上げが突然頭打ちになり、その後長期低迷してしまうことがあります。第5章「売上げが止まる時」は優良企業500社を50年間にわたり追跡し、成長力に陰りをもたらす要因を調査したものです。減収した50社について詳細に分析した結果、天災、法規制、不況などの外部要因は13%にすぎず、87%は回避可能な要因であることが判明しました。それを8つの戦略要因、4つの組織要因に分け、さらに細かく42の項目に分けて詳しく解説しています。自社の状況をこの項目に照らして検討してみるとよいでしょう。これらの要因を排する4つの予防策も述べられています。

第6章はEQ（EI）の提唱などで知られる心理学者ダニエル・ゴールマンの論文「リーダーは集中

力を操る」です。リーダーが持つべき、自分、他者、外界の3つに対する集中力とそのバランス、それらを自由に操る方法を説いています。

第7章「リスク管理のフレームワーク」は、規則や規制では排除できないリスク管理の新手法を具体的に示したものです。リスクを、大きく内部リスク、戦略的リスク、外部リスクの3種類に分けたうえで、それぞれに対して、まったく異なるアプローチが必要であるとして、その細かい対処法、統制方法が解説されています。たとえば戦略リスクでは、2008年の金融危機の影響を最小限に抑えたJPモルガンでの取り組みなど、具体例が述べられており、リスク管理モデルのみの提示ではない点で、自社に置き換えて考えやすいでしょう。

人材争奪戦の時代です。第8章「人材は潜在能力で見極める」は、変化の激しい時代に必要なのは「潜在能力」であり、それを見るには採用プロセスで（利己的でない）モチベーションのありようを探ることがまず第一だと提言しています。ほかに好奇心、洞察力、愛着心、意志力などを見ることも必要です。それらを見極めるための具体的な質問例、潜在能力を持つ社員の引き止め方、成長のさせ方、制度設計など、さまざまな人材採用、育成のヒントを見出すことができます。

第9章「企業変革の落とし穴」はジョン・コッターによる、企業変革における最も基礎的な論文です。規模の大小を問わず、抜本的な変革のために努力してきた100以上の企業事例をもとに、その実現に欠かせない8つのステップについて解説しています。8つのステップとは、緊急課題であるという認識の社内における徹底、強力な推進チームの結成、ビジョン策定、ビジョンの伝達、社員のビジョン実現に対するサポート、短期的成果を上げるための計画の策定と実行、改善を定着させ、次なる変革をつくり出すこと、新しいアプローチを社内に根付かせることであり、どれ一つとして抜かしてはならないと言います。

第10章「ビジネスモデル・イノベーションの原則」は、『イノベーションのジレンマ』で有名なクレイトン・クリステンセンらが、ゲームのルールを根本的に変えてしまうビジネスモデル創造のフレームワークについて、数十社の事例をもとに研究した結果をまとめたものです。ｉＰｏｄ、タタ・モーターズのナノなど、さまざまな業態、背景を持つ企業での具体的な事例を踏まえ、ビジネスモデル創造を、顧客価値の提供（ＣＶＰ）、利益方程式、カギとなる経営資源、カギとなるプロセスの４つの要因に分解し、画期的なアイデアや新技術が、それだけで終わらずビジネスモデルとして成立する方法を明らかにしています。

第11章「戦略実行力の本質」は、50カ国、１０００以上の企業や政府機関など12万５０００人の社員を調査し、戦略を実行に移す際に何がカギになるかを探ったものです。カギになる要素は、情報活用、意思決定権、動機付け、組織構造の４つで、特に前2者が重要という結果が出ました。さらには４つの要素と関連する組織の17の特性を抽出し、戦略実行力に対する影響度を測定し、企業はどのような特性を備えるべきかを明確にし、また、そのためにはどうすべきかという15の施策も挙げています。

第12章「ＣＥＯが活発な取締役会とうまくやっていく方法」は近年とみに増えてきた、言わば、物言う「取締役会」との適切な関わり方――取締役会の経営への不適切な介入をいかに防ぎ、その知恵や知見を長期的な成長のためにいかに「利用」するかという方法を述べた論文です。

本書は、「ＨＢＲ誌において読むべき10論文」シリーズの一つですが、原書タイトルは *HBR's 10*

Must Reads for CEOs (with bonus article "Your Strategy Needs a Strategy," by Martin Reeves, Claire Love, and Philipp Tillmanns) とあり、全部で12本の論文で構成されています。また、第9章「企業変革の落とし穴」は書籍『企業変革の教科書』に、第10章「ビジネスモデル・イノベーションの原則」と第11章「戦略実行力の本質」は書籍『戦略の教科書』にも収録されています。なお、論文集ですので、掲載順は気にせず、ご関心のあるテーマから読まれることをおすすめします。

DIAMOND ハーバード・ビジネス・レビュー編集部

『経営者の教科書』

目次

第5章 売上げが止まる時

第1章

戦略構築にこそ戦略が必要である

ボストン コンサルティング グループ シニアパートナー
マーティン・リーブズ
ボストン コンサルティング グループ プロジェクトリーダー
クレア・ラブ
ボストン コンサルティング グループ コンサルタント
フィリップ・ティルマンズ

"Your Strategy Needs a Strategy"
Harvard Business Review, September 2012.
邦訳「戦略構築にこそ戦略が必要である」
『DIAMONDハーバード・ビジネス・レビュー』2013年1月号

マーティン・リーブズ
(Martin Reeves)
ボストン コンサルティング グループ、ニューヨーク拠点のシニアパートナー兼同社ストラテジー・インスティテュートのディレクター。

クレア・ラブ
(Claire Love)
ボストン コンサルティング グループ、ニューヨーク拠点のストラテジー・インスティテュートのプロジェクトリーダー。

フィリップ・ティルマンズ
(Philipp Tillmanns)
ボストン コンサルティング グループ、ドイツのハンブルク拠点のコンサルタント兼アーヘン工科大学後期博士課程。

環境特性に応じた戦略が構築できない理由

石油業界では、企業の戦略立案者にとって想定外の事態が起こることは比較的少ない。もちろん、時には状況が大きく変わることもあるが、それは比較的予想のつく形で起こる。たとえば、地政学的な力関係が変化したり、新たな資源が見つかり開発されたりすれば、世界的な供給量が増減することを、戦略立案者は知っている。所得、GDP、天候などで需要が上下することもわかっている。

このような要因は、自社や競合他社が制御できる範囲を超えており、参入障壁も非常に高いので、実際にはどの企業もゲームを大きく変える状態にはない。企業はかなり安定した世界の中で、固有の能力（ケイパビリティ）と資源を慎重に活用しながら、競争力のあるポジションを確立し保持する。

石油業界の戦略立案者から見れば、インターネットソフトウェア業界は悪夢のようだろう。イノベーションや新規企業がどこからともなく雨後の筍のように出現し、企業の売上規模や市場シェアは目まぐるしい速さで増えたり減ったりする。マイクロソフトやグーグル、フェイスブックなどの大手企業は、競争の土台を抜本的に変えるような新しいプラットフォームや標準規格を大した予告もなく導入する。

このような環境において競争優位を得るには、ライバルに先んじて変化の兆しを読み取り対応するか、変化に素早く適応するか、技術リーダーとなって将来の需要と競争に影響を与える必要がある。

石油産業で有効な戦略が、予測がはるかに難しく不安定なインターネットソフトウェア業界でうまくいく望みが薄いことは、明らかである。石油分野とソフトウェア分野では、各々の戦略立案者が必要とするスキルセットもまったく異なっている。なぜなら戦略構築に関わる時間的尺度も、使用するツールも、立案した計画を第一線で実行する人々との関係も、大きく異なっているからである。

これほど違いのある競争環境で事業を行っている以上、企業間で戦略の計画や構築や実行のやり方は著しく異なっているはずである。ところが、筆者らの調査結果が示すように、そうではない場合が極めて多い。

そうしようとする気持ちがないわけではない。世界の主要な10の産業分野の120社を対象にボストン コンサルティング グループが最近行った調査の回答から、経営幹部たちが、戦略構築プロセスを自社の競争環境の特定の要件に合わせる必要性を十分に認識していることが明らかになった。だが多くの企業は、実際の環境が極めて不安定で変わりやすいことを知りつつも、予測可能で安定した環境に向くアプローチを取っていたのである。

経営幹部たちが自社の状況に適した方法で戦略を構築するのを妨げているものは何か。筆者らの考えでは、彼らには体系的な取り組み方、すなわち「戦略構築のための戦略」が欠けている。

本稿では、自社を取り巻く環境がどの程度予測しやすいか、企業にそれを変える力がどれだけあるかによって、戦略構築を4つのスタイルに分類する簡単なフレームワークを紹介する。これを使えば、リーダーは業界、事業内容、地理的市場に特有の状況に合致した戦略スタイルを取ることができる。

どのように戦略を構築するかによって、戦略の種類は制限される。各々の戦略スタイル、それらが適する状況を理解すれば、最も成功している企業がすでに行っていること、すなわち、自社のケイパビリティと資源を活用して、目の前にあるチャンスを逃さずに済む企業が増えるだろう（例外については、**章末**「木枯らしが吹いたら」を参照）。

4つの戦略スタイルから最適な戦略を選ぶ

戦略構築は通常、業界アセスメントから始まる。戦略スタイルの選択もそこから始まるべきである。実際に策定する戦略には、業界の多くの要素が絡んでくるが、ごく重要な2つの要素を検討するだけで、選択肢は絞り込める。その要素とは「予測可能性」と「改変可能性」である。

「予測可能性」とは、どれだけ先の将来にわたって、どのくらい正確に、需要、企業の業績、他社との力関係、株式市場の期待について自信を持って予測できるか、である。「改変可能性」とは、自社あるいは競合他社がどの程度そのような要素に影響を及ぼせるか、である。

この2つの変数を軸にしてマトリックスをつくり、大きく4つの戦略スタイルに区分する。それぞれ、伝統型、適応型、形成型、先見型と名づけた（**図表1**「環境に合った適正な戦略スタイル」を参照）。各スタイルには特有の戦略構築方法があり、最も適した環境が一つある。

戦略立案者は予測可能性と改変可能性を混同することが多い。改変可能な環境はどれも予測できないなど両者をトレードオフと考え、4つの選択肢をすべて検討せずに戦略の可能性を2つのみ（予測可能で改変不能か、予測不能で改変可能）に絞り込んでしまう。

図表1｜環境に合った適正な戦略スタイル

筆者らの調査結果から、戦略構築へのアプローチは、業界を取り巻く環境がどれだけ予測可能か、また、企業はその環境をどれだけ容易に変えられるかによって、4つのグループに分類されることが示された。

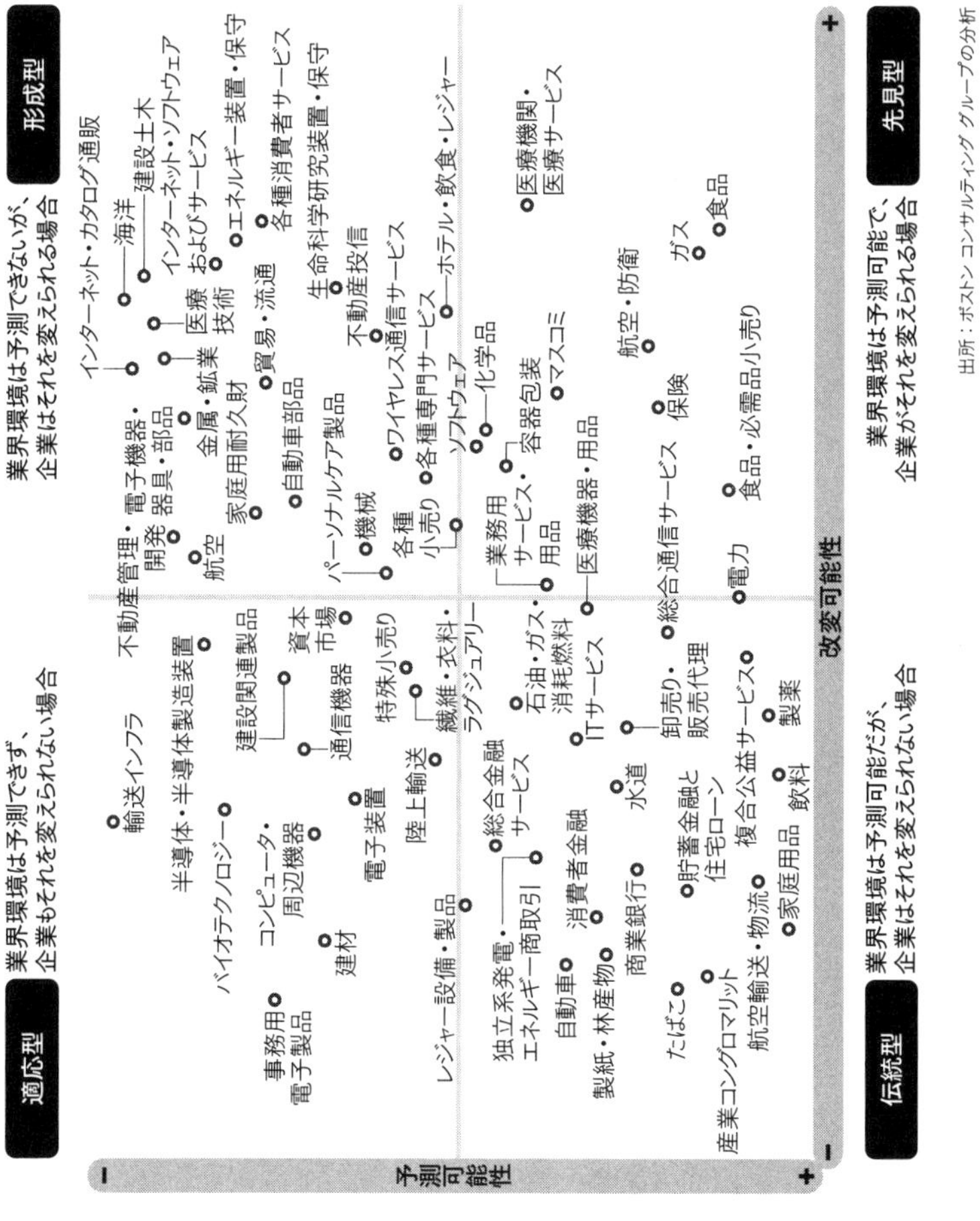

出所：ボストン コンサルティング グループの分析

環境に合った戦略スタイルを採用する企業は、そうでない企業よりも著しく業績が優れていることが判明しても、筆者らが驚かなかったのは、こうした理由からである。筆者らの分析では、調査対象のうち、適正なスタイルを取った企業の3年間の株主総利回り（TSR）は、そうでない企業よりも平均して4〜8％高かった。

各スタイルを順番に見ていこう。

伝統型

環境は予測可能だが、企業がそれを変えるのは難しい業界であれば、最も成功する確率が高いのは、伝統型の戦略である。これはほとんどのマネジャーやビジネススクールの卒業生にお馴染みのスタイルである。ファイブ・フォース（5つの競争要因）、ブルー・オーシャン、成長と市場シェアのマトリックスなどの分析は、いずれもこれに該当する。

企業は目標を設定し、自社固有の能力と資源を活用して獲得できる最も好ましい市場地位に狙いを定めた後、将来予測が効果的にできる定量的な予測手法を使って、何度も計画を見直しながら、その地位をしっかりと固め、強化に努める。いったん設定された計画は、数年間は使われる傾向がある。

伝統型の戦略計画は、独立した機能として扱うのに適している。なぜなら、特別な分析能力や定量的スキルが必要であり、物事がゆっくりと進むので、部門間で情報をやり取りしている余裕もあるからである。

石油会社の戦略立案者は他の多くの成熟産業と同じく、伝統型を効果的に用いている。たとえば、エクソンモービルやシェルのような大手石油会社は、本社の経営企画部門の鍛え抜かれたアナリストたちが日々、需要に影響を及ぼす長期的な経済要因と、供給に影響を及ぼす技術的要因について詳細な見通しを立てる。

この分析を用いて、アップストリーム（原油の探鉱・開発・生産段階）では10年先の原油採掘計画を、ダウンストリーム（精製・輸送・販売段階）では5年先までの生産能力の計画を策定することができる。新たな油田を見つけて採掘し、生産施設を建設し、最適な能力で運転し続けるのに必要な時間を考えると、これ以外のスタイルはほぼありえない。そして、このような計画は複数年の財務予測を示し、それに基づいて、企業の市場地位と業績を維持し向上させるのに不可欠な、効率性の改善を中心とした年間目標が決まる。湾岸戦争が長引き、主要な石油精製所が次々と閉鎖された時などの異常な事態が起こった場合に限り、1年に1回以上、大幅な計画見直しが行われる。

適応型

石油業界のような企業において伝統的なアプローチが有効なのは、現時点で最も魅力的な地位と最も見返りが大きい能力は、明日になっても十中八九変わらないという環境の中で戦略を立案できるからである。

しかし、それがまったく当てはまらない業界もある。以前、筆者らの論文（注1）で指摘したように、グローバル競争、技術イノベーション、社会的なフィードバック・ループ、経済見通しの不透明さが重なり合って環境が一転し、予測不能な状態が続くような場合は、ますます該当しなくなっている。こうした環境では、入念に作成した伝統的戦略が数カ月、いや数週間のうちに陳腐化するかもしれない。

こうした状況にある企業には、常に目標と戦術を改め、素早くスムーズに資源を変更、買収、処分できるよう、より適応力のあるアプローチが求められる。

これほど急変しやすい環境で、予測が間違っている可能性が高く、長期計画が基本的に役に立たない場合、効率性を最大に高めるという目標はありえない。むしろ、柔軟性を促進する目標にすべきである。それに従って、計画サイクルを1年未満に短縮するか、継続的に見直しをかけていくとよい。入念に練った詳細計画を立てるのではなく、手に入る最も優れたデータをもとに大まかな仮説を立てるやり方で計画していく。その仮説の検証には、変化の兆候を的確にとらえ、情報の損失と時間的な遅れを最小限に抑えるために、オペレーションと密接に関連している、もしくは、その中に組み込まれている戦略を取らなくてはならない。

この格好の例はアパレル業界である。消費者の好みはたちまちのうちに変わる。ブランドは一夜にして人気が出たり、落ちたりする。いくらデータがあっても、どれだけ入念に計画を立てても、ファッション業界の経営幹部は何をつくるべきかをはるか前から察知することはできない。

そのため彼らにとっての最善策は、できるだけ素早くさまざまな商品を継続的に生産、展開、テストできる組織を構築し、新しく学習したことに合わせて定期的に生産調整することである。

スペインのアパレルメーカーであるザラ（ZARA）は、適応型のアプローチを取っている。ザラは公式の計画プロセスに大きく依存することはない。むしろ、その戦略スタイルは、同社の柔軟なサプライチェーンに組み入れられている。ザラは、自社のデザイナーやマーケティング担当者と緊密に働く外部サプライヤー1400社と、強力な関係を維持している。その結果、同社はわずか2～3週間で洋服をデザインし、製造し、店舗に出荷することができる。一方、業界平均は4～6カ月である。

この方法によって、ザラは多様なスタイルを試し、人気が出そうなアイテムを少量生産することで投資リスクを低く抑えられる。そのスタイルがヒットしたら、即座に生産を拡大する。人気がなければ、値引きして売っても大きな損にはならない（ザラが値引きするのは在庫の15％のみだが、競合他社では50％にもなることがある）。したがって、ザラはどのファッションが顧客の心や財布をとらえるかを毎月予測したり、賭けたりする必要はない。その代わりに、小売店からの情報に速やかに対応し、さまざまな商品を常にテストし、動向に合わせて円滑に調整することができる。

ザラの戦略スタイルには、プランナー、デザイナー、メーカー、流通業者との関係が欠かせないが、それはエクソンモービルなどの石油会社が必要とするものとはまったく異なっている。それでもなお、エクソンの戦略立案者とザラのデザイナーとの間に、一つの重要な共通点がある。両者とも競争環境を所与の前提としてとらえ、その中でできるだけ最善の位置を確保しようと狙っている。

形成型

インターネットソフトウェアのベンダーが実感しているように、所与の前提としてとらえられない環境もある。

たとえば、参入障壁が低く、イノベーションが生まれる比率が高く、需要予測が極めて難しく、競合他社の相対的な市場地位が変わりやすい新興業界や急成長中の業界では、企業はしばしば革新的な動きを通じて業界の発展状況を大幅に変えることができる。

同様に、市場が断片化されている、あるいは少数の強力な既存企業による寡占状態にはない成熟産業、停滞し破壊的な変化が起こりそうな成熟産業も、改変可能かもしれない。

このような環境では、最善の市場地位を探るために伝統型戦略を取る企業、あるいは適応型戦略を取る企業ですら、過小評価され、周囲の出来事に翻弄され、自社の命運を握る機会を逸するリスクがある。よって、他社に出し抜かれる前に、予測不能な環境を自社に有利になるよう形づくることを目標とする戦略を採用したほうがよい。そうすれば、状況がどのように変わっても、自社の役に立つ。

適応型戦略と同じく、形成型戦略も短期的または継続的な計画サイクルを基盤とする。柔軟性はこのうえなく重要であり、手の込んだ予測方法にほとんど頼らず、戦略は一連の実験として実行されるのが最も一般的である。

しかし適応型戦略と異なり、形成型戦略を取る企業は自社の境界を超えたところに焦点を当てる。その際には、魅力的な新市場、標準規格、技術基盤、商慣行を明確にし、顧客やサプライヤー、目標を共有する補完者などと一緒に、強力なエコシステムをつくる場合が多い。そして、マーケティング、ロビー活動、賢明なパートナーシップを通じて、これらを拡大していく。

デジタル革命の初期段階に、インターネットソフトウェア会社は頻繁に形成型戦略を使って、新たなコミュニティや標準規格、プラットフォームを創造し、それらは新しい市場やビジネスの基盤となった。

それはまさにフェイスブックが、先行していた「マイスペース」をわずか数年で追い抜いた時のやり方である。フェイスブックが取った最も賢明な戦略的動きの一つは、２００７年に外部の開発会社に自社のソーシャルネットワーキング・プラットフォームを公開し、あらゆる種類のアプリケーションを自社サイトに引き付けたことである。どのアプリケーションがどれだけ拡大し成功するか、フェイスブックには予測のしようがなかった。だが、そんな必要はなかった。2008年までに、3万3000のアプリケーションを引き付け、2010年にはその数は55万を超えていた。

そのため、同業界が発展を遂げ、成功しているソーシャルネットワーキング用アプリケーションの3分の2がゲーム関連だと判明した。ジンガ、プレイダム、プレイフィッシュが製作した最も人気のあるアプリケーションがフェイスブック上で運用され、同サイトを充実させていたが、それは意外なことではなかった。

それだけではない。今後ソーシャルネットワーキング業界の情勢が大幅に変化したとしても、最も人気の高いアプリケーションはフェイスブック上で使われている可能性が高い。なぜなら、フェイスブックは既存市場で地位を得ており、変化が起こってからいち早く対応するのではなく、柔軟性に富み人気の高いプラットフォームを構築し、自社に有利な事業環境を積極的に形成したからである。

先見型

企業に将来を形成していく力があるだけではなく、それがどのような将来かを知り、それを実現させていく方法を予測できる場合がある。その際には、大胆な戦略が必要となる。

起業家がまったく新規の市場を生み出すのに使う戦略（トーマス・エジソンが電気で、マルティーヌ・ロスブラットが衛星デジタルラジオで使った戦略）、あるいは、リーダーがまったく新しいビジョンを提示して会社を再建するために使う戦略（ラタン・タタが超安価な自動車ナノで試みた戦略）である。これらは大きな賭けであり、「それをつくれば、彼らはやって来る」(注2)というような戦略である。

形成型戦略と同じく、先見型の戦略立案者は、環境を所与の前提として考えず、自社に有利に形づくることができると考える。とはいえ、このスタイルは、適応的スタイルよりも伝統的スタイルとの共通点が多い。目標が明らかなので、多数の選択肢を保留にしておかなくても、目標達成に向けて計画的なステップを取ることができる。

戦略立案者にとってより重要なのは、時間をかけて入念に資源を整理し、完璧な計画を策定し、正しく実施することであり、実行面がまずくてせっかくのビジョンを損なうようではいけない。先見型を用いる戦略立案者は、最後までやり抜く勇気と、必要な資源を投じる覚悟を持つ必要がある。

たとえば1994年に遡るが、UPSはインターネット通販が増えると、輸送企業が大いに儲かることを見抜いた。なぜなら、オンライン小売業者にとって必ず必要なものの一つが、サイバースペースから顧客の家の玄関に商品を届ける方法だからである。

この将来像は、UPSよりもかなり歴史が浅く小規模なフェデラル・エクスプレスにも、同じくはっきりと見えていたかもしれない。だが、UPSには必要な投資を行うだけの方策と意志があった。

UPSは同年、IT、営業、マーケティング、財務から成る部門横断的な委員会を設立し、後に「グローバル・eコマース・イネーブラー」と命名した存在になるための綿密な計画を立てた。同委員会はこのビジョンの実現に必要な意欲的な構想を明らかにした。その中には、年間約10億ドルを投じて、中核となる荷物追跡業務をインターネット通販業者のものと統合したり、企業買収によりグローバルな配達能力を拡大させたりすることが含まれていた。

2000年を迎えるまでに、UPSの数十億ドルの賭けは実を結んでいた。同社はeコマースの配達市場の何と60%を握るまでになっていた。

戦略立案者が陥りやすい3つの罠

筆者らの調査では、経営幹部の4人に3人は、環境が違えば異なる戦略スタイルを取る必要があることを理解していた。だが、彼らが現実に採用しているやり方から判断すると、同じく4人に3人が、予測可能な環境に適した先見型と伝統型の2つしか使っていなかったようだ（筆者らの調査では、現実の事業環境が予測不能であることが明らかな場合でも、企業は、先見型40%、伝統型35%、適当型16%、形成型9%の比率で、先見型と伝統型の2つを多く用いていることが示された）。

それはつまり、予期せぬ事態に適応したり、自社に有利になるよう業界を形成するチャンスをとらえたりする態勢が整っていた企業は4分の1にすぎない、ということである。事業環境が現実的にどれほど予測可能だったかに関する筆者らの分析に照らし合わせると、この数字は小さすぎる（**章末**「間違った戦略スタイルに縛られていないか」を参照）。

アプローチごとにどれほどの違いがあり、どの環境に最適なのかを理解すると、戦略スタイルと事業環境とのミスマッチを是正するのに大いに役立つ。だが同時に、戦略立案者はこのフレームワークの意味合いを熟考しつつも、よく見られる3つの罠に陥らないようにしていく必要がある。

自信過剰になる

自社の置かれた環境がどのくらい予測可能で改変可能かを正確に判断できなければ、正しい戦略スタイルを選ぶことはできない。

ところが、実際の環境に関する経営幹部の認識と客観的な評価値とを比べると、企業は両方の変数を過大評価する傾向が大きいことがわかった。ほぼ半数の経営幹部が、自分たちの行動によって事業環境の不透明さを制御できると考えていた。また80%以上が、目標が達成できるかどうかは、制御不能なことよりも、自分たちの行動にかかっていると答えた。

見過ごされている習慣

多くの経営幹部は、予測不能な環境に対応するのに必要な適応力を高めることが重要だと承知しているが、その能力が十分にあると感じているのは、5人に1人にも満たなかった。

一つには、多くの経営幹部が経験的に、あるいはビジネススクールで、伝統型しか学んでこなかったからである。したがって、80%近くの経営幹部が、まず目標を明確にしてから、それを達成する最善策を分析するやり方で、戦略計画を実際に進めていることが判明したのは、意外なことではない。

それだけではなく、約70%の人が、自社を取り巻く環境が急速に変わり予測不能だと十分に認識している場合でも、実践では意思決定のスピードより、正確さを重視していると答えた。

その結果、より迅速かつ反復的に、より実験的なアプローチを取ったほうが有効な局面でも、反論に対して擁護できない予測を立てることに多くの時間をかけて無駄にしている。

経営幹部たちは、4半期ごとや年次の財務報告と緊密に歩調を合わせようとし、そのことが戦略計画サイクルに大きく影響している。彼らの90％近くが、事業環境の変化のペースが実際にどうであれ、また、その変化をどう受け止めているかに関係なく、戦略計画は年間ベースで策定すると答えた。

文化のミスマッチ

多くの経営幹部は、適応能力の重要性を認識しているが、それを実行すると企業文化と相容れないという場合もある。規模の経済や範囲の経済の実現を狙った伝統型戦略は、しばしば効率性とバラツキの削減を重視する企業文化を育む。これは当然ながら、適応型戦略に欠かせない実験や学習の機会にとって障害となる。実験した結果が失敗に終わるケースが出てくるのは当然なので、適応型や形成型の戦略は、失敗を許さない企業文化ではうまくいかない。

4つの戦略スタイルの必要条件が違っていることを理解できれば、このような罠を回避することは簡単になる。たとえば、適応型戦略の計画サイクルは必ずしも金融市場のペースとは一致しないことに気づくだけでも、根付いている計画時の習慣を断ち切るのに非常に役立つ。

同様に、形成型と先見型の戦略構築の要は、自社の市場での地位を最適化することではなく、ゲームを変えることだと理解するだけでも、誤ったアプローチを取るのは避けられるだろう。

評価指標について熟考することも役に立つ。企業は年々、予測を立てることに膨大なエネルギーを費やすが、前年度に立てた予測が実際にその通りになったかどうかを確認しているところは驚くほど少ない。売上高や収益性などの業績指標において競合他社がどれくらい頻繁に、かつ相対的に変化しているかを追跡することによって、定期的に予測の正確さをレビューし、予測可能性を客観的に把握することを、筆者らは提案したい。

同業他社のどこが環境変化をどの程度起こせるかをよりよく把握するために、業界の成熟度、集中度、成長率、イノベーションの割合、技術変革の割合を測ることもお勧めしたい。これらはいずれも、改変可能性を高める要素である。

部門特性に応じて戦略スタイルを使い分ける

業界の予測可能性と改変可能性に合致した戦略スタイルを取れば、自社を取り巻く広範な経済状況に沿った包括的な戦略が取れる。しかし、組織ユニットによっては、業界全体よりも予測可能性や改変可能性が高かったり低かったりするので、子会社や地理的市場ごとに異なる運営をしたほうがよいかもしれない。

このような部門や市場の戦略立案者は同じプロセスを用いて、固有の環境に最も効果的なスタイルを選択することができる。まずは「自分たちのユニットの事業環境はどのくらい予測可能か」「自分たちのユニットには、その環境を変える力がどのくらいあるか」と問いかけてみる。

その答えには、大きな開きがある可能性がある。たとえば、これまで中国の事業環境は総じて、米国と比べて、改変可能性と予測不能性が約2倍も高かったと、筆者らは推定している。その結果、中国に適しているのは形成型戦略である場合が多い。

同様に、部門計画に対して異なるアプローチが必要な環境で、社内の諸機能が運営されている場合も大いにありうる。たとえば自動車業界では、伝統型スタイルは製造業務の最適化に有効だが、デジタルマーケティング部門には不向きなことは容易に想像できる。後者ではおそらく、環境を形成する力がはるかに大きく（究極的に、宣伝広告の狙いはそれをすることにある）、何年も前からキャンペーンの企画を綿密に練ってもほとんど役に立たない。

業界全体にとって最適なスタイルとは異なる戦略スタイルで運営するとメリットが出てくる部門やユニットがある場合、同時に複数の戦略スタイルを管理する必要が生じる可能性が非常に高い。筆者らが調査したところ、経営幹部たちはこのことを重々認識していた。実は、回答者の90％は、複数のスタイルを同時に管理する能力を高めることを望んでいた。

その最も単純だが最も柔軟な方法は、別の戦略スタイルを必要とする部門、地域、事業ユニットを別個に組織し運営することである。ユニット内のチームにそれぞれのスタイルを選ばせれば、多様な環境や変わりやすい環境下でより柔軟性が出てくるが、総じてその実現は難しい（系統的なやり方を見出した企業の事例として、**章末**「究極の戦略的柔軟性」を参照）。

最後に、企業がライフサイクルのある時期から次の時期に移る際には、おそらく戦略スタイルの変更が必要になるだろう。ベンチャー企業を取り巻く環境は、改変可能性が高い傾向があるので、先見型や形成型が求められる。

成長期や成熟期の企業で、環境の改変可能性が低くなった時には、適応型や伝統型が最適な場合が多い。衰退期に入ると、再び改変可能性が高い環境になっていくため、形成型か先見型の戦略を通じて破壊的変革や再生を行うチャンスが出てくる。

全社のみならず、機能や部門、地理的市場によって取り巻く環境を正確に分析し、どの戦略スタイルを使うべきかを特定し、自分たちのバイアスを正し、企業文化を育むステップを踏み、適切なスタイルをうまく適用する——そうした状態になれば、当然ながら環境をモニターし、刻々と変化する状況に即して調整していく態勢を整える必要が出てくる。それが容易でないことは明らかである。

しかし、状況に合わせて戦略スタイルを常に変えられる企業は、それができない企業よりも、格段に有利な立場に立つと、我々は確信している。

木枯らしが吹いたら

筆者らの戦略スタイルのいずれもうまくいかない状況もある。深刻な景気減速や状況を一変させる出来事によって、資本をはじめとする重要な資産の活用が厳しく制限される場合がそうである。このような過酷な環境では、企業の生存自体が危ぶまれ、5番目の戦略スタイルが必要となる。それは「生き残り」である。

生き残り戦略では文字通り、企業は自衛に徹することが求められる。すなわち、コスト削減、資本の保全、事業ポートフォリオの絞り込みなどである。これは短期的な戦略であり、企業を存続させる道を開くことを目指している。しかし、これは長期的な成長戦略にはつながらない。したがって、生き残りモードにある企業は将来を見据えて、新しい環境の状態を評価し、危機的状況を脱したら適切な成長戦略を取れるように備えておかなければならない。

間違った戦略スタイルに縛られていないか

業界の予測可能性と改変可能性をはっきりと推定することが、正しい戦略スタイルを選択するうえでカギを握る。しかし、10業界の120社以上を対象とした筆者らの調査から、企業はこれがうまくできていないことが示された。彼らの推定が、筆者らが行った客観的な測定値と一致することは稀だった。彼らはきまって予測可能性と改変可能性の両方を過大評価していた。

究極の戦略的柔軟性

中国の家電メーカーであるハイアールは、戦略的柔軟性を極限まで推し進めており、社員がわずか1人の小さなユニットでも、異なるスタイルを効果的に使えるシステムを編み出している。

その管理はどのように行われているのだろうか。同社の組織は、数千社もの小さな企業から成り、各々が独立採算制を取っている。どの従業員もそのうちの一社で最初の仕事に就く。ただし、コストセンターは存在せず、プロフィットセンターしかない。小さな会社ごとに、業務で発生したコストをすべて負い、当事者間で互いのサービスの料金を交渉する。財務部門でさえも、そのサービスを他部門に販売する。

各従業員は黒字を出す責任を負う。給料は単純な公式で決まる。基本給×月間目標達成率（％）＋個人の損益に基づくボーナス（または減額）である。言い換えると、月間目標をまったく達成できない（０％）企業の従業員は、その月の給料はゼロである。ここまで柔軟に企業を運営することは並大抵ではないが、その果実は大きい。１９８５年に破産寸前にまで追い込まれたハイアールはその後、ＬＧエレクトロニクス、サムスン、ゼネラル・エレクトリック、ワールプールを追い抜き、世界最大の家電メーカーになった。

【注】

（１）Martin Reeves and Mike Deimler, "Adaptability: The New Competitive Advantage," HBR, July-August 2011.（邦訳「適応力の競争優位」ＤＨＢＲ２０１１年11月号）

（２）映画『フィールド・オブ・ドリームス』で主人公が耳にした言葉。主人公は、これを信じてトウモロコシ畑を切り開き、野球場をつくる。

第2章

イノベーション戦略の70：20：10の法則

モニター・グループ パートナー
バンシー・ナジー
モニター・グループ パートナー
ジェフ・タフ

"Managing Your Innovation Portfolio"
Harvard Business Review, May 2012.
邦訳「イノベーション戦略の70：20：10の法則」
『DIAMONDハーバード・ビジネス・レビュー』2012年8月号

バンシー・ナジー
(Bansi Nagji)
モニター・グループのパートナー。同社のグローバル・イノベーション・リーダーを務める。

ジェフ・タフ
(Geoff Tuff)
モニター・グループのパートナー。共同筆者のナジーとともに、同社のグローバル・イノベーション・リーダーを務める。

バランスのよいポートフォリオを目指す

経営者たち、そしてウォール街は知っている。企業の生き残りを左右するのは、イノベーションを推進するケイパビリティ（組織能力）であることを。現在の市場予測、グローバルな競争圧力、そして構造変化の規模と速度を考慮すれば、このことはこれまで以上に確かな事実である。

しかし、経営陣にとって、新しい製品やサービスを次々に成功させる経営手腕をウォール街に認めさせることは、至難の業である。

多くの経営者は、不安と焦燥にかられている。彼らは、膨大な数のイノベーションが自社で進行していることは承知していても、散在するイニシアティブすべてを把握しているとは感じていない。新しいものを追求することは行き当たりばったりの気まぐれに思え、自社のイノベーションＲＯＩ（投資に対する利益率）は低すぎるのではないかとの疑念を抱いている。

さらにやっかいなことに、経営者は劇的な介入や曖昧な戦略で対処しがちである。

ある有名な消費財メーカーを例に取ろう。同社は、自社ブランドのイメージが小売企業や消費者の間ですたれることのないよう、頻繁に中核製品の改良を進め、派生品を投入した。大半はそれなりに市場に受け入れられ、そこそこの利益を上げた。しかし、時の経過とともに、この手の製品拡充は売上げ全体のパイを細分化するものの、実質的にパイそのものを大きくしていないことが明らかとなった。そこで、より多くの利益を得ようと躍起になった経営陣は、ブレークスルーとなる製品の開発、すなわち漸進的イノベーションではなく転換的イノベーションを目指す新戦略へと、急な舵を切った。

しかし残念ながら、同社にはこのイノベーション領域を実現するうえで必要となる組織構造とプロセスが整っていなかった。自社の中核製品に近いイノベーションを構想し、発展させ、それを市場で試すために必要なケイパビリティはあっても、より大胆な道を進む際に必要となる、まったく異なるケイパビリティについては、認識もしていなければ備えてもいなかった。

極めて独創的なアイデアがあっても、凡庸になるまで陳腐化されたり、即座に却下されたり、あるいは事業化の重圧に押し潰されたりした。ほどなく、同社は従来ながらの手法へと後退した。すなわち、冒険をせず、得るものもない状態への逆戻りである。そして、そのサイクルは繰り返された。

筆者らがこの話をするのは、これがイノベーションを戦略的にマネジメントする方法をまだ学んでいない企業の典型例だからである。この事例は、後述するような、バランスのよいポートフォリオによってのみ達成できる安定的で平均以上のリターンを得る戦略との、対照的でありがちな相違を描き出している。

筆者らの調査で浮き彫りになった、卓越したイノベーション実績を誇る企業は、イノベーションに対する明確な展望を理路整然と説明できる。そして「中核的イニシアティブ」「隣接イニシアティブ」「転換的イニシアティブ」のバランスを事業全体で適正に保ち、これらさまざまなイニシアティブを、まとまりのある全体の一部としてマネジメントするツールとケイパビリティを備えている。

時間、予算、注目度、評判をそれぞれ競い合いながらバラバラに実施される、その場限りの取り組みの寄せ集めから自社の未来が切り開かれることを望む代わりに、「トータル・イノベーション」に向けたマネジメントを実践しているのである。

イノベーション戦略について明確な考えを持つ

では、どのようにして「イノベーション・ポートフォリオ」をマネジメントしたらよいのか。

まず、「イノベーション」の定義について考えてみよう。イノベーションの定義は「価値を生む、新しく創られたもの」と幅広い。マニキュアの新色のように些小なものから、インターネットのように広大なものまで含まれる。

大半の企業は、広範にわたるリスクとリターンを念頭に、各イニシアティブに投資する。その目標は、財務投資と同じく、リスクをある程度受け入れながら、全体として最大のリターンをもたらすポートフォリオを組むことだろう。

筆者らが開発したツールの一つに「イノベーション戦略マトリックス」がある（**図表2-1**「イノベーション戦略マトリックス」を参照）。経営論を学んだ方なら、このマトリックスが数学者H・イゴール・アンゾフの考案した、古典的図表を精緻化したものだと気づくだろう。それは、企業がそれぞれの成長イニシアティブに資金を割り当てる際に活用できるように考案したものである。

アンゾフの成長マトリックスは、企業は新製品を開発するのか、新しい市場に参入するのか、あるい

図表**2-1**｜**イノベーション戦略マトリックス**

トータル・イノベーションのマネジメントに長けている企業は、3つのイノベーション・レベルに同時に投資し、そのバランスを慎重に保っている。

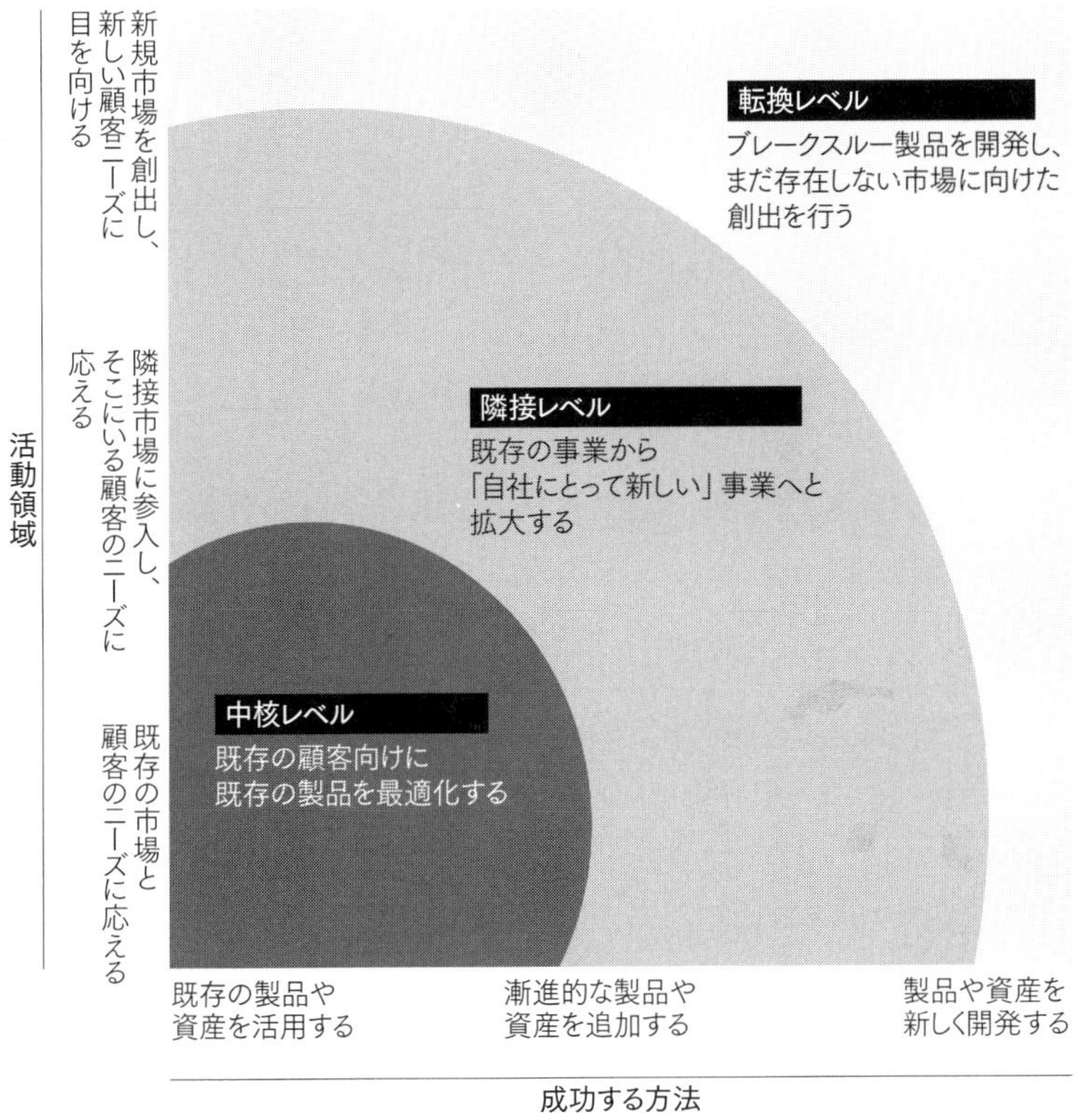

はその両方なのかに応じて、戦略を変える必要があるとの見解を示している。

筆者らのバージョンでは、製品開発か市場開拓か（古いものか新しいものか）という二者択一を、さまざまな価値に置き換えた。これは、企業が提供するものの斬新性（X軸）と顧客市場の新しさ（Y軸）が、程度の問題であることを示している。左下の角、すなわち企業の現状からの距離を示すべく、3つのレベルを重ね合わせてみた。

マトリックスの左下に位置する一連の活動は、既存の製品に少しずつ変化を加え、新規市場に漸進的に入り込む「中核的イノベーション」のイニシアティブである。

たとえば、包装を新しくする（外出先での軽食としてナビスコが提供する「100キロカロリー・パック／オレオクリスプ」など）、ほんの少し手を加える（ダウ・アグロサイエンスは、ある除草剤を、乾燥粉末ではなく懸濁液として売り出した）、あるいはサービスの利便性を高める（送料を下げるため、フォークリフト用パレットをシュリンク包装〈専用フィルムを加熱密着させた包装〉で代替する）など、アプローチはさまざまだが、そのようなイノベーションでは、すでに企業が備えている資産を活用できる。

マトリックス上でその対極に位置するのが、新しい市場やこれまでにない顧客ニーズに応える新しい製品・サービス（まったくの新規ビジネスではなくとも）の創出を目指す「転換的イニシアティブ」であり、成功して初めて市場で注目を集める類のイノベーションである。

iTunes Music Storeや、タタ・ナノ、あるいは、スターバックスの店内サービスを思い浮かべてほしい。「ブレークスルー」「破壊的」「ゲームのルールを変える」などと形容されるこの種のイノベーションに際して、一般的に企業は自社に馴染みのない資産を持つことを求められる。たとえば、顧客についてより深い理解を得るために、あるいは直接的な先行品を持たない製品を宣伝するために、そして、まだ成熟域に達していない市場を開発するために、必要なケイパビリティを築かなければならない。

その中間に位置するのが「隣接イノベーション」であり、中核的イノベーションと転換的イノベーションの両者の特性を共有する。隣接イノベーションでは、自社が得意とするものを活用しつつ、新たな領域に進む。

プロクター・アンド・ギャンブル（P&G）のスウィッファーがこれに当たる。スウィッファーは「床掃除に適しているのはハンドルの長いモップである」という顧客の意見をもとに、同社の既知の一連のニーズからその発想が生まれた。しかし、同社は、新しい技術を活用して、この解決策を新たな顧客層の元に届け、新たな収益源を確保した。隣接イノベーションでは既存のケイパビリティを活用できるが、その用途は新しくなければならない。求められるのは、顧客ニーズ、需要動向、市場構造、競争ダイナミクス、技術動向など、市場変数に関する鮮度の高い、独自の洞察力である。

イノベーション戦略マトリックス自体は、直接的に問題解決策となるものではないが、次の2つの試みにおいて効果を発揮する。

まず一つは、各領域で何件のイニシアティブが進行中で、どれほどの投資がイノベーションに振り分けられているかについて、経営者が推進中のイニシアティブを網羅的に調査するフレームワークとなる。

もう一つは、その企業のイノベーション・ポートフォリオにおいて、どのような展望が適切なのかを、経営者たちが議論するうえでの叩き台となる。

たとえば消費財メーカーであれば、既存の製品ラインを徐々に拡大するような左下寄りのイニシアティブへの投資が、優れたイノベーターとしての成功を意味するかもしれない。ハイテク企業ならば、右上に目を向け、売上拡大のチャンスを見越して、もっと大胆なイノベーションを起こすために、より大きなリスクを取る場合もあるだろう。

いずれも当然のことに思えるかもしれないが、目指すイノベーションの最適レベルを検討している企業はほとんどなく、そのレベルに到達すべくマネジメントを実践する企業は、さらに少ない。

適正バランスを見極め維持する

イノベーション・ポートフォリオの構成バランスを検討する経営者は、ぜひ筆者らの最近の調査結果に注目してほしい。筆者らは、製造系、ハイテク系、消費財系の各分野の企業を対象とする研究で、「中核的イニシアティブ」「隣接イニシアティブ」「転換的イニシアティブ」に対する特定の資源配分比率と、株価で評価したパフォーマンスの向上に、有意な相関があるかどうかを調査した。

その結果、データからある一つのパターンが明らかになった。イノベーション活動の約70％を中核的イニシアティブに、20％を隣接イニシアティブに、10％を転換的イニシアティブに割り振る企業は、同業他社のパフォーマンスを上回り、概して10～20％高いＰＥＲ（株価収益率）を達成していた（**図表2-2**「資源配分比率とＲＯＩの関係」を参照）。

このことをよく心得ているのがグーグルである。共同創設者のラリー・ペイジは『フォーチュン』誌で、同社が70対20対10のバランスを目指していると語り、グーグルが提供する本当の意味での新しいサービスはすべて、転換的イニシアティブに割かれる10%の経営資源によるものであると説明した。

その後、筆者らがバイ・サイド（株式を買って資産を運用する側）のアナリストと交わした会話からも、短期的で予見可能な成長と長期的賭けのバランスから考えて、この配分比率が資本市場にとって魅力的だということが明らかとなった。

もう一つの別の調査結果により、考察はさらに深まる。筆者らは、現在進行中のある研究で、イノベーションに対するより直接的なリターンに注目している。イノベーションに向けた取り組みの結果として企業が得る最終利益に対する、中核的イニシアティブ、隣接イニシアティブ、転換的イニシアティブの寄与度は、どのような比率になっているのだろうか。

調査では一貫して、リターン率は前述の理想的な配分比率がほぼ逆転する形となった。中核的イノベーションの取り組みは、イノベーションへの長期的、累積的なROIのうちのおおむね10%に寄与し、隣接イニシアティブと転換的イニシ

図表2-2｜資源配分比率とROIの関係

黄金比率は存在するか

財務分析により、以下の資源配分比率が株価パフォーマンスの向上と有意に相関することが明らかとなっている。この内訳は、ほとんどの企業にとって議論の優れた叩き台となる。

●中核的イニシアティブ ●隣接イニシアティブ ●転換的イニシアティブ

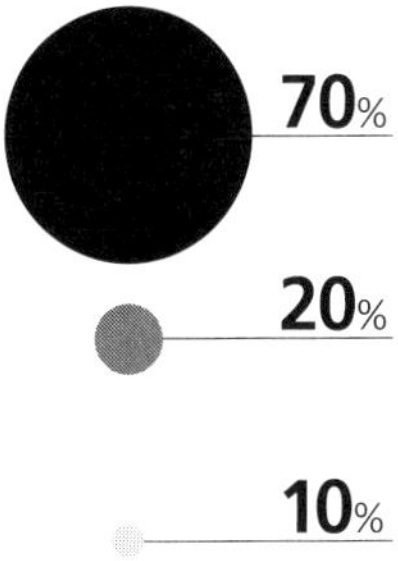

アティブの寄与度は、それぞれ20%と70%になっている（**図表2-3**「イノベーション投資と長期的・累積的ROIの関係」を参照）。

以上の結果から、トータル・イノベーションのマネジメントを意識的かつ緊密に連携しながら実践することの重要性が明らかになる。

ほとんどの企業は、中核的イノベーションを強く志向する。隣接イニシアティブと転換的イニシアティブに伴うリスクを考慮すれば、当然そうあり続けるべきである。ただし、そのような自然の傾向に身を任せたまま、もっと大局的なイノベーションをなおざりにすれば、事業は着実に右肩下がりとなり、顧客との関係もますます薄れるだろう。転換的イニシアティブは、飛躍的成長のエンジンなのである。

あらためて確認しておこう。筆者らは70対20対10という内訳がすべての企業に解をもたらす魔法の公式だと言っているのではない。この配分比率は「業種」と「地域」を一くくりにした分析に基づく平均にすぎず、適正バランスは数々の要因に応じて企業ごとに異なる（**図表2-4**「資源の割り当てはイノベーション・レベルに応じて臨機応変に」を参照）。

図表**2-3** | **イノベーション投資と長期的・累積的ROIの関係**

イノベーションROIの分布

以下に示すのは、イノベーションの3つのレベルすべてに投資する高業績企業の総利回り分布である。図らずも、我々が高業績企業で発見した資源配分比率が逆転した値となっている。

●中核的イニシアティブ ●隣接イニシアティブ ●転換的イニシアティブ

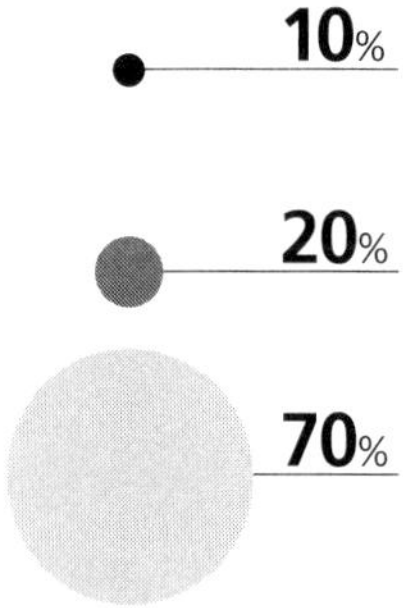

図表**2-4**｜**資源の割り当てはイノベーション・レベルに応じて臨機応変に**

高業績企業はおしなべて、イノベーション資源の70%を中核となる製品・サービスの改善に、20%を隣接領域でのビジネスチャンスに、10%を転換的イニシアティブに割り当てている。とはいえ、健全な戦略上の理由により、この比率にならない企業もある。異なる条件で実際に見られた、合理的な3つの配分比率の事例を以下に示す。

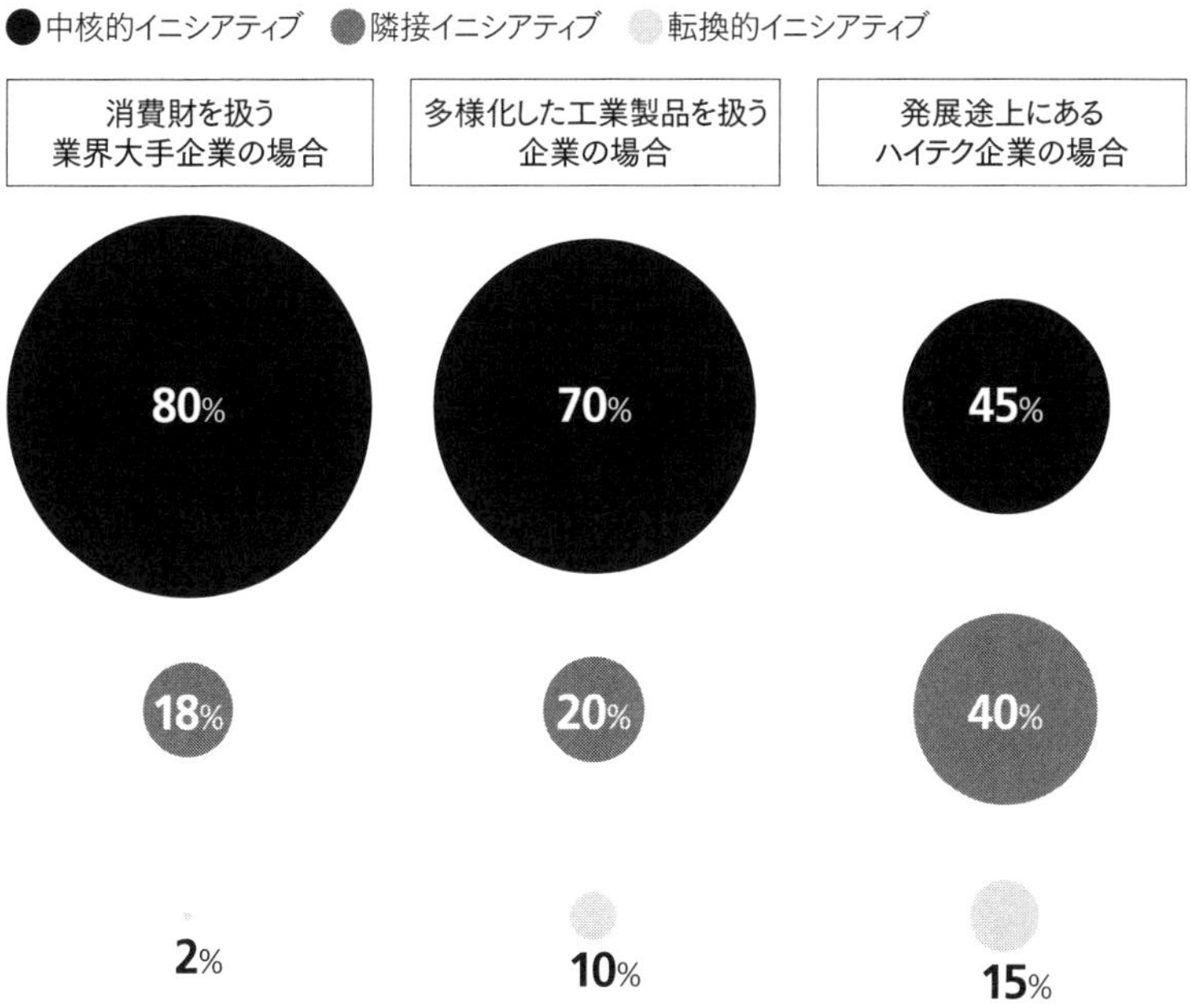

その重要な要因の一つに「業種」が挙げられる。

筆者らが調査した工業製品メーカーの数社は、中核的イノベーションをいくつかの単発的ヒットで補完した、堅実なポートフォリオを構築している。それらの内訳は70対20対10に最も近い。

ハイテク企業の場合は、市場を沸かせる次なる新製品の登場が期待されるので、中核製品の改善に費やす時間と資金は少なくなる。

消費者向けパッケージ商品メーカーでは、漸進的イノベーションに主眼を置くため、転換レベルの活動は皆無である。

これら3業種の企業のうち、工業製品メーカーが他業種メーカーに比べて、全体として最も高いPERを実現している。これはおそらく、業界としての適正なバランスに最も近いことの表れであろう。

第2の要因として、各産業における競争上の地位もバランスに影響する。たとえば後追い企業ならば、自社の成長曲線を劇変させるような、真に破壊的な製品・サービスの創出を目指し、よりリスクの高い、転換的イノベーションを追求するかもしれない。低迷期のアップルは1990年代後半にそのような決定を下し、実際にiTunesプラットフォームを含むいくつかの大胆なイニシアティブに社運を賭けた。

競争優位をそのまま維持したい、あるいは、より革新的な他社のイノベーションに対する市場の熱狂が落ち着きを取り戻したと考える企業は、それとは逆の方向に動く決定を下すかもしれない。転換的イニシアティブから中核的イニシアティブへと力点を移すことで、ポートフォリオから一定のリスクを取り除くのだ。

第3の要因は、企業の発展段階である。創業直後の企業、とりわけベンチャーキャピタルから資金を得ている企業は、大旋風を巻き起こさなければならない。このような企業は、メディアの注目を集め、投資家や顧客の注意を引くため、また基盤となる中核事業があまりないため、転換的イノベーションに投資が偏って当然と考えることもあるだろう。

これらの企業は、成熟して安定的顧客基盤を固めていくにつれ、そして中核事業を守り育てることの重要性が増すにつれ、もっと既存企業が力を入れる取り組みへと、力点を移すようになるかもしれない。肝心なのは、経営陣みずからが、売上成長と時価総額の両面でROIを高めると判断する適正比率を見極めること、その理想と現在の配分比率の乖離を把握すること、そしてその隔たりを小さくする実施計画を打ち出すことである。

トータル・イノベーションをシステム化する

中核的イノベーション、隣接イノベーション、転換的イノベーションの間で健全なバランスを目指すことは、トータル・イノベーションのポートフォリオをマネジメントするうえで不可欠な取り組みだが、それを実行しようとすると、たちどころにある問題が持ち上がる。すなわち、健全なバランスが約束するものを手にするために、企業は3つのイノベーション・レベルのケイパビリティすべてを獲得しなければならなくなる。

残念ながら、イノベーションを軌道に乗せ続けるためのマネジメント手法は、取り組み対象となるレベルに応じて大きく異なり、3つすべてを得意とする企業はほとんどない。

企業は概して、転換的イノベーションで最も苦労する。調査会社コーポレート・ストラテジー・ボードの調査によると、成熟企業が新規事業に乗り出す場合、試みの99%は失敗に終わるという。これは、転換を遂げる組織、すなわち、異なることを実行する組織には通常、これまでとは違ったやり方が求められるという厳しい現実を物語っている。異なる人材、異なるモチベーション要因、異なる支援体制が必要となるのだ。

目標を計画通り達成する企業（顕著な例として、ゼネラル・エレクトリックやIBMが挙げられる）は、すべてのイノベーション・レベルで効果を発揮するために、以下の5つの主要なマネジメント領域について熟慮している。

人材

中核的イノベーションと隣接イノベーションに必要なスキルは、転換的イノベーションに必要なスキルと大きく異なる。前者の2つのイノベーションでは、分析スキルが極めて重要になる。これらの取り組みでは、市場や顧客に関するデータを解釈し、製品やサービスの具体的改善に反映させる必要があるからだ。

たとえばP&Gは、隣接した領域で期待できる製品を見出すために、70人のシニアスタッフを世界規模で動員している。同社で技術起業家（テクノロジー・アントレプレナー）と呼ばれるこれらのスタッフは、中核事業の上に構築できる新しいアイデアを見つけるために、学術誌や特許データベースをはじめさまざまな情報源をたどり、特定の市場での活動を実際に観察することを任務とする。同社は、技術起業家のおかげで、今後の提供につながる可能性の検討対象となる製品を1万点以上探し出したという。

これとは対照的に、転換的イノベーションを目指す取り組みは、多くの場合、事業変革の牽引力となる社会的ニーズ（顧客の視点から見て、何が望まれているのか）、その根底にある市場動向（どのような種類の製品やサービスが生き残りの可能性があるか）、そして技術発展の現状（何を生産し、発売できるのか）を見極めて分析するために、「発見とコンセプト開発」のプロセスを重視する。

これらの活動では、設計者や文化人類学者、シナリオプランナー、曖昧なデータに動じないアナリストに見られるスキルが必要となる。

実際、サムスンは、革新的設計を基盤に競争に乗り出す決定を下した際、それまでとは違った新しいスキルが必要になると考えた。そこで、貴重な存在となる設計の若手プロ集団に接近するため、設計拠点を小さな町からソウルに移した。そして、才能を見出された設計者の能力に磨きをかけるため、優れた設計スキルを持つ外部の企業数社とチームを組み、産業デザインの専門家が率いる社内スクールも設置した。

結果は顕著に表れた。サムスンはここ10年で、これといった特徴のない家庭用電化製品メーカーから、世界で最も価値あるブランドの一つへと飛躍し、その間、数々のデザイン賞を受賞した。

統合

適正なイノベーション・スキルは不可欠だが、それだけで事足りるわけではない。それは、成功への後押しがなされる環境で、的確な指示の下、正しく組織され、マネジメントされなければならない。イノベーションに必要なスキルおよび関連する取り組みと日常の業務との間にどれだけの関連性を持たせるかが、最も重要な決定の一つとなるだろう。

ほとんどの企業では、イノベーションに携わる人々の大半は、中核製品・サービスの改善に取り組んでいる。このような人々が成功する可能性が最も高いのは、既存事業と統合されている時である。隣接イノベーションに取り組むチームでも、中核事業との密接なつながりがもたらす効率性から恩恵を得られれば、仕事を進めるうえで役に立つツールになると考えられる。

しかし、サムスンの事例が示唆する通り、転換的イノベーションは、担当者を中核事業から財務的、組織的、場合によっては物理的に切り離した時にうまくいく傾向にある。その距離が離れていないと、中核事業の維持ばかりを重視する会社の規範や期待の引力からは逃れることはできない。

資金調達

中核的イノベーションと隣接イノベーションに関係する取り組みの大半は、巨額の資金注入を必要としない、ごく小規模なプロジェクトである。それらの資金は、年間予算のサイクルを通して関連事業部門のP／Lで調達できるし、またそうすべきである。

一方、大胆な転換的イニシアティブには、多くの場合持続的に投資する必要があり、その額はかなりの規模になることもある。これらの取り組みは、年間予算の取り合いを俯瞰できるマネジメントレベル（おそらく重役クラス、望ましくはＣＥＯ）が資金を握るべきだ。

ただし、Ｃスイート（ＣｘＯ）が、「イノベーションは会社全体の利益となるので、力を合わせて支えるべきだ」などと主張して、予算の一定割合を転換的イニシアティブに拠出するように全事業部門に求める「イノベーション税」のやり方は、避けなければならない。

自分たちの「拠出」が大義に向かうと見る事業部門はほとんどなく、予算の５％を重役室に持っていかれたとしか見なさない。そしてイノベーションチームを「あんな奴ら」呼ばわりするようになる。

転換的イノベーション向けに、通常の事業のＰ／Ｌから切り離された、まったく別の資金調達構造を設けるという手もあるだろう。

メルクが立ち上げたベンチャーファンド「グローバル・ヘルス・イノベーション」がその一例である。同ファンドは独立した会社組織であり、メルクの中核事業である医薬品、ワクチン、コンシューマー・ヘルスケア以外の周辺事業を営む、興味深いヘルスケア企業に投資する。

このファンドの主だった目的は、メルクの代わりに、進化する将来ビジネスモデルの要素に賭けることである。転換的な成長機会を探し、従業員からアイデアを引き出すクラウドソーシング（不特定多数に問題解決を委託するウェブサービス）型フォーラム「メルク・ブレークスルー・オープン」など、有機的なイノベーション・イニシアティブに資金提供する際に活用されることもある。

パイプライン・マネジメント

適切にマネジメントされているイノベーション・プロセスはいずれも、現在進行中のイニシアティブを追跡し、計画通り進んでいるかを確かめる仕組みを取り入れている。

企業は一般に、ステージゲート法を用いてプロジェクトを定期的に評価し、何らかの環境変化があればROI予測を再計算し、ゴーサインを出すべきかを判断する。

しかしそのような予測の正確さは、企業が何とか収集できる程度のマーケット情報の信頼性とさほど変わらない。中核製品の拡充なら、通常はその程度の予測で事足りるだろう。顧客側は、企業が提案する派生製品を買いたいのか、買いたい場合は、いくらなら買うのかを意思表示できるからだ。

ところが、顧客自身がそのニーズに気づいてさえいないような、まったく新しいソリューションに関連するイノベーションのイニシアティブの場合は、これまでのような伝統的なステージゲート法に頼るのは危険である。世間がまだ一度も見たことのない「何か」の、5年目の売上高を予測することなど、不可能な話である。

また、中核的イノベーションまたは隣接イノベーションのパイプライン・マネジメント（四半期、年度ごとに各フェーズの進捗管理を行い、適正な売上げを計画していく手法）では、大量のアイデアから少数のアイデアへと一つまた一つと選り抜かれる。しかし転換的イノベーションでは、プロセスが大きく異なる。

後者での課題は、ゲームのルールを変える可能性を持つアイデアをいくつか特定し、それが開発フェーズを通じて次々と頭角を現すようにすることである。企業は、事前に十分に時間を割いて、何が実現可能なのかを探り、間違いのない優れたアイデアを突き止めるべく、実行可能な選択肢を絶え間なく増やし続ける必要がある。

言い換えれば、絞り込み式の通常のマネジメント手法は、転換的な取り組みには通用しない。必要となるのは、可能性のある代替案を長い時間をかけて温める非線形のプロセスである。

しかし、ステージゲート法では、見込みのある選択肢が適切に検討される間もなく却下される結果を招く。これが、ステージゲート法が転換的イノベーションにとって極めて致命的となるもう一つのゆえんである。

評価基準

最後に、経営陣がどのような評価基準を判断の拠り所とすべきかという問題がある。

中核的イニシアティブあるいは隣接イニシアティブについては、伝統的な財務評価基準でまったく問題ない。しかし転換的イニシアティブについては、そのような評価基準を早すぎる段階で用いてしまえば、潜在的に優れたアイデアが潰されてしまう可能性がある。

たとえば、中核的イニシアティブと隣接イニシアティブの評価で一般的に活用されているNPV（正味現在価値）とROIを計算するには、普及率や価格設定の適正点など主要変数に関する予測値が必要であり、そのためには顧客の声が必要となる。しかし、世間がまだその必要性すら把握していない「何か」に関する顧客の声など得ようがない。

経営者たちは、外的・内的評価基準に加え、経済的・非経済的評価基準をどこで用いるのが最適なのかを、知恵を絞りながら話し合うべきである。

ステージゲート法は、経済的評価基準と外的評価基準の交差点で機能し、自社のイノベーションが外の世界に出た時にどれだけの儲けが生まれるのかを予測する。入手可能かつおおむね正確な情報に基づいて中核的イニシアティブまたは隣接イニシアティブを評価する場合は、やはりこの組み合わせが適している。

一方、転換的イニシアティブの初期評価では、その対極にある非経済的評価基準と内的評価基準の組み合わせを活用すべきである。チームの学習と探求のケイパビリティはこの組み合わせで高められる。たとえば、継続的な投資を受けるためにイニシアティブが乗り越えるべき唯一のハードルが、自社が「稼げる」ではなく「学べる」見込みの高いことだとしたら、どうだろう。グーグルでは、初めからこの方法で転換的イノベーションを評価している。

企業は最終的には転換的イノベーションの厳然たる経済性に目を向ける必要があるが、まず試験を実施し、市場投入する準備が整ってからでも間に合うだろう。

イノベーションを絶え間なく前進させる

ほとんどの企業では、体系的なやり方にあまり慣れていないため、トータル・イノベーションのマネジメントの実践に際して、戦略上の大きな方向転換を強いられる。しかし、このような秩序に至る道筋ははっきりしている。

第1のステップは、組織の成長を牽引し競争力を強化するうえで、イノベーションが果たす役割について、共通の認識を育むことである。経営者たちは、適正なイノベーション・レベルについて意見を一致させ、それを説明するための共通言語を見出さなければならない。

第2のステップは、現在の社内におけるイノベーションの展望を見極めることであろう。包括的な評価を行えば、実際には中核的イニシアティブ、隣接イニシアティブ、転換的イニシアティブにどれだけの時間と労力と資金が割り当てられているか、そして、その配分比率と当該企業にとっての理想的比率からどれだけ乖離しているかが明らかになる。そうなれば、経営者は望ましいバランスに至る道を特定できる。

一般的には、中核的イニシアティブのうち顧客価値最大化に寄与するものだけを残し、隣接領域でのイニシアティブを増やすよう促し、転換領域でブレークスルーが起きやすい環境を整えることによって、トータル・イノベーションが達成される。

リーダーは、この活動の全般において、イノベーションの目標とプロセスについて、明確なメッセージをよどみなく伝えなければならない。どのようなプロジェクトでも、「これは自分たちのプロジェクトだ」と考え、プロジェクトに誇りを持つ人々がいるが、イノベーションROIを改善するには、経営者がプロジェクトに厳しい目を向ければならない。これは避けられない事実である。経営者の責務は、最も期待できるアイデアを掘り起こし、その成長を後押しし、残りを切り捨てることである。まったく問題なく実行できても、資源の最有効活用とはならないアイデアがあるからだ。

率直なコミットメントと明確なメッセージの伝達は、誰がどのような決定をどういった理由で下し、また、その決定が短期的、長期的に事業にどう資するのかを組織のメンバー全員がたしかに理解するうえで、大いに役立つものである。

今後もほとんどの企業にとってイノベーションは、活気はあるがまとまりがないイニシアティブの無秩序な積み重ねから生まれ続けるだろう。そして、多くの経営者にとっての悩みの種であり続けるだろう。しかし、有能な経営者は、あらゆる課題の中で最も取り組みがいがあり、一番重要な課題としてイノベーションをとらえるだろう。

ポートフォリオ全体の目標を視野に入れながら、イノベーションを包括的なシステムとしてマネジメントする手法を考案することによって、イノベーションが内包するエネルギーを制御し、企業成長の安定的推進力にできる。

第3章

会話力が俊敏な組織をつくる

ハーバード・ビジネス・スクール 教授
ボリス・グロイスバーグ
作家、編集者、コミュニケーション・コンサルタント
マイケル・スラインド

"Leadership Is a Conversation"
Harvard Business Review, June 2012.
邦訳「会話力が俊敏な組織をつくる」
『DIAMONDハーバード・ビジネス・レビュー』2012年11月号

ボリス・グロイスバーグ
(Boris Groysberg)
ハーバード・ビジネス・スクール教授。
経営管理論を担当。

マイケル・スラインド
(Michael Slind)
作家、編集者、コミュニケーション・コンサルタント。

2人の共著として、*Talk. Inc.: How Trusted Leaders Use Conversation to Power Their Organizations*, Harvard Business Review Press, 2012.(未訳)がある。

指示命令型コミュニケーションの限界

近年、指揮統制型の経営はみるみる後退している。指示を出すだけの純然たるトップダウン型リーダーシップは、グローバル化や新技術、企業の価値創出の仕方や顧客関係のあり方の変化に伴い、その実効性が急速に失われている（**章末**「リーダーが直面する新たな現実」を参照）。

では、この型に取って代わるのは、どんなモデルなのか。その答えの一端を、リーダーの社内コミュニケーション管理のあり方——リーダーから社員、社員からリーダー、そして社員同士の情報フローをどうさばくか——に見出すことができる。

従来型の社内向け広報を、もっとダイナミックで高度なプロセスに改めなければならない。何より大切なのは、会話型のプロセスを導入することだ。これは21世紀の社内コミュニケーション事情を調査した筆者らの結論である。

筆者らは2年以上かけて国内外の大企業や小企業、一流企業や新興企業、営利企業や非営利組織など、さまざまな組織の専門の広報担当者と経営者にインタビューを行った。100社を超す企業の150人近くから話を聞いた中で、ある時はそれとなく、ある時は明確に回答者たちが口にしたのは、社員と「会話する」取り組みや、社内の「会話を活性化する」意気込みについてだった。筆者らはこの調査から得た知見と事例をもとにリーダーシップのモデルを作成、「組織内会話」と名づけた。

昨今の賢明なるリーダーは、上から次々と指示を与えるよりも、個人同士の普通の会話に近いやり方で社員と接していた。しかも、会話志向を社内の隅々にまで浸透させるような活動を取り入れ、文化的規範を育んでいた。最大の利点は、大企業や成長企業が小企業のように動けるようになることにある。リーダーが単に社員に指示を出すのではなく、社員と話し合うことで、新興企業が一流企業に対抗する際に武器とする資質――業務の柔軟性、社員の強い熱意、戦略面での一致団結――を、ある程度は維持回復できるようになる。

モデルづくりに当たり、筆者らは個人同士の会話の特性と対応させ、組織内会話にも「親密性」「双方向性」「包括性」「意図性」という4つの要素があると考えた。もちろん、会話重視型で組織を運営するリーダーであっても、4要素すべてに細かく気を配る必要はない。

とはいえ、筆者らの調査からは、この4つの要素が互いに補強し合う傾向にあることがわかった。つまり、4要素が絡み合いながら、統合された一つのプロセスを形成しているわけである（**図表3**「組織内会話の4要素」を参照）。

要素1 親密性：親しい関係をつくる

個人の会話の場合、比喩的な意味でも実際の距離でも、参加者同士の距離が近いほど会話が弾む。組織内会話も同じで、制度や態度から生じる距離、あるいは空間的な距離など、リーダーと社員を隔てて

包括性リーダー	意図性リーダー
どのように 企業のコンテンツを制作するか	どのように 戦略を伝えるか
●経営陣がメッセージを作成してコントロール ●社員は受動的な情報消費者	●断片的、受動的、場当たり的なコミュニケーション ●リーダーは上意下達により戦略の社内浸透を実現
●リーダーはコンテンツのコントロール手段を返上 ●企業のメッセージ発信に社員が積極的に参加	●明確な重点課題があらゆるコミュニケーションに浸透 ●リーダーは重点課題を社員にていねいに説明 ●組織をまたぐ会話から戦略が誕生
●リーダーは会社の物語の発信に社員を活用 ●社員がブランド大使やソートリーダーとして活躍	●リーダーは企業戦略を軸にメッセージを作成 ●特別設計のコミュニケーション手段を介して社員が戦略策定に参画

いる距離を最大限に縮める必要がある。

会話型の親密性が根付いている企業では、決定権を持つ者がみずからすすんで部下の信頼、ひいては細心の注意を得ようとする。そのため、どんな階層の社員に対しても聞き上手になろうとするし、社員と直接、本音で語り合う術も身につけようとする。

とはいえ、リーダーと社員が物理的に近くにいられる場合ばかりではないし、必ずしも近くにいなければならないわけでもない。肝心なのは、精神的、感情的な近さである。会話上手なリーダーは、会社での高い役職をいったん脱ぎ捨てたうえで、一個人として部下

図表3｜組織内会話の4要素

親密性リーダー	双方向性リーダー
どのように 社員と接するか	どのように コミュニケーションチャネルを利用するか
▼従来のモデル：社内向け広報	
●トップダウン中心の情報フロー ●堅苦しく、会社っぽい口調	●メッセージを社員に配布 ●印刷された社内報、社内メモ、スピーチが主体
▼新しいモデル：組織内会話	
●私的で直接的なコミュニケーション ●リーダーは、信頼と本音を重視	●リーダーは社員に語りかけるのではなく、社員と語り合う ●顔を見ながらの双方向のやり取りを促す企業文化
▼企業と社員にとっての意義	
●リーダーは社員にただ話しかけるのではなく、社員の話に耳を傾けることを重視 ●社員はボトムアップ方式で意見を交換	●リーダーはビデオ用ツールやソーシャルメディア用ツールを使って双方向コミュニケーションを促進 ●社員はブログや討論フォーラムを通じて同僚とやり取り

とざっくばらんにコミュニケーションを図ろうとする。

組織内会話と、長年にわたり標準とされてきた社内向け広報の違いは、この親密性にある。組織内会話では、トップダウン型の情報伝達からボトムアップ型の意見交換に重点が移る。会社風の口調が弱まり、打ち解けた感じになる。命令したりされたりする関係が薄れ、質疑応答のようになる。

親密性をより顕著なものにするには、信頼を獲得する、傾聴する、個人として関わるなど、さまざまなやり方が考えられる。

信頼を獲得する

信頼がなければ、親密性は生ま

れようがない。その逆もしかり。腹に一物ありそうな相手や敵意が見られる相手と、腹を割って意見を交わす人などいない。どんな議論でも、互いに相手の言葉を額面通りに受け取ることができて初めて、内容が伴う有意義なものとなる。

だが、信頼は、生半可なことでは築けない。組織においてはなおさらである。リーダーは本音で率直に語らない限り、社員の信頼を得られない。場合によっては、信頼を得るために、財務上の機密情報など部外秘と思われる情報を伝えることもありうる。

医療記録技術を提供するアテナヘルスは、何と社員を一人残らず、法律上の厳格な意味での「インサイダー」として扱っている。インサイダーとは企業の事業見通しや、ひいては株価に、大きく影響しかねない戦略情報や財務情報を知らされる社員と定義され、通常は経営上層部しか該当しない。

これほど広く帳簿を開示するのは危険な行為であり、引受証券会社からはもちろん反対され、SEC（証券取引委員会）も難色を示した。だが、アテナヘルスの経営陣は、社員が単なる規則上の意味を超えたインサイダーになることを望んだ。すなわち、社員が事業に全面的に参画することを望んだのである。

傾聴する

組織内会話に真剣に取り組むリーダーは、自分の話をやめて聞き役に回るべきタイミングをわきまえている。社員の話を傾聴することほど、会話における親密性を深める行動はない。心の底から耳を傾ける態度は、あらゆる地位と役割の社員に敬意を持つこと、相手に好奇心を抱いていることを伝え、さらには一定の謙虚ささえも示すサインとなる。

デューク・エナジーの会長兼社長兼CEOであるジェームズ・E・ロジャーズは、シナジー（後にデュークと合併）の会長兼CEOだった頃、「リスニングセッション」と銘打った会を始めた。90～100人ほどのマネジャーを集め、3時間にわたり、何でもいいから差し迫った課題を挙げてもらったのである。こうした場がなければ見逃していたかもしれない情報を、議論を通じて拾い集めていった。

たとえば、ロジャーズは主任を集めたセッションで、不公平な報酬体系をめぐる問題を耳にした。彼いわく、「これが社内で表面化するのを待っていたら、どれほど時間がかかったでしょう」。そして、この問題で困っている社員から直接聞いた話だったからこそ、人事部に対してすぐさま解決策を見つけるよう指示を出せたのである。

個人として関わる

ロジャーズは会社の問題点を挙げてもらうだけでなく、ロジャーズ自身の仕事ぶりについても社員の意見を募った。あるセッションでは、自分をAからFまでで採点するように社員に頼んだこともある。

匿名で投じられた評価結果は、ただちに画面上に表示され、全員が見ることができた。おおむね点数は高かったものの、Aをつけた社員は半数に満たなかった。この結果を真摯に受け止めたロジャーズは、定期的に同様の評価を実施するようになった。

同時に、自分の仕事ぶりについて自由回答方式でも意見を求め始めた。少々皮肉なことだが、改善の余地があると考える回答者が最も多い領域は「社内コミュニケーション」であることがわかった。

ロジャーズは組織内会話を通じて社員と親しもうとしていたが、それでも社員の5分の1は、さらに近づくよう彼に求めていたのだ。真に傾聴するということは、良い話も悪い話も受け入れ、直接的な個人攻撃でも、たとえ直属の部下からの批判であっても甘受するということである。

シカゴに本社があるエネルギー企業のエクセロンでは、会社の経営理念を社員に徹底するためのプロジェクトから、極めて個人に根差した形の組織内会話が生まれた。通常、経営理念が社員に親密さを浸透させることはほとんどない。たいてい、単なる空論として片づけられてしまうものである。

そこで、エクセロンは同社の主要理念の一つである「多様性」をめぐるコミュニケーションで、実験的な試みをした。演出も技術的効果も加えない淡々とした短編ビデオをシリーズ化し、トップレベルのリーダーが、自身にとっての多様性の意味を、台本なしに極めて個人的に語ったのである。

その内容は、社内で表立って議論されることなど皆無に近い、人種問題や性的指向などのテーマだった。当時、エクセロンの財務担当役員だったイアン・マクリーンは、英国のマンチェスターで労働者階級の一人息子として育ち、階級的偏見のつらさを味わったと語った。

どんな時に自分が「人と違う」と感じたかと尋ねられたマクリーンは、銀行に入り、上流階級出身者ばかりの同僚の中で働き始めた頃の様子を次のように語った。

「私にはなまりがありました。よそ者扱いで、仲間はずれにされました。それで、彼らのように垢抜けていないことを思い知らされたのです……。私の周りにいる人たちには、誰一人、同じ思いを味わってほしくありません」

こうした飾らない話が、社員に強い印象を与えるのである。

要素2 双方向性：対話を促進する

個人の会話では、字義の通り、2人以上の人間がコメントや質疑を交わす。一人言をつぶやいても、当然ながらそれは会話ではない。組織内会話も同様で、リーダーは社員とともに語り合うのであって、一方的に話しかけるものでもないし、限られた相手に指示を出すものではない。双方向性により、誰もが参加できる活発な会話が生まれるのである。

双方向化する以上は、対話ならではの予測不能な活発さを受け入れなければならない。それは、一方的に話しかける時のように単純にはいかない。双方向化を進めれば親密性が増し、その親密性を土台にして双方向化が進む。逆に言えば、社員が声を上げ、必要に応じて反論するために必要なツールと制度上の仕組みの両方が揃わない限り、社員とリーダーの間の溝を埋める試みは失敗に終わる。

しかしこの流れは、コミュニケーションチャネルの変化を反映している。長年にわたり、それなりの規模を持つ企業では、社内の交流を図ることが技術的に難しいか不可能だった。コミュニケーションの規模と効率を満たすために企業が利用していた媒体、とりわけ印刷物と放送は一方通行の媒体だったからである。

だが、新たなチャネルが登場し、このような一方通行の仕組みを崩した。ソーシャル技術のおかげで、リーダーと社員は個人的な会話と同じ形、同じ感覚の社内環境を整えられるようになったのである。

ただし、適当な技術を導入するだけでは、双方向性を実現できない。それに劣らず重要な点として、ソーシャルメディアはソーシャル思考で支える必要がある。社内向けの広報を双方向型コミュニケーションに脱皮させようと試みたのに、社内に根付いた企業文化がことごとくじゃまをする例は枚挙にいとまがない。大方の役員やマネジャーは、あらゆる媒体を自分のメガホン代わりに好き勝手に使いたいという誘惑に勝てないようだ。

それでも、紛れもなく双方向型の企業文化――対話を歓迎する環境を生む価値観や規範や行動――を、リーダーが育んできた企業もある。

ツールを活用したシスコの試み

双方向性の効果を、シスコシステムズの例で説明しよう。偶然だが、シスコはソーシャル技術に分類されるさまざまな製品の製造と販売を手がけている。社員はそうした製品を社内で利用しながら、質の高い双方向コミュニケーションを実現するメリットを探っている。

この種の製品の一つであるテレプレゼンスは、離れた地点を結んでビデオ映像を送信し合うことで、疑似的に相手と差し向かいで会議ができる仕組みである。複数の大型モニターが包み込むような臨場感を生み、絶妙に配置された特製会議テーブルが互いの画面に映し出され、あたかも同じテーブルに座っているかのように感じられる。

ある意味、インターネット上のビデオチャットを大がかりにして、オンライン映像を乱す典型的な原因である信号の遅れや中断をなくしたようなものである。

さらに重要なのは、この装置が視覚上のサイズという決定的な問題を克服したことである。離れた地点を結んで行うコミュニケーションを研究したシスコの技術者は、モニター上の人物の姿が実寸の80％を切ると、映像を見ている人が相手とあまり言葉を交わさなくなることを発見した。テレプレゼンスでは出席者が等身大で映り、目を合わせることもできる。

この手の高度な技術を使ったツールを使えば、リアルタイムの自然なやり取りを取り戻せる。シスコのオペレーション、プロセス、およびシステム担当エグゼクティブバイスプレジデントのランディ・ポンドは、この種のやり取りには「総合的」会話の利点があると考えている。彼は次のようなエピソードで「総合的」会話の概念を説明してくれた。

ある日、ポンドが自席でテレビ会議に参加した時のこと。コンピュータ画面に映し出された同僚数名の映像を見ながら相手にコメントを伝えたところ、出席者の一人が「頭を抱え込む」のが見えた。おそらくポンドのコメントにがっかりしたのだろう。しかも、その姿を見られているとは思いも寄らなかったようだ。そこでポンドは、『こちらから丸見えだ。反対なら、そう言ってほしい』と告げました」と筆者らに語った。

その後、ポンドはその懐疑的な同僚と語り合い、事情をすべて知ることができたそうである。もちろん、これより双方向性に劣るコミュニケーション手段を使っていたとしても、いつかはその事情を知ることができたかもしれない。しかし、はるかに効率が悪かっただろう。

トップが率先して行う

シスコのコミュニケーション文化の要は、社長兼CEOのジョン・チェンバースである。チェンバースはさまざまな公開の場を通じて、社員との交流を図っている。

一例を挙げると、2カ月に一度ほどの割合で「誕生日チャット」を催していて、その2カ月間の対象期間中に誕生日が来るシスコの社員なら誰でも自由に参加できる。参加者が気兼ねなく発言できるようにするため、上級管理職はこの催しに呼ばれない。

また、月に一度ほどの割合で、チェンバースはアドリブで短いメッセージを収録し、ビデオブログとして全社員にメールで届けている。ビデオ映像を使えば、社員に直接、アドリブでざっくばらんに語りかけられる。こうすれば身近に感じてもらえて、信頼を築くことができるのである。

本来、ビデオブログは一方通行の性質を持つものだが、チェンバースと担当部署は双方向性を持たせるために、社員に対しても、文章によるコメントやビデオメッセージを返すよう募っている。

要素3　包括性：社員の役割を拡大する

個人の会話は、うまくすると機会均等化の場となる。つまり、議論の内容が参加者全員の共同所有物となる。だからこそ、会話の場に自分独自のアイデアを、そればかりか全身全霊を捧げるようになるのだ。

同様に、組織内会話を実現するには、会社の物語を構成するコンテンツづくりに社員が参加する必要がある。インクルーシブ・リーダー（包括型リーダー）は、社員を会社の正式ないしは準正式の広報担当者と見なすことで、会話の正式な仲間に加えてしまう。すると、社員が会社生活全般に抱く愛着がいちだんと強まるのである。

包括性は、先に挙げた親密性や双方向性にとっても極めて重要である。親密性には社員と親しくなろうとするリーダーの努力が関係するが、包括性はその過程で社員が果たす役割を重視するからだ。また、包括性は、双方向性の取り組みを広げる。社員がほかの人から示された意見をただ右から左へと受け流すのではなく、自分の意見を、主に会社のチャネルを使って述べられるようになるからだ。つまり、社員は第一線で活躍するコンテンツ提供者の役割を担うようになるのである。

標準的な企業広報モデルでは、経営上層部と専門の広報担当者が独占的にコンテンツづくりを行い、公式チャネル上での社員の記述や発言は厳しく統制される。だが、包括の精神が根付けば、熱意ある社員の手でコンテンツをつくったり、ブランド大使や、ソートリーダー（思想的リーダー）、語り部といった重要な役割を担ったりできるようになるのだ。

ブランド大使

自社の製品やサービスを愛してやまない社員は、そのブランドの生きた広告塔になる。これは自然発生的に起きうる現象だし、現実にもそうなっている。つまり、生計を立てるための仕事に愛情を注ぎ、プライベートの時間にも仕事と取り組む人がたくさんいるのである。

なかには、この種の行動を積極的に応援している企業もある。たとえば、コカ・コーラは正式にブランド大使制度を設けているが、これには社員がクチコミや活動を通じて「コーク」のイメージや製品を売り込むことを奨励する狙いがある。

同社のイントラネットには社員用の情報源として、自社が支援するボランティア活動を社員に紹介するツールなどがアップされている。ブランド大使制度の中心は9項目にわたる大使活動である。具体的には、「店頭における勝利」の支援(一例として、小売店の店頭ディスプレーをみずから飾り付けること)、見込み客の紹介、小売店での「コーク」品切れ事例の報告などがこれに該当する。

ソートリーダー

知識集約型の業界で市場の主導権を握るため、スピーチ原稿や記事や白書などを、コンサルタントや社内の専門家に頼んで起草してもらう会社もあるだろう。だが、最も革新的な思考が生まれるのは、えてして組織の奥深く、社員が新製品や新サービスの開発やテストを行っているところである。

そうした社員にソートリーダーとしてのコンテンツづくりと売り込みを任せることも、業界の主要関係者の間で自社の評判を高めるうえで、賢明にして手っ取り早い方法といえる。

近年、ジュニパーネットワークスは、隠れたソートリーダーを研究室や事務所から公共の会場に引っ張り出し、その知的能力を業界の専門家や顧客の目の前で披露させる取り組みを進めている。同社の技術者は次世代のシステム半導体やハードウェアの開発に取り組んでいるため、業界動向に対する鋭い読みを語ることができるのである。

それらの見解を関係先に伝えるため、ジュニパーネットワークスは国内外の技術会議に技術者を派遣し、自社のブースで顧客と引き合わせている。

語り部

専門の広報担当者からその会社の話を聞くことに人々は慣れている。とはいえ、何といっても第一線の社員からじかに話を聞くのが一番である。社員がみずからの経験をもとに、ありのままを語れば、メッセージに魂が通うのである。

コンピュータストレージ業界最大手のＥＭＣは、社員から積極的に話を引き出している。同社のリーダーが社員に求めているのは、業績改善手法をめぐるアイデアや、自社そのものへの意見である。ここで重要なのは、社内のどこから出されたアイデアでも歓迎する意向を徹底することだ。

一例を挙げると、２００９年、同社は *The Working Mother Experience*（働く母親の体験談）という本を刊行した。これは、社員であり親であることの両立をテーマに、複数のＥＭＣ社員が同僚社員のために筆を執った２５０ページの大型豪華本である。この企画を発案したのは第一線の社員たちであり、当時、グローバルマーケティング兼カスタマー品質担当のエグゼクティブバイスプレジデントだったフランク・ハウクの尽力で実現した。

ＥＭＣのような大企業が、これ見よがしにこの種の本を製作することは珍しくない。だが、この企画は企業広報の一環としてではなく、草の根の取り組みとして社員の手で進められたものである。このほかにも、ブログを書いているＥＭＣ社員が数十人いて、主に同社の公式サイト上で会社生活をめぐる生の声や技術関連の意見を発表している。

当然のことだが、包括性を求めれば、世間に示すべき自社の姿をコントロールする力を、経営陣は大幅に失うことになる。だが、実は文化や技術が変化したことで、いずれにしても、コントロールする力はすでに損なわれているのだ。あなたが好むと好まざるとにかかわらず、社員の誰もが、自分の席にいながらにして会社の評判を傷つける（あるいは、高める）ことができる。社内文書を記者やブロガー、あるいは、それこそ友人グループにメールで送り付けるだけで、あるいはネット上のフォーラムに意見を投稿するだけでいいのである。

つまり、インクルーシブ・リーダーの行為は当然の帰結にすぎない。ボルケーノの社長兼ＣＥＯ、スコット・ヘネケンスによると、コミュニケーションの管理を緩めたところ、前と比べて会社生活の息苦しさが和らぎ、生産性が高まったという。情報が自由に流れることで精神の自由度が増すのである。

なかには、最低限守るべき事項を定めようとする企業もある。たとえば、インフォシスは社員がソーシャルネットワークに参加するのは抑えられないことを踏まえたうえで、社員に対して、「誰かに反対意見を述べるのはいいが、不愉快な態度は取らないように」と伝えている。

また、トップダウン方式では管理し切れない隙間を、社員の自主管理方式が埋める事例は、リーダーがしばしば経験するところである。たとえば極論を吐く者がいたとしても、社員の共同体がこれにうまく対応し、全体の雰囲気はほどほどのところに落ち着くのである。

要素4 意図性：重点課題を追求する

真に豊かで実りある個人の会話というものは、自由に発言できるものの、かといってあてどなく会話が進むわけではないだろう。会話の参加者は、自分たちの到達目標をそれなりに思い描いていなければならない。相手を楽しませたいとか、相手を説得しようとか、あるいは、相手から学びたいとかいうように。そうした意図がないと会話が取りとめのないものになるか、行き詰まってしまう。どんなにゆくて脱線ばかりしていても、意図があるおしゃべりには秩序と意味がある。

この原則は、組織内会話にも当てはまる。社内コミュニケーションの過程で寄せられた多くの声は、そのコミュニケーションが何のためになされたのかという目的に沿って、やがて一つの見解に収れんしなければならない。言い換えると、社内で繰り広げられる会話は、会社の戦略目標に即した社員共通の重点課題を反映しているべきである。

意図性は、これまで挙げた3要素と重要な違いがある。親密性、双方向性、包括性は、いずれも社内の情報やアイデアの流通経路を拡大するのに対し、意図性はそうしたプロセスを多少なりとも閉ざすものである。つまり、意図性を持たせることにより、リーダーや社員は討議や討論のやり取りを、戦略的に意味のある行動に結び付けることができる。

会話に意図性を持たせるには、リーダーが会社の戦略方針を伝える際に、宣言するだけでなく説明する――つまり、同意を強要するのではなく合意を引き出す――必要がある。

この新たなモデルでは、経営上の意思決定の土台となるビジョンと論理を、リーダーが社員に包括的かつ明確に語ることになる。その結果、あらゆる階層の社員が、競争的環境の中で自社がどこに位置しているのか全体像を把握できる。つまり、全社員が企業戦略を熟知するようになる。

インフォシスの参加型戦略立案

自社の中心的戦略を社員に理解させるには、戦略立案に社員を参加させるのも一つの手である。インフォシスの経営陣は、年次戦略の策定プロセスに広範囲にわたる社員を参画させることにした。

2009年後半に、2011会計年度の企業戦略策定を始めるに当たり、インフォシスの首脳は地位や部門を問わず社員の参加を呼びかけた。共同創業者で取締役共同会長のクリス・ゴパラクリシュナンの説明によると、特に「顧客に影響すると思われる顕著な画期的トレンド」に関するアイデアを社員から募ったそうである。

寄せられたアイデアをもとに、インフォシスの戦略立案部門が17のトレンドをリストアップした。そこには新興市場の成長から、環境の持続可能性がますます重視されていることまで含まれた。

そのうえで、戦略立案部門はネット上に一連のフォーラムを開設した。インフォシスが提供できそうな各種の顧客ソリューションを武器にしてこれらのトレンドに対処する方法を、社員が提案できる場を設けたのである。技術とソーシャルネットワークのおかげで、会社を挙げてボトムアップで参加できるようになったわけである。

イベントで交流と統合を仕掛ける

世界第3位のＤＩＹチェーンで、英国に本拠を置くキングフィッシャーの例を挙げよう。同社は２０08年、ばらばらの歴史を持つ事業部の寄せ集めだった組織を、意図的な組織内会話を通じて「一つのチーム」にまとめるための新戦略を開始した。そのキックオフとして、経営陣はバルセロナで３日間にわたり、小売部門の役員向けのイベントを催した。

その2日目、「シェア・アット・ザ・マーケットプレース」と銘打って、古代の地中海や中東のバザール（市場）を真似た1時間半の集いが全員参加で開かれた。そこでは、参加者のうち「サプライヤー」と称するグループが、22個ある屋台の前にエプロン姿で一人ずつ立ち、自分が属するキングフィッシャー社内の部門で考案された商慣行を売り込んだ。つまり、アイデアを売る商人というわけである。

経営委員会のメンバーは別グループをつくり、世話役として激励の言葉をかけながら歩き回った。

そして、人数の最も多い第３のグループは、買い手となって屋台から屋台へと渡り歩き、「商品」を吟味しては、時折、アイデアを「購入」した。買った商品の代金をサプライヤーに支払う際は、この催しのために特別に発行された小切手帳から1人5枚まで小切手を振り出すことができた。

この取引はこのイベント限りのものだったが、サプライヤーに「あなたが説明している内容は印象的です」と伝える強いメッセージになった。このバザールの真髄は、雑然として騒がしいながらも、くだけた雰囲気の中で、仲間同士でベストプラクティスを共有し合うことにあった。

と同時に、会話を目的達成の手段にする、すなわち会話を通じて多彩な参加者グループの戦略的整合を図るという意図も込められていた。

あなたが気づいていようといまいと、どんな企業でも会話は行われている。それはいつの時代も同じだったが、現在では社内の会話が会社の壁を超えて、はるか遠くにまで広がっていく可能性がある。しかも、それを防ぐ手段はほとんどない。

＊　＊　＊

賢明なリーダーは会話を利用する方法――情報の流れを誠実で開かれたやり方で管理する方法――を編み出した。一方的にメッセージをばらまくのは時代遅れなやり方であり、耳に心地よいマーケティング資料は、顧客だけでなく社員に対しても効果がほとんどない。だが、親密性、双方向性、包括性、意図性を備えたコミュニケーションには、人々も耳を傾けるはずである。

リーダーが直面する新たな現実

ビジネスにおける5つの長期トレンドが、社内向け広報から組織内会話への転換を迫っている。

経済の変化

経済的に見てサービス業が製造業より優勢になり、知識労働がそのほかの種類の労働に取って代わった。これに伴い、情報を加工し、共有する高度な方法がますます切実に必要とされている。

組織の変化

企業のフラット化が進んでヒエラルキーが弱まり、価値を創出するうえで、第一線の社員がさらに中心的な役割を果たすようになった。それに伴い、横方向やボトムアップ型のコミュニケーションが、トップダウン型のコミュニケーション並みの重要性を持つようになった。

世界の変化

労働力の多様化と分散が進んだことで、文化や地理的境界を超えて前進するためには、流動的にして複雑なコミュニケーションが必要になった。

世代の変化

1980~90年代生まれのミレニアル世代や、それより若い労働者が社内で一定数を占めるにつれて、同僚に対しても上司に対しても同じように、活発な双方向型コミュニケーションを行うことを望むようになった。

技術の変化

デジタルネットワークのおかげで、ビジネスの世界では即座に相手につながることが当たり前になった。一方、ソーシャルメディアのプラットフォームはさらに強力に、そしてどこでも使えるようになった。この2つの変化に伴い、以前のあまり対話型ではないコミュニケーションチャネルでは不十分になった。

第**4**章

ストラテジック・インテント

ミシガン大学 スティーブン M. ロス・スクール・オブ・ビジネス 教授
C. K. プラハラッド
ロンドン・ビジネススクール 客員教授
ゲイリー・ハメル

"Strategic Intent"
Harvard Business Review, May-June 1989.
邦訳「ストラテジック・インテント」
『DIAMONDハーバード・ビジネス・レビュー』2008年4月号

C. K. プラハラッド
(C. K. Prahalad)
ミシガン大学スティーブン M. ロス・スクール・オブ・ビジネスのポール・アンド・ロス・マクラッケン記念講座教授。サンディエゴにあるソフトウェア会社、プラジャの創業者であり、かつてはそのCEOを務めていた。主な著作に *The Future of Competition: Co-Creating Unique Value with Customers*, Harvard Business School Press, 2004.（邦訳『価値共創の未来へ』ランダムハウス講談社、2004年）、*The Fortune at the Bottom of the Pyramid*, Wharton School Publishing, 2004.（邦訳『ネクスト・マーケット』英治出版、2005年）がある。

ゲイリー・ハメル
(Gary Hamel)
ロンドン・ビジネススクール客員教授。コンサルティング会社、ストラテゴスの創設者でもある。著書に *Leading the Revolution,* Harvard Business School Press, 1994.（邦訳『リーディング・ザ・レボリューション』日本経済新聞社、2001年）、またイブ Y. ドーズとの共著に *Alliance Advantage: The Art of Creating Value through Partnering*, Harvard Business School Press, 1998.（邦訳『競争優位のアライアンス』ダイヤモンド社、2001年）がある。

２人の共著書に *Competing for the Future*, Harvard Business School Press, 1994.（邦訳『コア・コンピタンス経営』日本経済新聞社、1995年）がある。

競合分析では見えない日本企業の強さ

昨今さまざまな業界で、新興グローバル企業の競争優位に何とか対抗しようと、欧米企業の経営者たちがやっきになっている。

人件費を抑制しようと海外に生産拠点を移し、グローバルに規模の経済を働かせるために製品ラインの合理化を推し進め、QC（品質管理）サークルやジャスト・イン・タイム生産を取り入れ、日本企業の人事慣行に倣おうとしている。それでもなお十分な競争力が得られないならば、他社との戦略的提携に乗り出す。その相手はほかでもない、自社の競争力を揺るがすライバル企業である。

これらの施策には、たしかにそれなりの意義があるが、たいていは模倣の域を出ない。ほとんどの企業は、途方もないエネルギーを費やした末、グローバル市場でライバルがすでに享受するのと同じコストや品質面での優位性を手にする程度である。模倣は、相手企業を心から称える気持ちの表れかもしれないが、自社の競争力強化にはつながらないだろう。他社の戦略を模倣した場合、その戦略をすでに実践している企業からは、こちらの動きは手に取るように見えているはずだ。

そのうえ、成功企業の場合、現在に立ち止まることはまずない。このため当然ながら、多くの経営者がいつまでもライバルの後を追い続け、時折、相手の新たな成果にふいを突かれる。このような経営者と企業は、戦略の基本コンセプトの多くを問い直さない限り、かつての競争力を取り戻すことも、新たな競争力を獲得することもかなわないだろう。(注1)欧米企業はその活力を失っていった。筆者ら2人は、これを偶然だとは考えていない。

「戦略」が注目を集めるのに従い、欧米企業はその活力を失っていった。筆者ら2人は、これを偶然だとは考えていない。

たとえば、経営資源とビジネスチャンスの適合度、すなわち「戦略のフィット」、コストリーダーシップ、差別化、集中といった「基本戦略」、目標、戦略、戦術という「戦略のヒエラルキー」などを妄信するあまり、往々にして競争力の低下が招かれた。一方の新興グローバル企業は、戦略というものを、欧米流の経営思想とは根本的に異なる視点から考えている。このような競争相手を前にしたのでは、これまで正統とされてきた手法を多少手直ししたくらいでは、オペレーション効率を心持ち引き上げるのと同じく、競争力の回復にはつながらないだろう（**章末**「対照的な2つの戦略」を参照）。

欧米企業は、新たにグローバル市場に参入してきた他社の動きを、ほとんど予測できずにいる。というのも、大多数の企業はそもそも、競合分析に頼っているからである。一般に競合分析は、既存のライバルだけに焦点を絞り、現在どのような経営資源、たとえば人材、技術、資本力を持っているかに着目する。脅威と見なすのは、来期の利益や市場シェアを奪いそうな企業だけだ。仮に他社が、機転を利かせて新たな競争優位を瞬く間に築いたとしても、まず視野に入ってこない。

従来の競合分析は、走っている自動車のスナップショットを撮るようなものだろう。写真を見ただけでは、その被写体が、のん気なサンデードライバーにせよ、グランプリの予行走行をするプロドライバーにせよ、そのスピードや目指す方向はほとんどわからない。

ましてや、多くのマネジャーは、企業がグローバル市場で成功できるかどうかを占ううえで、経営資源が潤沢か否かによって判断できるものではないことを、苦い経験を通じて学び取ってきた。

過去を振り返ってみよう。1970年において、日本企業の大多数は、経営資源、生産量、技術力のどれを取っても、欧米のリーダー企業に見劣りしていた。たとえば、コマツは売上高がキャタピラーの35％にも満たなかった。その名も日本以外ではほとんど知られておらず、売上げの大半を小型ブルドーザーに頼っていた。本田技研工業（ホンダ）は、アメリカン・モーターズよりも小規模で、米国に製品を輸出してはいなかった。キヤノンの複写機事業はまだよちよち歩きで、40億ドルの売上げを誇るゼロックスと比べると、吹けば飛ぶような存在だった。

もし欧米企業のマネジャーがこれら日本企業を競合分析の対象にしていたならば、経営資源の面で格の違いがはっきり浮き彫りになっていただろう。

ところが1985年には、コマツは各種土木機械、産業ロボット、半導体製造機器などを取り揃え、28億ドルを売り上げるまでになっていた。ホンダは1987年には、全世界での自動車生産台数でクライスラーとほぼ肩を並べた。キヤノンは、ゼロックスの海外事業部と同等の市場シェアを握っていた。

以上からの教訓は明らかだろう。既存のライバル企業を対象に、戦術面の優位性を分析しても、潜在的なライバルの意志の力、持久力、革新力などを見抜くうえでは何の役にも立たないということだ。いまから3000年前、孫子は「勝利の戦術は誰にでも見抜くことができる。しかし、大勝利を収めるための戦略は誰にも見えない」と説いた。

ストラテジック・インテントとは何か

この20年間にグローバルリーダーの地位へと上り詰めた企業は、例外なく、当初の経営資源や能力をはるかに超える野心を抱いていた。組織のあらゆる階層に勝利への執念を植え付け、グローバルリーダーになるまでの間、10年でも20年でも、その執念を燃やし続けたのである。本稿では、この執念を表現したものを「ストラテジック・インテント」と呼ぶ。

ストラテジック・インテントがあると、目指すべきリーダーシップポジションを思い描き、そこに向かって歩を進めることができる。コマツは「キャタピラーを包囲せよ」、キヤノンは「打倒ゼロックス」を掲げ、ホンダは第二のフォード・モーター、つまり自動車業界のパイオニアを目指して奮起した。これらは皆、ストラテジック・インテントをわかりやすく表現したものである。

ただし、ストラテジック・インテントは、無軌道な野心とは異なる。野心を抱きながらも、それを果たせずに終わる企業もけっして少なくない。

この概念は、積極果敢なマネジメントプロセスを伴う。具体的には、組織を勝利することに集中させる、目標の意義を社員たちに伝えてモチベーションを高める、個人やチームに貢献のチャンスを与える、環境の変化に合わせて挑戦課題を設定し、社内のやる気をさらに引き出す、常にストラテジック・インテントに基づいて経営資源の配分を決めるなどである。

ストラテジック・インテントは、勝利の本質をとらえている

「ソ連よりも先に、人類を月に送る」というアポロ計画は、競争を強く意識していた。米国にとってアポロ計画の成否は、ソ連との技術競争の行方を決定付ける意味合いがあった。コマツはこれと同じくらい、キャタピラーにはっきりと照準を合わせていた。

IT業界は変化が激しいため、どこか一社を競争のターゲットに決めるのは難しかった。そこで、NECは1970年代初め、情報プロセッシング技術と通信技術が融合することで生まれてくるだろうビジネスチャンスに向けて、そのために最もふさわしい技術の獲得をストラテジック・インテントとして掲げた。この融合を予測していた企業はほかにもあったが、この見通しをもとに「C&C」(Computing and Communication)という志を戦略の指針に据えたのは、NECただ1社だった。

ちなみに、コカ・コーラは「コカ・コーラを世界のすべての人の手の届く製品にする」をストラテジック・インテントにしている。

ストラテジック・インテントは、時間が経過してもぶれない

グローバル競争を制するには、長期的に物事を見たり考えたりする習慣を組織に根付かせることが極めて重要である。ストラテジック・インテントによって、短期的には行動に一貫性が生まれ、新しいビジネスチャンスが生まれた際には、さまざまな解釈が許容される。

コマツは、キャタピラーの包囲網を広げる過程で、いくつもの中期計画を立て、そのつどキャタピラーの個別の弱点を攻撃したり、具体的な競争優位を築いたりすることを目標にした。たとえば、キャタ

ピラーが日本市場に揺さぶりをかけてきたら、まずは品質をさらに改善し、次にコストを下げ、そのうえで海外市場を開拓し、新製品の開発に乗り出すことを決めた。

ストラテジック・インテントは、社員が一個人としても献身するに値する

米国企業のCEOたちに「自分が会社の成功に貢献しているかどうかを何によって測定するか」と尋ねれば、大半が「株主価値」と答えるだろう。しかし、ストラテジック・インテントを掲げた企業の経営陣からは「グローバル市場での地位」という回答が返ってくる可能性が高い。

たしかに、大きな市場シェアを獲得すれば、普通に考えれば株主価値も向上する。ただし、この「株主価値の向上」「グローバル市場での地位向上」という2つの目標は、働き手のモチベーションへの影響という点で大きく異なる。ブルーカラーはもとより、ミドルマネジャーたちが、起きている間、ひたすら株主価値の向上に努力するとは想像しがたい。

しかし、日本の某自動車メーカーのように「ベンツを追い抜こう」というかけ声であれば、働き手のモチベーションも変わってくるのではなかろうか。社員たちが武者震いをするのは、「世界のナンバーワンになる」「ナンバーワンの座を守る」といった目標が与えられた場合だけである。その土台が、ストラテジック・インテントにほかならない。

多くの企業は、ストラテジック・インテントよりも戦略プランニングに馴染みが深い。プランニングは一般的に、戦略をふるいにかける役目を果たす。戦略の中身（ｗｈａｔ）とこれを実現する方法（ｈｏｗ）が精緻に示されているかどうかによって、採用されたり、見送られたりする。

はっきりしたマイルストーンが決まっているだろうか。必要なスキルと経営資源はあるだろうか。ライバル企業はどのような反応を示すだろうか。市場調査に抜かりはないだろうか。事あるごとに、ラインマネジャーに向かって「現実を直視しろ」といった叱責が飛ぶ。しかし、グローバルリーダーになる戦略というものが、はたしてプランニング可能なのだろうか。

コマツ、キヤノン、ホンダは、欧米市場に進出するに当たり、20年後までを視野に入れた詳しい戦略を携えていたのだろうか。また、日本や韓国のビジネスリーダーたちは、欧米のリーダーたちよりも戦略プランニングに長けているのだろうか。答えは「ノー」である。

戦略プランニングには、たしかに意義がある。しかし、「業界のグローバルリーダーになる」というのは、戦略プランニングの域を超えた壮大な目標である。実際、先進的なプランニング手法を使いこなしている企業でも、ストラテジック・インテントを生み出せた事例はごく少数に留まる。戦略プランニングの域を超える目標を掲げてしまうと、その目標と戦略の適合性を検証するのが難しくなるため、途中で挫折しがちである。とはいえ、そのような壮大な目標を掲げるだけの気骨なくして、グローバルリーダーの地位など望むべくもない。

「戦略プランニングによって、将来に目が向く」といわれるが、マネジャーたちにその実態について問い質してみれば、大多数が「戦略は概して、将来のチャンスよりも、むしろ目の前の問題点をあぶり出すためのもの」と率直に認めることだろう。したがって、プランニングの時期が訪れるたびに、マネジャーたちは新たな課題に直面するため、そのたびに焦点が大きくぶれる。

しかも、たいていの業界では、変化のスピードが加速しつつあり、予測の対象期間は短くなる一方である。このため、戦略プランニングから生まれてくるのは、現状をわずかに改善した計画となる。

かたやストラテジック・インテントは、将来のあるべき姿から逆算して、いま何をすべきかを明らかにするように促す。ストラテジック・インテントの実現へと近づくには、「今年と比べて、来年はどうなるのか」を予測するのではなく、「来年はどのような点を改めなければいけないか」と発想することが大切である。

戦略プランニングを毎年積み重ねながら、グローバルリーダーの地位を手にするには、そもそもストラテジック・インテントについて吟味し、それに忠実であることが必要である。

ストラテジック・インテントによって組織力を引き出す

10年あるいは20年という単位の経営計画を策定したところで無意味である。これと同じく、グローバルリーダーの地位が幸運によって転がり込んでくる可能性もまず期待できない。泥縄的なマネジメントでグローバル市場を制覇できるほど、世の中は甘くない。

社内ベンチャーを目的としたスカンクワークスやその他の手法も、この場合、大して役に立たないだろう。これらの手法の根底には、極めて冷めた悟りがある。すなわち、組織は古いしきたりや発想にがんじがらめになっているため、イノベーションを生み出すには、ごく一握りの精鋭を隔離し、それなりの予算を注ぎ込み、素晴らしい成果が生まれてくるのを期待するしかないという諦観である。

このシリコンバレー流のイノベーション手法の場合、ボトムアップで有望な新規事業の種が蒔かれるのを待ち、それに合わせて企業戦略を修正するだけである。したがって、経営陣は付加価値を生み出す存在ではない。残念ながら、大企業の多くは、このような姿勢でイノベーションに取り組んでいる。(注2) しかも、その経営陣は、株主を満足させ、買収の脅威を遠ざけておくこと以外に、これといった志を持っていない。

そのうえ、プランニングの形式、各種報奨制度、市場の定義、根強い業界慣行など、いくつもの手かせ足かせがあり、取りうる手段はごくごく限られる。その結果、イノベーション活動はおのずと孤立していく。つまり、野心的なストラテジック・インテントの実現に向けて、経営陣が社内のさまざまな力を結集させるよりも、個人や少数精鋭チームの力に託すのだ。

経営資源の制約を乗り越えてグローバルリーダーの座に着いた企業の場合、手段と目的の関係が通常とは一味も二味も違う。ストラテジック・インテントは単純明快な目標を示す一方、その手段については問わず、さまざまな手段を臨機応変に選択できる余地を与える。

たとえば、富士通はIBMを攻めるに当たり、欧州で他社との戦略的提携を結んだ。ただしこれも、あくまで明快な目標を達成する一手段でしかない。社員たちは、経営陣が定めた基準に照らして、自分たちの施策が適切かどうか、あらかじめ判断できる。その結果、創造性が解放され、しかし野放図になることはない。

またミドルマネジャーは、財務目標を達成するだけでなく、ストラテジック・インテントに込められた幅広い指針に従わなければいけない。

ストラテジック・インテントを掲げると、組織はかなりの背伸びを強いられる。この目標を達成するのに、手持ちの経営資源や能力だけではとうてい十分とはいえない。したがって、何とかして知恵を絞り、限られた資源を最大限に活かすよう迫られる。

従来の戦略観は、目の前のビジネスチャンスにふさわしい資源が自社にあるかどうかを重視するが、ストラテジック・インテントの場合、経営資源の制約などは度外視し、大望を掲げる。そこで経営陣は、この溝を埋めるために、新しい優位性を計画的に築くよう社内に檄を飛ばす。

キヤノンは、まずはゼロックスの特許をくまなく調べ、次いで技術ライセンスをてこに市場参入を果たすと同時に、R&Dに力を入れ、独自技術を他社にライセンス供与し、次のR&Dに向けた資金を調達した。そして、ゼロックスが出遅れていた日本と欧州の複写機市場に、満を持して参入したのである。

こうして見ると、ストラテジック・インテントの実現を目指すのは、400メートル競走を繰り返しながら、最終的に42・195キロを走破するようなものだろう。ゴール周辺の状況は、そこにたどり着くまでは誰にもわからないため、次の400メートルに組織の注意を向けさせるのが、経営陣の役割となる。

そこで企業によっては、ストラテジック・インテントを実現するには、次にどのような挑戦課題をクリアすべきか、適宜きめ細かく社内に示している。たとえば、1年目は品質改善、2年目は顧客サービスの充実、3年目は新市場への参入、4年目は製品ラインの刷新といったように、そのつど焦点は移り変わる。ここからもわかるように、挑戦課題を具体的に示すことは、まず何に努力すべきかを社内に伝え、新しい競争優位を段階的に獲得する手段にほかならない。ストラテジック・インテントを掲げた企業の経営陣は、「製品開発期間を75％短縮する」といった具体的な目標を示すが、その手段について細かい制約を設けたりはしない。

ストラテジック・インテントと同じく、新たなチャレンジもまた、組織に背伸びを強いる。キヤノンは家庭向け複写機市場でゼロックスの機先を制するために、「1000ドル以下の価格を実現するように」と、技術陣に発破をかけた。当時、キヤノン製の複写機は最も安価なものでも数千ドルだった。既存機種のコストダウンにいくら努力したところで、価格を劇的に下げ、家庭向け市場へのゼロックスの参入を遅らせることはできなかっただろう。キヤノン技術陣はそのために、複写機を一からつくり直す必要に迫られた。こうして、従来の複写メカニズムに代えて、使い捨てタイプのインクカートリッジが考案されたのである。

何にチャレンジすべきかを決める際には、ライバル企業を分析するほか、業界が今後どのように推移していくのかについて予測してみる。これらを通して、競争の空白地帯を見つけ、有利な立場のライバルを出し抜くには、どのようなスキルが必要なのかを探り出す（**図表4-1**「コマツ：競争優位の軌跡」を参照）。

挑戦課題を組織に浸透させるには、各人、各チームがその中身を十分理解し、自分たちの職務と重ね合わせなければいけない。品質改善に取り組み始めたフォード・モーターやIBMの事例が示す通り、新たな競争優位の獲得に向けて挑戦課題を設定し、これに全社を挙げて取り組むには、経営陣に次のような行動が求められることが、すぐにわかるだろう。

社内に緊迫感あるいは危機的な状況を生み出す

改善の必要性をうかがわせるちょっとした兆しを、やや大げさに社内に伝える。危機が深刻化するまで手をこまねいていてはいけない。コマツは、想定される最大の円高シナリオに基づいて予算を策定していた。

ライバル企業に関する情報を大規模に収集し、全社の目を競争相手に向けさせる

すべての社員が自分の取り組みを業界の最高水準と比較できるよう、しかるべき仕組みをつくり、一人ひとりの心に経営課題を深く刻み付ける。たとえばフォードは、マツダの最新鋭工場における操業風景を撮影したビデオを、生産現場の人々に紹介した。

仕事のパフォーマンスを高めるスキルを社員たちに身につけさせる

統計ツール、問題解決手法、バリューエンジニアリング(VE)、チームビルディングなどの研修を施す。

一つのチャレンジを十分消化してから、次の挑戦課題を与える

挑戦課題が次々と降ってくると、ミドルマネジャー層はえてして、部下たちが優先順位を理解できずに混乱するのではないかと恐れ、守勢に回る。「経営陣がどこまで本気なのか、まずは様子を見よう」という雰囲気が社内に蔓延すると、挑戦課題は骨抜きになってしまう。

国際企業へと飛躍して輸出市場を切り開く

1960年代初め
東欧圏の市場開拓に着手する。

1967年
販売子会社コマツ・ヨーロッパを設立。

1970年
コマツ・アメリカを設立。

1972年
大型ブルドーザーの耐久性と信頼性を高め、コストを低減するために、プロジェクトBを始動。

1972年
ペイローダー（ショベルなどを搭載した運搬用機械）の改良を目指してプロジェクトCを立ち上げる。

1972年
油圧掘削機の改良を目指してプロジェクトDを開始。

1974年
新興工業国の建設プロジェクトを支援するために、予約販売とサービスを担当する部門を設立。

外的要因から市場を守る

1975年
品質水準を維持したままコストを10％下げる、部品数を20％減らす、製造システムを合理化するという内容の「V-10計画」を始動。

1977年
「180円計画」を立ち上げ、1ドル＝180円の為替レートを前提に全社の予算を組む（ちなみに当時のレートは1ドル＝240円だった）。

1979年
石油危機を受けてプロジェクトEを始動させ、各チームの品質、コストへの取り組みを強化する。

新製品と新市場を生み出す

1970年代後半
製品ラインの拡充を目指して製品開発を加速。

1979年
社会のニーズと自社のノウハウに沿って新たなビジネスチャンスを見つけるために、「フューチャー・アンド・フロンティア計画」を立ち上げる。

1981年
製品ラインを無理なく拡大できるように、生産効率の向上を目指した「EPOCHS計画」を始動させる。

図表**4-1**｜**コマツ：競争優位の軌跡**

企業課題	**キャタピラーから国内市場を守る**	**品質水準を維持したままコストを低減させる**
具体的な施策	**1960年代初め** カミンズ・エンジン、インターナショナル・ハーベスター、ビサイラス・エリーなどとライセンス契約を結び、技術を取得するとともに、業界の標準的な技術水準を探り出す。 **1961年** プロジェクトA（エース）を始動させ、小型、中型ブルドーザー分野でキャタピラーをしのぐ品質を目指す。 **1962年** 全社QCサークル運動を展開し、全社員に研修をほどこすことを目指す。	**1965年** コストダウン（CD）運動を開始。 **1966年** CD運動を全社的に展開する。

わかりやすいマイルストーンと反省の仕組みをつくる

マイルストーンと反省を通して、挑戦課題の進捗を把握し、望ましい行動につながるような業績評価指標や報奨制度を設ける。言うまでもなく、挑戦課題を社内の全員に真剣に受け止めさせるのが狙いである。

挑戦課題に取り組むプロセスと、そこから生まれてくる優位性を混同してはいけない。品質改善、コスト削減、バリューエンジニアリングなど、どのような課題であろうと、社員たちの熱意や知性を刺激して、新しいスキルを身につけさせる必要がある点に変わりはない。またいずれの場合でも、経営陣と社員がそれぞれ、競争力の強化にそれぞれ責任を負っていることを自覚しない限り、挑戦課題は組織に根を下ろさない。

筆者らが見たところ、企業が競争に敗れると、現場が不当なまでに責められる例が多い。ある米国企業は、極東のある企業と同じ水準まで人件費を引き下げようとして、時給工たちに40％の賃金引き下げを求めた。この提案によってストライキが起こり、これは長期に及んだ。最終的には10％ダウンで決着した。

しかし製造業の場合、付加価値総額に対する直接労務費の割合は15％にも満たない。この企業では、ブルーカラー全員のやる気をすっかり失わせておきながら、圧縮したコストはわずか1・5％足らずであった。また皮肉にも、ライバル企業を詳しく分析したところ、低コストの主な要因は人件費ではなく、社員たちが考案した業務改善手法にあったことが判明した。

この米国企業の場合、ストライキと賃下げの後だけに、生産現場に改善運動を求めても、真剣に取り組まれることなど、およそ期待できないだろう。他方、日産自動車は為替相場が円高に振れた折、経営者報酬を大幅にカットしたうえで、ミドルマネジャーや一般社員たちに小幅の賃金カットを求めた。

経営陣も社員も互いの責任をまっとうすることとは、果実と痛みを互いに分かち合うことにほかならない。ところが、苦境に陥った企業の大半が、再生の痛みを、最も責任が軽いはずの一般社員たちに最も重く押し付けている。

経営陣は社員たちの尻を叩くだけで、彼らの努力に応えていない。実際、雇用を保障する、利益を分配する、経営のあり方について社員たちの意見を聞くといった姿勢はない。このように、一方的に社員たちに犠牲を強いる形で競争力を高めようとするからこそ、多くの企業が、彼らの知的エネルギーを十分活用できないのである。

経営陣と社員の相互責任がなぜ重要なのか。それは、競争力とは何かについて突き詰めると、新たな優位性をいかに短時間で組織の末端にまで根付かせられるか、その時々においてどれだけの優位性を身につけているかによって決まるからだ。このため、多くのマネジャーがもっぱら使っている評価基準、たとえば「他社よりもコストを低く抑えているか」「当社の製品は高く売れるだろうか」だけでは十分とはいえず、より広範な視点から競争優位をとらえ直さなければいけない。

競争優位は極めて移ろいやすい。新たな競争優位を探るのは、株式銘柄に関する耳より情報を入手することにどこか似ている。最初にひらめきや洞察を得た人は、後発組よりも多くの利益を手にするからだ。

製品の累積生産量が少ない段階においては、他社に先駆けて生産能力を拡張し、製品価格を引き下げ、工場をフル稼働させながら、販売量が増加するに従ってコストを低減させた企業が、繁栄と利益を手にする。

ある先行者は、他社が市場シェアを軽視しているという事実に着目した。他社は、市場シェアを伸ばせば、コストが下がり、利益率が上がることを理解せず、シェアの拡大につながりそうなプライシングを怠っていたのだ。もっとも半導体業界のように、20もの企業がひしめき、おのおの世界市場の10％に相当する生産能力を持ってしまうと、市場シェアを軽視する企業など、いようはずもないが——。

既存の優位性についていくら評価を重ねたところで、新しい優位性は生まれてこない。戦略の要諦は、既存の優位性が他社に真似される前に、いかに次の競争優位を築くかにある。

日本のメーカーは、１９６０年代には人件費と資本コストの低さに助けられた。その後、欧米メーカーが生産拠点を国外に移し始めると、日本メーカーは製造技術への投資を加速し、規模と品質面での優位性を生み出した。欧米のライバルが生産の合理化に乗り出すと、次なる一手として、製品開発のペースを上げげた。さらにはグローバルブランドを構築したり、提携やアウトソーシングを通して他社をしのぐスキルを身につけたりした。また、社員の士気も高かった。

こうして既存のスキルを高めながら、新たなスキルを獲得することができたわけだが、これこそ無敵の競争優位だといえる。

既存の競争ルールを塗り替える4つの手法

ストラテジック・インテントを実現するには、一般には規模や資本力で自社に勝る相手に挑戦することになる。つまり、貴重な経営資源を無駄にしないように、競争の方法を工夫する必要がある。そのためには、従来の競争ルールに従い、他社と同じ技術や事業慣行を少し改善したくらいでは、とても十分とはいえない。競争ルールを塗り替え、むしろ他社の優位性を逆手に取るくらいでなければいけない。具体的には、新規市場への参入、優位性の構築、競争などに関する斬新なアプローチを考案するのだ。競争優位を奪取するには、リスクを許容範囲内に抑えながらも、模倣ではなくイノベーションを目指すべきだろう。

日本企業が海外進出していく過程から、次の4つの手法によって「競争のイノベーション」、すなわち競争ルールを塗り替えてきたことがはっきり見て取れる。

❶新たな優位性を次々と身につける。
❷相手のすきを突く。
❸競争ルールを塗り替える。
❹競争と協働の両面作戦を展開する。

1　新たな優位性を次々と身につける

優位性に厚みがあればあるほど、競争上のリスクは小さい。欧米企業よりも遅れてグローバル市場に参入した企業は、競争の武器をたえず拡充することで優位性のポートフォリオを築いていった。低賃金といった些細な優位性を起点にしながらも、グローバルブランドなど強固な優位性の構築に向けてひたすら精進した。このように優位性を積み重ねていくプロセスは、日本のカラーテレビ業界の足跡に示されている。

1967年、日本は白黒テレビの生産台数で世界一になり、1970年にはカラーテレビの生産でも他国を追い上げていた。日本のメーカーは当時、低賃金を主な競争優位として自社ブランドを立ち上げ、短期間に、世界の一流メーカーにも引けを取らない大規模な工場を設けた。

この投資によって、品質と信頼性という新たな優位性を手に入れる一方、製造手法の改善を通じてさらなるコスト削減を成し遂げた。ただし、このようなコストリーダーシップは、賃金水準、製造技術、為替レート、貿易政策などの変化に弱かった。この点に気づいた日本メーカーは、1970年代に流通チャネルの拡充とブランド力の強化を推し進め、グローバル市場における販売の足場を固めた。

同年代末には、以上のような莫大な投資を回収するために、製品や事業の範囲を広げ、1980年には、松下電器産業（現パナソニック）、シャープ、東芝、日立製作所、三洋電機など主要メーカーは皆、グローバルな販売を支えられるだけの関連事業を立ち上げていた。各社は以後、各市場の嗜好や実情に見合った新製品を開発するために、地域別にデザインセンターや工場を置いている。

ここで紹介した企業は皆、さまざまな優位性の源泉を、互いに排他的なものと見なさず、相乗効果を期待できると考えた。二兎を追うのは自殺行為に等しいという見方もあるが、現実には多くの企業が、コストリーダーシップ戦略と差別化戦略の両方を追求している。(注3)

融通の利きやすい生産技術を身につけ、マーケティングに工夫を凝らす。そしてそれをてこに、標準化された世界仕様の製品ではなく、地域特性に合わせた製品を投入する。その典型例の一つがマツダで、同社はカリフォルニア州で、米国市場に特化したミニバンを生産している。

2 相手のすきを突く

次に、競争のイノベーションの第2の手法である「相手のすきを突く」について説明したい。これは相手に奇襲をかける戦術で、戦争と同じく競争においても大きな効果を発揮する。とりわけ、グローバル競争の初期段階では、新規参入者は強大な既存企業から反撃されにくいように、ひっそりと立ち回る。たとえば、敵の守りの手薄な市場を探して、そこに狙いを定めるといった具合だ。守りの手薄な市場を探すには、市場参入や企業間競争の既存手法にこだわってはならない。筆者らは、米国の某多国籍企業の地域別担当者たちに、各国における日本メーカーの動きについて尋ねた。

1人目は、「彼らはローエンド市場に参入しています。それが日本企業の十八番ではないでしょうか」という意見だった。

2人目は、この意見に関心を示しながらも、異なる見解を披露した。「私の担当する市場では、日本企業はローエンド製品を提供していません。むしろハイエンド市場に、趣向を凝らした製品を投入しています。当社もこれに倣うべきでしょう」

3人目は、さらに別の見方をしていた。「日本企業は当社と競合するのを避け、部品を供給したいと言って、魅力的な条件を提示してきましたよ」

つまり、この多国籍企業の守りが手薄な分野は国ごとに異なり、日本企業はそれに合わせて各国で違った戦略を選択したのである。

相手のすきを見出すには、出発点として、ライバル企業の考え方を慎重に分析しなければいけない。市場をどのように定義しているか。最も収益性が高いのはどの事業か。参入を控えたほうが無難な地域市場はどこか等々――。

ここでの狙いは、強大なライバルが見向きもしないような辺境やニッチを探すことではなく、業界リーダーが君臨する市場のすぐ脇に攻撃の拠点を構えることだ。無風で収益機会にあふれた市場を目指すわけである。それは、低価格オートバイのような特定の製品、コンピュータ部品のようなバリューチェーンの一端、あるいは東欧のような地域市場かもしれない。

ホンダは米国のオートバイ市場に参入するに当たり、リーダー企業とはわずかに異なる製品分野を選んだ。このため、相手のすきを突いて事業基盤を築き、それを足がかりに戦線を拡大することに成功した。競合他社の多くは、ホンダのストラテジック・インテントの存在に気づかず、エンジンとパワートレイン分野での実力の伸びをも見過ごしてしまった。

しかし実際には、ホンダは米国市場で50ccバイクを販売する一方、欧州ではすでに大型オートバイ市場にも参入していた。オートバイや自動車を広範かつ計画的に提供するという目的に向かって、必要な設計スキルや技術を着々と蓄えていたのだ。ホンダは、このようにエンジン分野のコア・コンピタンスを築いていた。ならばライバル企業は、ホンダが、自動車、芝刈り機、船舶エンジン、発電機など、さまざまな製品分野に参入する可能性を察知できたのではないか。

ところが、これまで守ってきた市場にばかり気を取られていたため、ホンダが他の製品分野へ多角化する脅威を見落としてしまった。最近では、松下や東芝も異分野に奇襲をかける態勢を整えている。

このような奇襲から身を守るには、敵が、製品セグメント、事業分野、国別市場、バリューチェーンの段階、流通チャネルなどの垣根を超える可能性を想定し、その動きを見逃さないよう、たえず広い範囲にわたって警戒していなければならない。

3 競争ルールを塗り替える

業界リーダーによる市場やセグメントの定義を退け、新規参入のルールを変えることも、競争のイノベーションの一形態である。キヤノンの複写機事業への参入はその好例である。

1970年代、イーストマン・コダックとIBMはオフィス機器市場において、セグメンテーション、製品、流通、サービス、価格など、あらゆる面でゼロックスと肩を並べようとした。しかし、IBMはやがて複写機事業から撤退した。コダックは大型複写機市場でゼロックスに大きく水をあけられ、2番手の地位に甘んじた。

ところが、キヤノンは競争ルールの刷新を図った。ゼロックスが種々多様な機種を販売していたのに対して、キヤノンは製品と部品の標準化を推し進め、コストを低減した。ゼロックスのような巨大な販売網を築こうとはせず、オフィス製品のディーラーを通して製品を販売した。

信頼性が高く、修理もしやすい製品を用意し、アフターサービスをディーラーに委託したため、全国的なサービス網を設ける必要もなかった。また、製品をリースではなく、売り切りにしたため、リースに伴う財務負担を避けることができた。そのうえ、顧客への売り込みに当たっても、文書管理を担う本社部門の責任者ではなく、身近に複写機を置きたいと考えるマネジャーや秘書にターゲットを絞った。キヤノンはあらゆる局面において、参入障壁をそつなくかわしたのである。

キヤノンの軌跡からは、参入障壁と模倣障壁は異なるという重要な事実が見えてくる。仮にゼロックスの手法を踏襲した場合、相手と同じだけの参入コストを覚悟しなければならない。模倣障壁はこのように高かった。そこで、キヤノンは競争ルールを一変させることで、参入障壁を著しく引き下げたのである。

競争ルールの変更は、ゼロックスがすかさず反撃に出てくるのを防ぐ効果もあった。実際、ゼロックスは事業戦略と組織体制を考え直す必要に迫られ、しばらくの間、身動きが取れなくなった。製品ラインを絞り込み、新たな流通チャネルを開拓して信頼性を高めるにしても、急げば急ぐほど、従来の利益基盤が崩れるのも速い。

それまで成功を支えてきたはずの要因、たとえば、全米に張りめぐらせた販売・サービス網、膨大な数のリース機器、アフターサービス収入への依存などが、キヤノンへの反撃を困難にさせていた。

この意味では、競争のイノベーションは柔道に似ている。敵の大きさを逆手に取り、「柔よく剛を制す」を地で行くのが狙いなのだ。そのためには、業界リーダーと同じケイパビリティを身につけるほかに、相手にはない強みを育成するという考え方もある。

競争のイノベーションを目指す背景には、「強者はえてして成功の方程式に縛られる」という前提がある。このため、新規参入者にとって最強の武器は、戦略を一から築くことのできる自由度だろう。他方、既存企業にすれば、従来のやり方を信じ切っていることがアキレス腱になる。

4　競争と協働の両面作戦を展開する

ライセンス契約、アウトソーシング、合弁などの手法を用いると、戦わずして勝利できる場合もある。一例として富士通は、欧州ではシーメンスとスタンダート・テレフォン・アンド・ケーブル（現ノーテル・ネットワーク）、米国ではアムダールとの提携を通して生産規模を拡大し、これを欧米市場へ参入するための突破口とした。

松下電器産業は1980年代初め、英国のソーン・エレクトリック・インダストリーズ（現ソーン・ライティング）、ドイツのAEGテレフンケン（現在はEHGエレクトロホールディングの傘下にあり、社名はテレフンケン）、フランスのトムソンと合弁事業を立ち上げ、欧州のVCR（ビデオカセットレコーダー）業界の主導権をフィリップスと争う態勢を短期間で整えた。日本企業はグローバル市場で強大な敵と戦うに当たり、「敵の敵は味方」という古くからの格言に忠実に従い、他社とタッグを組んだのだ。

コラボレーションは時として、潜在的なライバルの開発努力を腰砕けにする狙いが隠されている。コンシューマー・エレクトロニクス分野の日本企業は、テレビやハイファイ機器などの既存事業では欧米企業への攻勢を強める一方、ＶＣＲ、カムコーダー、ＣＤプレーヤーなど次世代事業に関しては、すすんで製造を請け負った。「自分たちが生産を引き受ければ、欧米のライバルは開発費を縮小するだろう」という思惑からであった。その狙いはみごと的中した。ひとたび自社開発を怠った企業は、新製品をめぐる以後の競争でほぼ一様に精彩を欠いた。

コラボレーションは、競合他社の強みと弱みを見極めるうえでも役に立つ。トヨタ自動車はゼネラルモーターズ（ＧＭ）と、マツダはフォードとそれぞれ合弁に乗り出した。これは、相手企業のコスト削減、品質改善、技術進歩などの進捗を知る貴重な機会となった。そのうえ、ＧＭとフォードがどの局面で戦い、どの局面で手を組むのかも見えてきた。言うまでもなく、この逆も成り立つ。提携は、ＧＭとフォードにとっても、相手から学ぶ絶好の機会である。

以上、競争のイノベーションを生み出す手法について紹介してきたが、ここから新しい戦略観が浮かび上がってくる。ストラテジック・インテントの実現を目指して努力すると、長期にわたって一貫性のある資源配分が可能になる。また、全社の課題がわかりやすく示されていると、一人ひとりが中期的に努力の対象を絞り込みやすい。

しかも、競争のイノベーションは短期的なリスクを減少させる。長期の一貫性、中期の集中、短期の工夫と熱意こそ、経営資源の制約を跳ねのけ、野心的な目標へと突き進むためのカギである。

ただし、勝利へのプロセスがあるように、敗北へのプロセスも存在する。競争の活力を取り戻すには、こちらの理解も欠かせない。欧米企業は技術で先行していたばかりか、その膝元に大きな市場を抱えるなど、グローバル競争で優位に立つ条件がそもそも揃っていたはずだが、なぜそれを生かし切れなかったのだろうか。その答えは簡単には見えてこない。

ほとんどの企業は、失敗の記録を残す大切さを理解できていない。敗北の原因を探るために、これまで経営の定石としていたものは何かについて振り返る企業はさらに少ない。しかし、敗北の裏には何らかの病理が存在しているはずだ。それを探り出せば、貴重な手がかりが得られるだろう（**章末**「敗北のプロセス」を参照）。

欧米流マネジメントの欠点

欧米の戦略コンセプトには、『エクセレント・カンパニー』で紹介された8つのルール、マッキンゼー・アンド・カンパニーが提唱した7S、マイケル・ポーターのファイブ・フォース・モデルや3つの基本戦略（コストリーダーシップ、差別化、集中）、製品ライフサイクルの4段階（PLC理論）、そのほか数え切れないほどのマトリックスなどがあるが、その本質について考えたところで気休めにもならない。(注4)

にもかかわらず、この20年間、えてして十分な実証を経ないまま、次々と新しい分類、教授法、長いリストなどが考案され、これらが戦略の進歩とされてきた。しかも、製品ライフサイクル、経験曲線、製品ポートフォリオ、基本戦略など、合理性のあるコンセプトですら、好ましくない副作用を伴いがちである。

一つには、戦略の選択肢を狭め、守りよりも攻めることばかりを重視する姿勢につながる。ライバルから戦略を見透かされやすいという難点もある。

決まったレシピに沿って戦略をプランニングすると、競争のイノベーションが阻害される。さらには、40もの事業を抱えている企業が、「投資」「現状維持」「投資の回収」「撤退」という4つの選択肢しか持たないことにもなりかねない。しかし、現状は業界のリーダー企業に有利であるため、これらリーダー企業を相手に同じやり方で戦いを挑んだところで、とうてい勝ち目はない。

マネジャーの多くは、セグメンテーション、バリューチェーン、ベンチマーキング、戦略グループ（業界内で同様の戦略を選択している企業群）、移動障壁（戦略グループ間の移動を妨げる障壁）といったコンセプトを学び、産業分析に磨きをかけてきた。ところが、このような分析に明け暮れている間に、ライバル企業は大陸全体を動かしにかかっている。

戦略プランニングのゴールは、既存業界のニッチを見つけることではなく、自社の強みを活かせる新たな競争空間を探り当てることだ。つまり、地図の外にまで目を向けなければいけない。今日では、業界の垣根がなくなりつつあるため、なおさらである。たとえば金融や通信といった業界では、目まぐるしい技術革新、規制緩和やグローバリゼーションの進展などを受けて、これまでの業界分析はその意義を失いつつある。いかに地図を作成するスキルに長けていても、地震の震源地近くでは大して役に立たない。

半面、業界の地殻変動は、野心にあふれる企業にすれば、自分たちに都合のよいように地図を塗り替えるチャンスとなる。ただしそのためには、業界の垣根に囚われない自由な発想が不可欠である。

成熟という幻想

「成熟産業（企業）」「衰退産業（企業）」といった概念は、定義次第でさまざまに解釈できる。

ビジネスリーダーが事業を成熟したと表現する時は、「地理的に見た既存市場において、既存チャネルを介して販売した既存製品の売上げが横ばいに転じた」という意味である。この場合、成熟したのは、あくまでもそのビジネスリーダーがイメージする産業のことでしかない。

ヤマハのあるシニアマネジャーは、「ピアノ業界は成熟したと思うか」と問われて、次のように答えている。「仮に市場シェアを他社から奪い取らなくても利益が上がるならば、成熟したといえるでしょうね。もっとも私どもは、ピアノ業界に身を置いているのではなく、『キーボード事業』を展開しているつもりですが」

ラジオやテープレコーダーの業界では、他社がとうの昔に「この業界は成熟した」と見切りをつけたにもかかわらず、ソニーだけは毎年のように、事業に新たな息吹を吹き込んできた。

成熟という堅苦しい概念に囚われてしまうと、将来のさまざまなビジネスチャンスを逸しかねない。1970年代、少なからぬ米国企業が「家電業界は成熟した」と考えた。「カラーテレビを上回る製品など、もはや生まれてこないだろう」というのだ。こうして、ラジオ・コーポレーション・オブ・アメリカ（RCA）やゼネラル・エレクトリック（GE）は、より魅力的なメインフレームコンピュータなどの業界へとなびいていき、VCR、カムコーダー、CDプレーヤーなどの市場は、事実上、日本メーカーの独壇場となった。

皮肉にも、かつて成熟の烙印を押されたテレビ製造業界は現在、目覚ましく活性化しようとしている。米国でハイビジョン放送が始まれば、年間200億ドルの売上げがもたらされると予想されているのだ。しかし、テレビの黎明期を支えた製造業は、ほとんどその恩恵にあずかれないだろう。

戦略を分析する各種ツールは、たいていが国内市場に照準を合わせており、グローバル市場でのチャンスや脅威に目を向けるきっかけになるものはまずない。

たとえばポートフォリオ・プランニングの場合、「地理的に見て、どの市場に投資するか」ではなく、「どの事業に投資するか」という発想にしかつながらない。この結果、当然というべきか、外国企業からの殴り込みを受けると、その事業分野を諦めて、逃げ込むようにグローバル競争の波が押し寄せていない別の分野に参入する。自社の競争力が脅かされた場合の当座の対応とすれば、これはこれで致し方ないのかもしれない。しかし、逃げ込む先、つまりグローバル競争と無縁の産業は減っていく一方である。

国内市場しか見ていない企業は、次のような問いなど、およそ念頭にないようである。「他国企業の先手を打って新興市場に参入すれば、この事業分野で今後も利益を上げられるのではないか」「ライバルの自国市場に逆襲をかければ、敵の動きも鈍るのではないか」

繁栄著しいあるグローバル企業のシニアマネジャーは、痛烈なコメントを述べている。「ライバル企業が事業ポートフォリオを重視しているとしたら、当社にとっては吉報です。その会社のCEOが撤退を決めた事業分野で当社がどれだけ市場シェアを伸ばせるか、かなりの精度で予測可能です」

SBUの弊害

部門や階層に囚われずに事業戦略を実行する「SBU」(戦略事業単位)を設置する、その中で分権化を図るといった組織政策に妄信的に従うのも考えものだろう。

分権化すれば、事業の成否に関する責任を、正面切ってラインマネジャーたちに負わせることができる。どのSBUも戦略を実行するための経営資源をすべて持っている以上、問答無用というわけだ。したがって、経営陣の評価に傷がつきようがない。責任を明確化するのはたしかに必要である。しかし、競争において局面の打開を図るには、経営陣が付加価値を生み出すことが欠かせない。

SBUを重視している企業のほとんどが、グローバル市場において強力な流通チャネルやブランドを築けずにいる。とりわけグローバルブランドを育てるには、個別事業の経営資源やリスク許容度に縛られない自由度が求められる。

欧米企業の中にも、ハインツ、シーメンス、IBM、フォード、コダックほか、30~40年以上も前からグローバルブランドとして定着している例もあるとはいえ、この10年ないし15年の間で新たにグローバルブランドを築き上げた欧米企業は、およそ思い当たらない。ところが、NEC、富士通、松下電器産業、東芝、ソニー、セイコー、エプソン、キヤノン、ミノルタ、ホンダほか、日本発の事例には事欠かない。

GEの事例は、実に多くを物語っている。GEは超巨大企業であるにもかかわらず、欧州やアジアでは、たいていの事業分野で無名のままである。それは、全社を挙げてグローバル市場での基盤を構築するという取り組みをなおざりにしてきたからだ。

国外進出を目指す事業部門は、未知の市場で信用を得るために孤軍奮闘しなければならなかった。当然ながら、かつて強大を誇った事業部門の中には、グローバルブランドを築き上げるという大仕事に二の足を踏むところもあった。

これとは対照的に、サムスン、大宇《デーウ》、ラッキー金星（現LGグループ）などの韓国企業は、小粒ながらも、全社を挙げて懸命にグローバルブランドの構築に努力した。このため、傘下事業は皆、比較的容易に他国市場に進出できた。

ここから「グローバル市場へと羽ばたくうえでは、範囲の経済は規模の経済と同じくらい重要である」というシンプルな原則が引き出せる。ただし、範囲の経済を働かせるには、部門横断的な取り組みが不可欠であり、そのための音頭を取るのは、まさしく経営陣の役割である。

SBU重視の組織は融通が利きにくく、そのせいでスキル不足に陥った企業もある。各SBU単独では、半導体、光ディスク、燃焼機関といった分野のコア・コンピタンスを維持・強化するための投資がままならず、競争力を維持するには、日本や韓国などのライバルから主要部品を調達せざるをえなくなる。

SBUはたいてい製品市場に基づいて組織されているため、価格や性能に優れた最終製品を提供できるかどうかが生命線となる。そのせいで、SBUのマネジャーたちは、外部調達によって製品開発するやり方と、自社開発して組織にコンピタンスを根付かせ、これを他のSBUと共有するやり方との間に、大きな違いを認めようとしない。

また、上流工程である部品製造を単にコスト源と見なし、コストプラス方式で社内取引していると、このコア業務への追加投資は下流工程への投資よりも収益性が低いと考えがちである。さらに困ったことに、コア・コンピタンスを社内に定着させる価値は、財務データには反映されない。

多くの日本企業は、グローバルブランドやコア・コンピタンスの構築に向け、全社一丸となって取り組んでいる。他方、このような結束力に乏しい企業は、結局のところ、いくつもの事業部門の寄り合い所帯にすぎず、当然すきだらけである。そのため、地道にコア・コンピタンスへの投資を続けている他国企業から攻勢を受けると、ひとたまりもない。

攻勢をかける側は、国内市場しか見ていない企業に部品などを供給し、長期的に自社に依存させるように仕向ける一方、全社の足並みを揃えて範囲の経済を活かしながら、グローバルブランドを築き上げていく。

ROIの罠

分権化の進んだ組織の弱みとしてもう一つ、画一的な業績評価基準の採用が挙げられる。この傾向はSBUを導入している企業でとりわけ顕著である。多くの企業では、事業部門長の手腕をROIだけで評価する。

不幸にも、このやり方は、ともすると投資や人員の削減を招く。事業部門のマネジャーたちは、分子である売上げを増やすよりも、分母を構成する投資額や人員数を減らしたほうが業績評価基準を手っ取り早く底上げできることに、すぐ気づくからだ。

ROIを重視すると、業界が低迷し始めた時に過剰反応を引き起こすという弊害も生まれる。これは大きなツケになりかねない。不況時に、反射的に投資を抑え、人員削減してしまうと、景気が上向いてきた時に、必要なスキルを身につけ、投資の遅れを取り戻すために、何と時間がかかるものかと、いたく後悔することになる。

こうして、景気が循環するたびに、市場シェアがじりじりと落ちていく。なかでも、人材獲得競争が激しく、他社が投資に熱心な業界では、このような対応は競争力を確実に低下させる。

マネジャーを頻繁に異動させると、先で指摘したように、何かというと分母を削ろうとする傾向にますます拍車をかけることになる。この点には、ビジネススクールにも責任がある。すなわち、その教育のせいで「NPV（正味現在価値）の計算とポートフォリオ・プランニングさえできれば、ありとあらゆる事業を経営できる」という思い込みが定着してしまったからだ。

ローテーションの落とし穴

多角化企業では一般に、経営陣は数字だけでラインマネジャーの業績を評価する。それ以外に話し合いの材料がないからである。また、そのような企業のラインマネジャーたちは、キャリア開発の一環として頻繁に異動を繰り返すため、自分が担当する事業固有の特性を理解できていない例が少なくない。

たとえば、GEで新規事業を率いる某マネジャーは、出世頭と社内での誉れも高く、5年間に5つの事業分野を渡り歩いてきた。ところがやがて、日本企業との競争に行き詰まり、出世も頭打ちになった。

一方、競合先のマネジャー層は、一つの事業分野で10年以上も地道に努力してきた人たちばかりだった。

短期間に次々と異動しながら出世の階段を駆け上がってしまうと、たとえどれほど努力を重ね、能力にも恵まれていたとしても、十分なビジネス経験が身についていないため、技術面での選択肢、ライバルの戦略、グローバル市場でのビジネスチャンスなどについて、中身の濃い議論はできない。

このため、議論のテーマはいきおい数字中心になり、どのポストに就いても財務と戦略プランニングの面でしか貢献できない。しかし、自社でのみ通用する戦略プランニングや財務の知識によってビジネス経験の不足を補ったところで、競争に風穴を開けられるわけではなかろう。

各ポストでの任期が2〜3年だとわかっていると、マネジャーは「早く実績を上げなければ」と焦る。このようなプレッシャーは通常、2種類の反応をもたらす。自分の現職中にクリアしなければならない目標にだけ集中するか、ごく短い期間に高い目標を達成しようとがむしゃらになるかのどちらかである。ナンバーワンを目指すのがストラテジック・インテントの狙いとはいえ、わずか3〜4年でそれを成し遂げるように求めては悲惨な結果を招くだけである。組織統合の難しさに注意を払わないままM&Aに走る。矢継ぎ早に施策を打ち上げて、組織を消化不良に陥らせる。競争への影響を十分に見極めずに、他社とのコラボレーションに乗り出す等々——。

現場とのコミュニケーション不足

経営理論や戦略プランニング手法のほぼすべてが、企業目標に基づいて事業部門の戦略が決まり、それに沿って各職能部門の戦術が固まるという前提に立っている。(注5)

このような戦略ヒエラルキーの下では、経営陣が戦略を立案し、現場がそれをただ実行することになる。つまり、立案と実行は別々の人たちが担っているわけだ。これでは、経営陣に権限が集中し、一般社員は単なる歯車のように扱われることになり、ひいては競争力の低下につながる。社員たちは「我関せず」と、企業目標を無視し、競争力の向上に努めたりはしない。

経営陣をカリスマ視する風潮を助長する要因は、もちろんほかにもある。「クライスラー中興の祖、リー・アイアコッカ」「オリベッティを再建したカルロ・デ・ベネデッティ」「アップルを救ったジョン・スカリー」など、有名経営者を神格化する動きも、その一つである。

事業環境の激変もしかりである。ミドルマネジャーたちは、荒波に押し流されそうだと感じると、わらをもつかむ思いで「経営陣がすべてを解決してくれる」と信じようとする。経営陣は、社内の失望を招くのを恐れ、真実を明かすことができない。

以上のような要因が重なった結果、えてして社内は沈黙が支配し、競争力の衰えなど、ほとんど知られないままとなる。

ある企業の事業部長クラスを対象にインタビューしたところ、経営陣からいっこうに競争上の課題が伝わってこないため、大きな不安を抱えている様子が感じられた。経営陣からのコミュニケーションがおざなりになっているため、「上層部はおそらく問題の存在に気づいていないのではないか」と気を揉んでいたのだ。

ところが、これら事業部長たちも、部下たちに実情を包み隠さず伝えてはいなかった。「部下たちは現実を正面から受け入れられそうもない」というのがその理由である。一般社員が、自社が競争上の脅威にさらされていることを知るのは、賃金交渉の場だけに限られる。「状況が厳しいから、何とか譲歩してくれ」と迫られるからだ。

残念ながら、みんなが脅威を感じていながら、誰もそれについて語らないと、不安だけが一人歩きし始める。むしろ、脅威の存在をはっきり認め、全社を挙げて問題解決に取り組む体制を敷いたほうが、不安は抑えられる。

社内を活性化するには、何よりもまず、経営陣に率直さと謙虚さが欠かせない。お題目を唱えるよりも、社員の経営参加を引き出さなければならないことも、率直さと謙虚さが必要な理由である。QCサークルやトータルサービスの実現といった取り組みを見ると、なかなか期待通りの成果が上がっていないようだが、これは、管理体制を整えれば成果が出てくると、経営陣が誤解しているからである。

新しいケイパビリティが容易に身につかないのは、一般にはコミュニケーションのせいだとされる。上から下へのコミュニケーションが効果的であれば、つまり「ミドルマネジャーが、きちんとメッセージを受け止めてくれさえすれば」、新しい取り組みもすぐに広まるというのだ。

逆に、部下から上司へのコミュニケーションの必要性は、えてして見過ごされる。あるいは、感想以上の意味はないと見なされる。これとは対照的に、日本企業は輝かしい成果を上げているが、それはマネジャーが優秀だからではなく、現場で働く人たちの知恵を活かす術を見出したからである。

日本企業は、「経営陣は、スペースシャトルに乗って地球の周りを飛ぶ宇宙飛行士のようなものだ」という気づきを得た。喝采を浴びるのは飛行士かもしれないが、誰もが知っているように、ミッションを本当の意味で支えているのは、地上で指令を出したり、制御を担ったりするスタッフたちなのだ。

たとえ優秀な人材が戦略プランニングに携わったとしても、あっと驚くような戦略を編み出せるとは限らない。1つには、本社や事業部門の企画部門は人数が少ないため、常識を破る発想が飛び出しにくい。

2つ目の理由として、形式化された戦略プランニングの手順からは、異色の戦略が生まれてくる可能性は極めて低い。次年度の戦略は、必ずといってよいほど今年度の戦略を下敷きにして策定される。変更といっても若干の改善が施される程度である。

その結果、既存のセグメントや領域にばかり目が向いてしまう。実はほかの分野に大きなビジネスチャンスが潜んでいるかもしれない。キヤノンはパーソナルコピー機事業にいち早く参入したが、これは日本の事業部門のアイデアではなく、海外の販売子会社による提案がきっかけだった。

本社が土台となる戦略を決め、事業部門以下の組織がそれを具体的な方針や戦術へ落とし込んでいく。このような仕組みは、全社戦略に一貫性を与えることを狙いとしており、それはそれで理にかなっている。ただし一貫性のためならば、戦略をトップダウンで押し付けるよりも、明快なストラテジック・インテントを示すほうが望ましい。1990年代には、野心的な目標を達成するに当たり、一般社員たちにその具体的な方法を考えてもらうことが重要な経営課題となるだろう。

控えめな目標の罪

劣勢を省みず、グローバルリーダーに挑んだ経営者を見ると、石橋を叩いて渡る役人タイプは少ない。他方、ライバルに打ちのめされた企業を調べてみると、その経営者たちには、壮大な目標、すなわち経営資源の制約やプランニングの枠組みを超越した目標に向かって突き進もうとする気概は感じられない。目標を控えめに設定してしまうと、競争ルールを塗り替えてやろうといった緊迫感や意欲が生まれてようはずもなく、組織に有意義な指針を示すことなど望むべくもない。

グローバル競争を勝ち抜くには、具体的な方向性を示すことが欠かせないが、財務目標と漠然としたミッション・ステートメントだけでは、その役目を果たせない。背伸びをせず、控えめな目標を掲げる理由として、一般的に金融市場の存在が指摘される。しかし、投資家たちがいわゆる短期業績を重視するのは、たいていの場合、「経営陣はおそらく、高い目標を掲げて実現するだけの力量を持たないだろう」と考えているからではないか。

ある企業の会長は、業績の思わしくない事業から撤退し、他の事業を徹底的に合理化したことで「使用総資本利益率（ROCE）を40％超にまで押し上げたにもかかわらず、PER（株価収益率）は8倍の低水準に留まっている」と憤懣やるかたない様子で語っていた。

しかし、株式市場のメッセージは明快である。「経営陣の手腕は評価できない。これまでのところ、事業を拡大して利益を生み出すという力量がまったくうかがわれない。無理や無駄を削り、人員や投資を減らしただけだ。早晩、経営資源の活用に長けた企業に買収されてしまうだろう」

欧米の大企業の業績に、株式市場から信認を得られそうな要素はおよそ見られない。投資家たちは、意味もなく近視眼に陥っているのではない。彼らが懐疑的になるのにも、それ相応の理由があるのだ。経営陣が壮大な目標を掲げずにいるのは、活力ある成長に向けて全社を結集させる自信がないからだろう。その自信がないために、財務目標を引き上げただけでお茶を濁しているのだ。

壮大な目標を達成できるという自信を社内に植え付け、モチベーションを高め、新しいケイパビリティを着実に身につけることこそ、経営者の挑戦課題にほかならない。このようなチャレンジこそ、グローバルリーダーを目指して全社を率いていく勇気を湧き立たせるものなのだ。

対照的な2つの戦略

筆者らはこの10年間、グローバル競争、国境を超えた企業間提携、多国籍企業のマネジメントといったテーマの研究を通して、米国、欧州、日本のシニアマネジャーたちと接してきた。

グローバル市場での成功と失敗の理由を探り出すにつれて、欧米と極東のビジネスリーダーたちは、往々にしてまったく異なる競争戦略に基づいて事業展開しているのではないかという思いが募ってきた。その違いを理解できれば、競争の成りゆきと結果を解き明かし、なぜ日本企業が躍進し、また欧米企業が後退したのか、従来の説に新たな視点を提供できるのではないかとも考えた。

そこで筆者らは、調査に協力してくれたマネジャーたちの行動の裏にある戦略モデルについて分析し始めた。次いで、いくつかの競争事例を選び、その詳しい経過を追跡した。戦略、競争優位、経営陣の役割についての考え方が違うことを裏づけるために、証拠となる事実も探した。

ここから、次のような2つの対照的な戦略モデルが浮かび上がってきた。

戦略1：戦略のフィットを保つことを重視する欧米流の戦略
戦略2：経営資源の制約を乗り越えるための戦略

これら2つの戦略はけっして排他的ではないが、重点がまったく異なる。この重点の違いが、競争の帰趨に深く影響している。

戦略1、戦略2はともに、「限りある資源でいかに競争と向き合うか」という問題意識を土台にしている。ただし、戦略1が、資源の制約に合わせて目標を決めるのに対して、戦略2では、資源の制約を物ともせず、無謀とも思える目標を達成しようとする。

また、2つの戦略モデルはいずれも、競争優位の力の大きさによって収益性に差が出ることを前提にしている。戦略1は、息の長そうな優位性を重視するが、戦略2では、目覚ましいスピードで知識や技術を吸収し、たたみかけるように新たな優位性を身につける。

どちらの戦略モデルも、規模の大きな相手と戦うことの難しさを踏まえている。しかし、戦略1がニッチ市場を探そうとする、あるいは確かな足場を築いた企業に挑むのを避けようとするのに対して、戦略2は競争ルールを刷新して、既存企業の優位性を無効にしようとする。

「さまざまな事業活動のバランスを図ると、リスクを低減できる」という気づきも、両者に共通している。戦略1は、収益性の高い事業とそうではない事業をうまく組み合わせようとする。戦略2は、優位性を幅広く、かつバランスよく揃えて、競争のリスクを抑えようとする。

2つの戦略はどちらも、組織を細分化し、各企画担当部門の投資ニーズを差別化する必要性を認識している。戦略1は、各製品事業部門に経営資源を割り振る。製品、流通チャネル、顧客の関連性を切り口にユニットを設け、どのユニットも、その戦略を実行するうえで重要なスキルをすべて備えていることを前提としている。戦略2では、製品別ユニットだけでなく、マイクロプロセッサー制御、エレクトロニック・イメージングなど、コア・コンピタンスに投資する。経営陣は、各戦略ユニットの事業計画が将来の発展を妨げることがないように、事業横断的な視点から投資の状況に目を光らせる。

どちらのモデルも、各組織階層が足並みを揃えて行動する必要性を理解している。

戦略1では、主に財務目標に基づいて本社と事業部門の整合性を取ろうとする。戦略を実現する手段を細かく決めて、それを守らせることによって、事業部門と職能部門の歩調を揃えようとする。業務手順を標準化し、市場を定義し、業界慣行に従うのだ。

戦略2では、ストラテジック・インテントという旗印の下、本社と事業部門のベクトルを一致させる。事業部門と職能部門は、中期的な目標や課題に対処する中で互いに足並みを揃え、そこでは下層の社員たちも、これらの目標を達成する方法を考えるよう奨励される。

敗北のプロセス

この20年間、グローバル市場の覇権をめぐり、主に日欧米企業の間で激しい競争が繰り広げられてきた。そこでの攻撃と撤退のパターンは、業界を問わず驚くほど似通っていた。筆者らはこれを「敗北のプロセス」と呼んでいる。このプロセスの根っ子にあるのは、ストラテジック・インテントの見落としである。欧米企業は、ライバルに照準を合わせた長期の目標を持たないため、ライバルがストラテジック・インテントを掲げているなどとは、思いも寄らない。

しかも、他社による脅威の大きさを既存の経営資源の量だけで決め付け、フットワークの軽さや機知などは考えに入れない。このため、まるで申し合わせたかのように、小規模なライバルを見くびる結果となった。

ところが相手は、ライセンス契約を通してスピーディに技術を身につけ、OEM（相手先ブランドによる生産）によって市場の理解を深め、組織の下層まで巻き込んだ全社的な取り組みをてこに、製品の品質と生産性を向上させた。欧米企業は、相手のストラテジック・インテントにも、また目に見えない優位性にも気づかず、完全にふいを突かれる格好となった。

しかも、新規参入者はたいてい、最初から既存企業に正攻法で挑むのではなく、まずは市場の周辺部分を攻めてきた。ホンダは小型バイク、ヤマハはグランドピアノ、東芝は小型の白黒テレビを製造・販売するという具合だった。このため、既存企業は往々にして、「相手はニッチ戦略を選んだのだろう」と高をくくり、寝首をかこうとしているなどとは夢にも思わない。

新興国企業への少額出資、新しい流通チャネルの開拓、大々的な企業広告など、従来とは異なる参入戦略についても、「ただ奇をてらっているだけだ」と歯牙にもかけなかった。たとえば、筆者らが意見交換した経営者やマネジャーは、欧州のコンピュータ市場における日本企業の現状について、「取るに足らない」という見方を示した。ブランド別シェアで見れば、たしかにその通りである。ところが、欧州系コンピュータメーカーのハードウェア売上高は、実にその3分の1が日本メーカーの部品などに頼っている。

ドイツの自動車メーカーも、「日本メーカーが高級車市場に攻め込んでくるおそれはないだろう」とのんきに構えていた。しかしポルシェなどは、低価格モデルが日本メーカーの凄まじい攻勢を受け、この分野からの撤退を発表した。

欧米のマネジャーは、ライバルの戦術を読み誤るという失敗を重ねてきた。日本企業や韓国企業の武器を「低コストと高品質だけ」と甘く見た。このため、たとえば生産拠点を海外に移す、アウトソーシングに乗り出す、

図表**4-2**｜**敗北のプロセス**

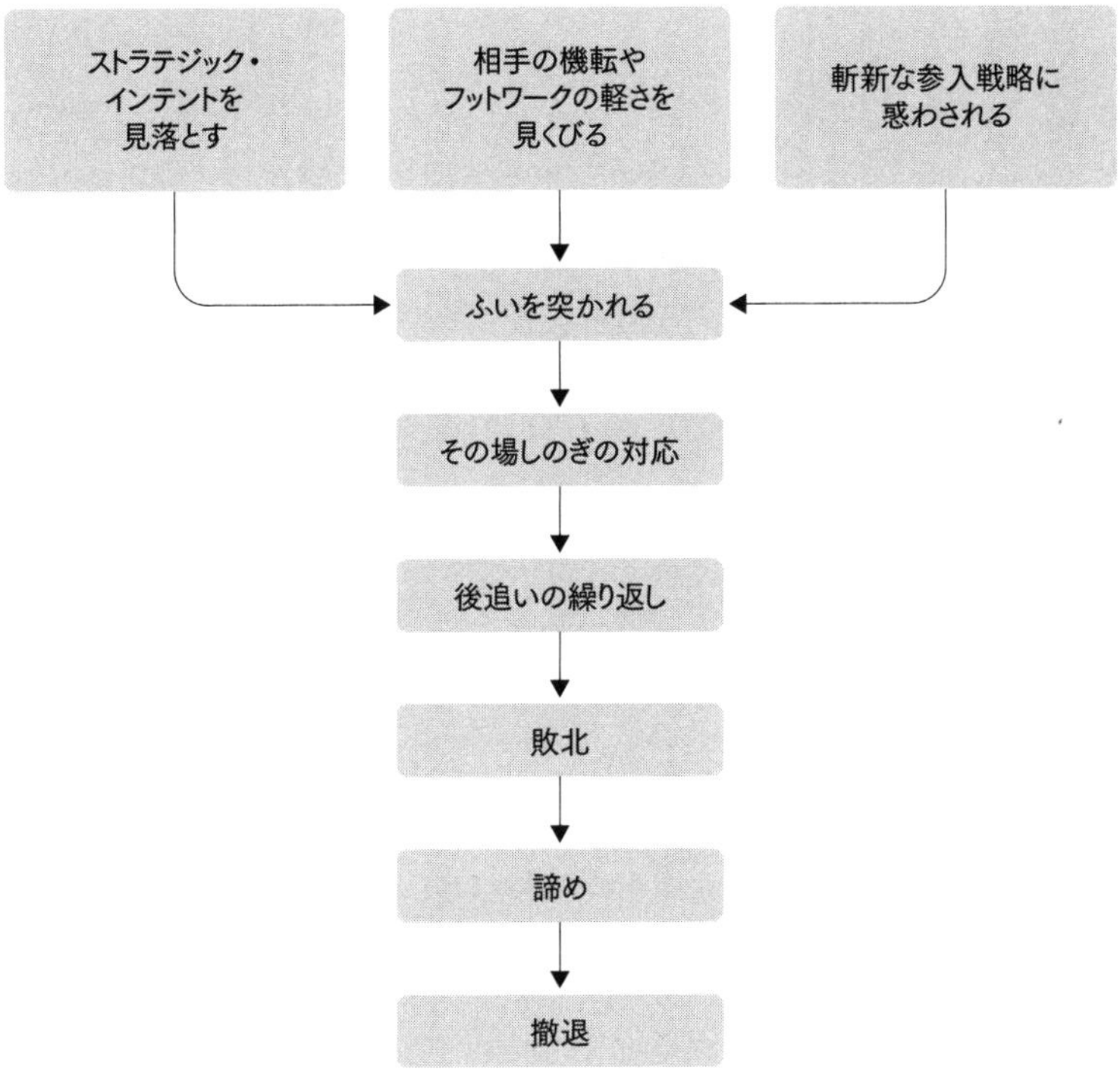

品質向上プログラムを立ち上げるなど、その場しのぎの対応に終始した。

ライバル企業が次々と新しい優位性を身につけ、関連性の高い製品セグメントへと拡大を図り、グローバルブランドの構築を進めているにもかかわらず、欧米企業のほとんどはその全体像をとらえ切れなかった。このように敵の戦術を表層的に見た結果、後追いを繰り返すことになった。

こうして、一社また一社と力尽き、やがて「初めから負け戦だったのだ」と諦めの境地へと至った。言うまでもなく、最初から負け戦と決まっていたわけではない。最終的な狙いを隠し、真っ向勝負を避けながら攻撃を仕掛けてきた敵の術策に、見事にはまっただけなのだ。

【注】

（1）マネジメントにいち早く戦略の概念を応用したのは、H・イゴール・アンゾフとケネス・R・アンドルーズである。H. Igor Ansoff, *Corporate Strategy: An Analytic Approach to Business Policy for Growth and Expansion*, McGraw-Hill,1965.（邦訳『企業戦略論』産業能率大学出版部、１９６９年）ならびにKenneth R. Andrews, *The Concept of Corporate Strategy*, Richard D. Irwin, 1971.（邦訳『経営幹部の全社戦略』産業能率大学出版部、１９９１年）を参照。

（2）Robert A. Burgelman, “A Process Model of International Corporate Venturing in the Diversified Major Firm,” *Administrative Science Quarterly*, June 1983.

（3）たとえばMichael E. Porter, *Competitive Strategy: Techniques for Analyzing Industries and Competitors*, Free Press, 1980.（邦訳『競争の戦略』ダイヤモンド社）がある。

（4）多角化企業における資源配分の戦略フレームワークは、以下に紹介されている。Charles W. Hofer and Dan E. Schendel, *Strategy Formulation: Analytical Concepts*, West Publishing, 1978.（邦訳『戦略策定』千倉書房、１９８１年）

（5）一例としてPeter Lorange and Richard F. Vancil, *Strategic Planning Systems*, Prentice-Hall, 1977.がある。

第**5**章

売上げが止まる時

コーポレート・エグゼクティブ・ボード エグゼクティブディレクター
マシュー S. オルソン
コーポレート・エグゼクティブ・ボード CRO
デレク・バン・ビーバー
コーポレート・エグゼクティブ・ボード シニアディレクター
セス・ベリー

"When Growth Stalls"
Harvard Business Review, March 2008.
邦訳「売上げが止まる時」
『DIAMONDハーバード・ビジネス・レビュー』 2008年7月号

マシュー S. オルソン
(Matthew S. Olson)
コーポレート・エグゼクティブ・ボードのエグゼクティブディレクター。

デレク・バン・ビーバー
(Derek van Bever)
コーポレート・エグゼクティブ・ボードの CRO（最高リサーチ責任者）。

セス・ベリー
(Seth Verry)
コーポレート・エグゼクティブ・ボードのシニアディレクター。

コーポレート・エグゼクティブ・ボードは、ワシントン DC に本社を置き、世界各国の大規模組織の意思決定者向けにアドバイスやサポートを提供している。

本稿は *Stall Points: Most Companies Stop Growing: Yours Doesn't Have To*, Yale University Press, 2008.（邦訳『ストール・ポイント』CCC メディアハウス、2009 年）の要旨を抜粋したものである。

成長が失速し、減収に転じる理由

リーバイ・ストラウス・アンド・カンパニーの経営陣が、先行きを見通せなかったのは、仕方のないことだったのかもしれない。

あれは１９９６年のことである。リーバイスは創業以来の好業績に沸き、売上高は70億ドルに達した。それまで成長街道をひた走り、売上高は10年で倍増した。１９８５年に株式を非公開化して以来、主力のリーバイス５０１をみごと復活させた一方、チノパンツのドッカーズを立ち上げたほか、売上高の海外比率は23％から38％へ、また利益は50％を超えていた。１９９５年には、もともと好調だった成長率がさらに跳ね上がった。

ところが以後、成長がぴたりと止まってしまう。売上高は１９９６年をピークに急減し、２０００年は４年前より35％も少ない46億ドルに留まった。株価に至ってはさらに下げ幅が大きく、証券アナリストの推計によれば、時価総額は４年間で１４０億ドルから80億ドルまで縮小したという。主戦場である米国のジーンズ市場において、１９９０年に31％だったシェアがその後は低下の一途をたどり、同年代の終わりには14％まで落ち込んだ。現在新たな経営陣の下、全社変革を推し進めており、どうにか失地を取り戻しつつあるようだが、成長軌道を再び描くには至っていない。

これは、売上げの伸びが止まった極端な例かもしれない。とはいえ、問題のなさそうな組織でも、似たような危機に見舞われるおそれがある。３Ｍ、アップル、バンク・ワン（現ＪＰモルガン・チェース）、キャタピラー、ダイムラー、トイザらス、ボルボ・カーズなど、売上げの頭打ちを経験した企業を見ると、リーバイスと共通するところが少なくない。

これらの企業はいずれも、売上高の成長は何の前触れもなく止まると痛感したことだろう。リーバイスと同じく、主要な財務指標がかつてない好調ぶりを示した直後、つまり加速した直後に、成長に急ブレーキがかかった。そしてひとたび勢いが削がれると、まるで企業戦略の柱がへし折られたようになる（**図表５－１**「成長は突然止まる」を参照）。

経営陣にすれば、売上げの頭打ちはまったく寝耳に水である。主要な財務指標からは、変調の兆しはまず伝わってこない。

コーポレート・エグゼクティブ・ボードは先頃、企業成長をめぐる調査の一環として、リーディングカンパニー５００社のここ半世紀における成長過程について、詳細な分析を試みた。とりわけ重点を置いたのは、一時的な減速や不調ではなく、長期的な低迷の起点となる「成長の壁」である。

調査の対象としたのは、およそ50年間にフォーチュン１００にランキングされた米国企業４００社以上と、これらとほぼ同規模の外国企業およそ90社である。調査の結果からは、成長の壁が訪れる可能性、その影響の深刻さ、根本的な原因などが浮き彫りになった。なお調査手法の概要は、**章末**「成長の壁を見つけ出す」に示した通りである。

定量データだけを見れば、リーバイスは優良企業といえる。ところが、このような優良企業の87％が、成長の壁を少なくとも一度は経験している。その結果、どうなるか。転換点の前後10年間に、スタンダ

図表**5-1** | **成長は突然止まる**

「フォーチュン100」と「フォーチュン・グローバル100」の中で、1955年から2006年の間に成長のピークを迎えた企業について、その前後の成長率がどのように推移していたかを分析したところ、グラフのような結果となった。成長率は緩やかに低減していくのではなく、上昇が加速されピークに達した後、すべてのエネルギーを使い切ったかのように、いっきにブレーキがかかるのだ。

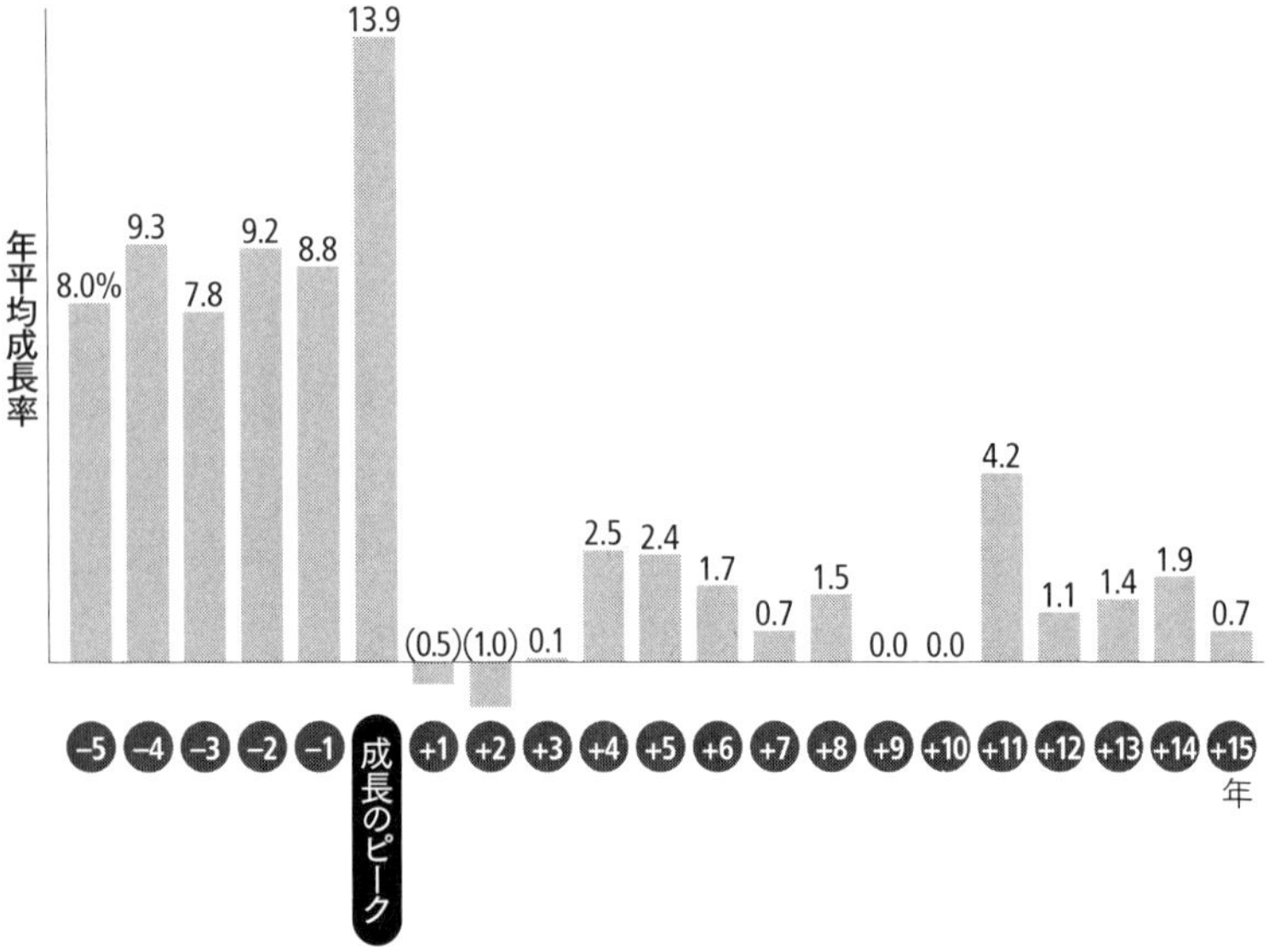

ード・アンド・プアーズ（S&P）500種指数との相対比で時価総額は平均74%も減少している。このため、CEOや経営陣の多くは解任される。しかも通常、原因を見極め、数年以内に成長軌道に戻らない限り、その企業は二度と高い成長力を回復できない。

詳細な分析によって、成長力に陰りをもたらす主たる原因があぶり出された。その原因のほとんどは回避可能なものだった。

一般には、高業績企業が変調を来すのは、深刻な不況、天災、法規制など、経営者の力ではどうにもならない大きな不可抗力によると考えられてきた。ところが現実には、原因のほとんどは、事前に察知し対処可能なのだ。

50社を対象にくまなく調査したところ、さまざまな原因が浮かび上がってきた（**図表5-2「減収を招く原因」**を参照）。言うまでもなく、原因はけっして一つに限らない。大企業が売上げを増やし続けるには、あらゆることに取り組まなければならないと考える向きもあろうが、失速の根本的な原因には一定の傾向があり、それほど複雑ではない。

図表5-2に示したように、原因のほとんどは戦略や組織に根差している。言葉を換えれば、けっして不可抗力ではないのである。しかも、一見したところ、原因は多岐にわたっているが、およそ半数は次のいずれかのカテゴリーに収まる。

❶リーダー企業が陥る「成功の罠」
❷イノベーションマネジメントの破綻

この分析に当たり、各社について失速を招いた原因を3つずつ特定し、これらを一度集約し、個々の影響の大きさをパーセンテージで示した。

ここから読み取れる傾向は明らかだ。①リーダー企業が陥る罠、②イノベーションマネジメントの破綻、③コア事業に早く見切りをつけすぎる、④人材の不足という4つが原因の半分以上を占めていた。

- 革新的なライバル企業の出現による価格や価値観の変化
- ブランド力の過大評価
- 粗利益率の罠
- イノベーションの罠
- 需要動向の戦略への影響を見落とす

- R&D支出の削減や場当たり的な投資
- R&Dにおける過度の分権化
- 製品開発の遅れ
- 業界標準を打ち出せる能力不足
- 自社のコア技術との軋轢
- イノベーションへの過度な期待

- 財務面の多角化
- 市場が飽和したと誤解する
- オペレーション上の障害を見誤る
- 海外での好業績によって重要課題が脇に置かれる
- 利益がコア事業に再投資されない

- 経済性の誤算
- 回収できない買収金額
- シナジーの未実現

- 流通チャネルのシフト
- 顧客企業の戦略による翻弄
- 顧客1社による独占的な購買

- 勝利の方程式の乱用
- 新しいビジネスモデルを運営する力量不足
- 不適切な新規事業担当部門あるいは担当者

- 貧弱なスキル
- 経験不足
- 有能な人材の流出
- 一部の人材への依存

- 過剰な分権化
- 不安定な意思決定構造
- 戦略プランニングの不在

- 競争力を測定する業績評価指標の不備
- 硬直的な財務目標

図表**5-2**｜**減収を招く原因**

減収へと転じた50社について詳しく分析したところ、その原因は42に上り、調査企業数と同じくらい多岐にわたっていることがわかった。この合計42の原因は、「外部要因」「戦略要因」「組織要因」に分かれ、これら3つのカテゴリーは、グラフのようにさらに細分化できる。

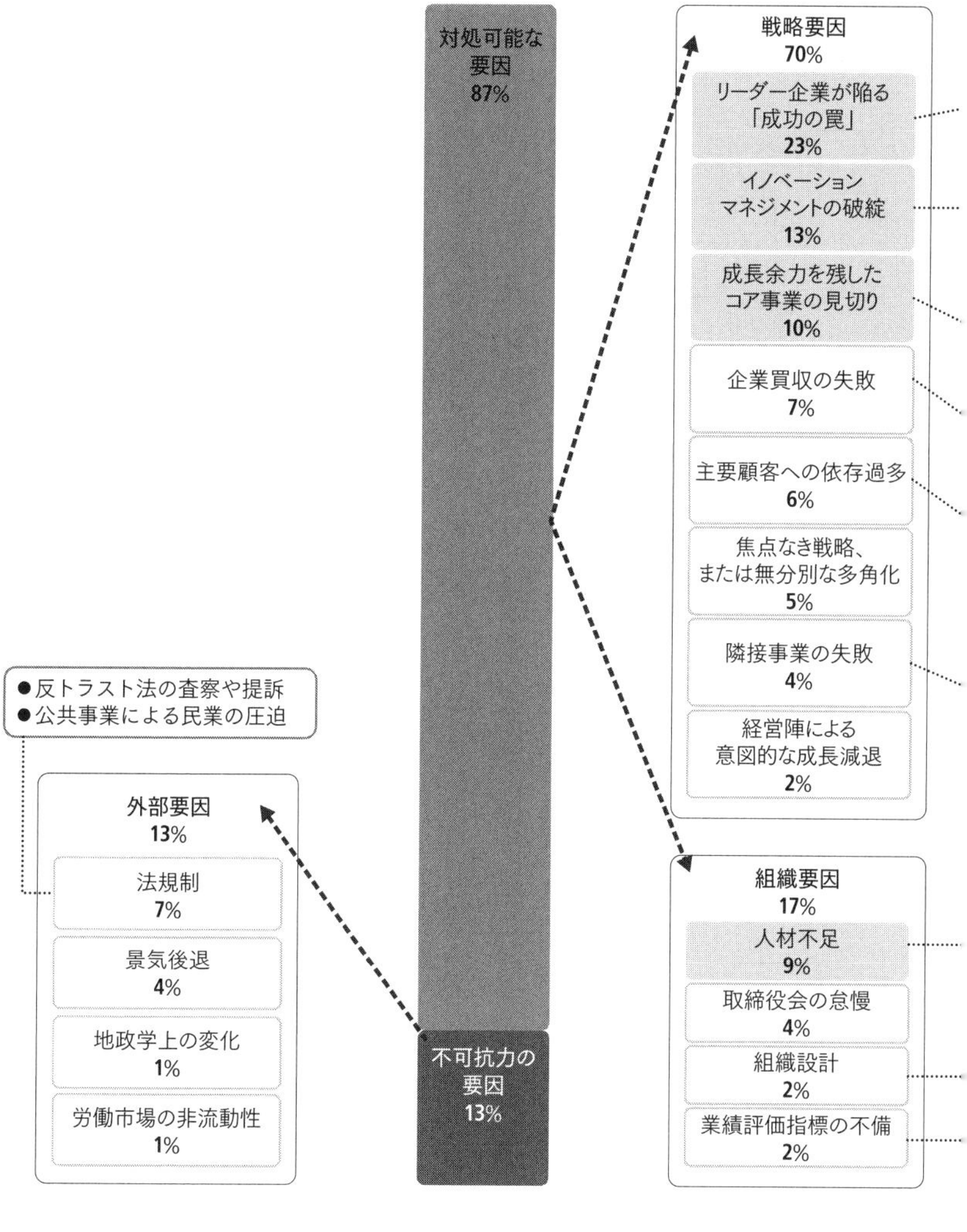

❸成長余力が残っているコア事業の見切り
❹人材不足

本稿では、これらの弊害を回避するためのアドバイスを提示する。ごく一般的な事業慣行を例に引きながら、失速の兆候にいち早く目を留め、しかるべき対策を講じるための方法を紹介する。合わせて、なぜ売上げの頭打ちと低下を予見できないのか、幅広い視点から掘り下げていく。

以下で述べるように、多くのグローバル企業において、成長の壁はその足下まで迫りつつあり、極めて危うい状況にある。この危機を回避する方法を知るには、まずは原因を理解するのが先決だろう。では、4つの原因について一つずつ説明していこう。

原因1　リーダー企業が陥る「成功の罠」

売上げが激減した場合、その原因として圧倒的に多いのがこれである。つまり、低コストを武器にしたライバルの挑戦に対抗できない、あるいは顧客の嗜好が大きく変化しているにもかかわらず、これに対応できないといったことだ。

ここで「罠」という言葉を用いたのは、長きにわたる成功ゆえに、かえって身動きが取れなくなる様を、的確に表現するためである。

市場でプレミアムポジションを確立した企業は、競合他社と比べて、外部環境の変化をあまり受けない状態に長らく置かれることになる。このため、競争優位の源泉となってきたビジネスモデルを信じて疑わない。仮に何らかの危機を察知しても、腰を上げるのが遅く、しかも小手先の改革に終始する。その抜きん出た強みが逆にアキレス腱になろうものなら、もはや立ち上がれない。

ご想像のように、リーダー企業が陥る罠は、ハーバード・ビジネス・スクール教授のクレイトン・クリステンセンが『イノベーションのジレンマ』[注1]で示した「破壊的技術」の概念に相通じるところがある。

筆者らはもれなく、50年間のフォーチュン100企業について、さまざまなデータを集めて検討した。その結果は、まさしくクリステンセンの慧眼通りだった。各業界のリーダー企業を対象に、成功の罠に陥っていくプロセスを調べたところ、「危機の過小評価」が「否定」を生み、否定が「自己正当化」を生み出すという思考回路のせいで、市場の変化への適応を怠ってしまうことがわかった。

たとえばイーストマン・コダックやキャタピラーは、かつて価格や品質で他社を圧倒していたが、外国企業の来襲には、対応が後手に回り――いやむしろ、対応する意思がなかったのかもしれない――侵攻を許してしまった。

アメリカン・エキスプレス、H・J・ハインツ、プロクター・アンド・ギャンブルなど、数十年もの歳月にわたってブランドに投資してきた企業は、他社が低価格を武器に挑んできても、そのブランド力があれば、プレミアム価格を維持できるはずだと安心しているかもしれない。

コンパック（2002年にヒューレット・パッカードに吸収合併）や、フィリップモリス（現在はアルトリア・グループの一事業部門）は1990年代初め、高い利益率を前提とした業績評価指標を信じるがあまり、危機の兆候を見逃してしまった。

リーバイスが、顧客の需要が変化しており、それが戦略にどのように影響するのかを理解せず減収に陥ってしまったのは、成功の罠に足をすくわれたからにほかならない。

このような事例では、さまざまな組織を通じて、さまざまな市場調査をあれこれ実施しているにもかかわらず、重要市場における新たな動きや嗜好の変化がいかに決定的な意味を持っているのか、ほとんど気づいていなかったといえる。このため、既存の製品やサービスに顧客離れが起こっているにもかかわらず、これらに頼り続けてしまう。その間にも、差別化の効いた斬新な製品やサービスを引っ提げた破壊的な企業が、着々と勢力を広げていく。

リーバイスは1990年代初め、ギャップ（それまでリーバイスのジーンズも店頭販売していた）などの流通業者との関係に軋みが生じていたほか、ハイエンドやローエンドのジーンズ市場では、デザイナーズブランドや小売業が参入してきたにもかかわらず、大幅な売上増を記録していた。このように、プライベートブランドや超高級デザイナーズブランドなどが増殖していたが、その状況を前にしても、売上げが伸び続けている限りは対処できる、あるいは無視しても差し支えないと高をくっていたようだ。

ところが、いざ売上げが頭打ちになってみると、従来の流通戦略はコストばかりがかさみ、リーバイスの製品ラインは、もはやハイエンド、ローエンドどちらの市場にもそぐわない中途半端なものになっていた。

経営陣の手元には、成長の鈍化を示す市場データが届いていた。しかし、雑音とシグナルを聞き分けるのは容易ではなかった。長らく繁栄を謳歌してきたせいで、データをありのままに解釈できなくなっていた。

リーバイスの事例は、足下に火がつかない限り、まず危機に対処しようとしないことを示している。売上げが右肩上がりで伸び続けている時は、不安の種にはなかなか目が向かないものである。

1999年、当時のリーバイスのCMO（最高マーケティング責任者）、ゴードン・シャンクは憂い顔でこう述懐した。「何もかもがおかしくなっていたにもかかわらず、その兆しを読み取れなかったのか、あるいは、あえて目を逸らしていたのです」

成功の罠は徐々に忍び寄ってくるが、たいていは、市場環境や経営陣の言動からその兆候をうかがうことができる（**章末**「優位性が足かせになる時」を参照）。マーケティングデータには、簡単に見分けられるヒントが詰まっている。たとえば、市場シェア、とりわけ小さなセグメントでのシェアが低下している、また主要顧客の間でソリューションやサービスの抱き合わせ営業を嫌う動きが強まっているならば、要注意だろう。

ふだん気にかけている指標とは別のものに着目してみると、目からウロコが落ちるかもしれない。たとえば、顧客別利益を重視する組織の場合、その数字が大きくなれば満足だろうが、もし顧客獲得コストがそれを上回る伸びを示していたらどうだろう。

経営陣の問題意識を探るには、新興企業や、格下だが羽振りのよいライバルについて、どのような口調で語っているか、耳を澄ましてみるとよい。ライバルを侮る姿勢が当たり前になっていたり、常態化したりしていないだろうか。競合他社に関する情報を集める際、規模が小さいとか、取るに足らないという理由で、一部の企業を外していないだろうか。このような態度はけっして珍しくはないが、これを続けていては市場リーダーの地位は守れない。

原因2　イノベーションマネジメントの破綻

成長が止まる原因として2番目に多いのが、イノベーションマネジメントの破綻である。製品やサービスを改善ないし刷新する社内プロセスに、慢性的なマネジメント不全が生じているのだ。この症状が、R&Dから上市に至るまで、製品イノベーションのあらゆる段階に見られる。

イノベーションがうまくいかないせいで売上げが止まった場合、原因はけっして一製品の失敗だけに留まらない。たとえば、1985年に発売されたニュー・コークが失敗しても、コカ・コーラの売上げは一時的に鈍っただけで、コカ・コーラが築いてきた成長の歴史そのものに転換期が訪れたわけではなかった。

対照的に、本稿で問題としている長期的な低迷は、構造的な非効率や機能不全によって引き起こされる。大企業のほとんどは、ビジネスモデルの性質上、製品イノベーションを体系化しているため、社内がおかしくなると、とりわけビジネスプロセスの核心が乱されると、問題は深刻化し、何年も尾を引くことになる。

ここで紹介する事例は、R&D活動の大半を事業部門に任せている企業には耳が痛いことだろう。R

&Dを事業部門に委ねる理屈は明らかだ。R&Dは、各事業部門の戦略に従い、市場重視で取り組んだほうが高いROIが得られるはずであるというわけだ。

ところが、分権化した組織では、新製品を売上増の切り札にしようとして、何か評価指標――それは暗黙の基準の場合もある――を設定してしまうと、問題が生じる。これまでは、将来に向けて製品プラットフォームを開発するために、長期的なR&Dに投資していたにもかかわらず、そのような姿勢が揺らぎ、小手先の改良に多大な資源を注ぎ込むことになるためだ。

その典型例を紹介したい。3Mでは、売上げが何十年にもわたって堅調に伸び続けた後、1970年代になって頭打ちになった。1902年に創立された3Mの成功方程式は明快だった。すなわち、革新的なB2B製品を開発して優位性を獲得すると、市場の飽和を見据えてすかさず新たなビジネスチャンスへと飛び移る。また、新製品は少量生産し、その売れ行きを見ながら小刻みに増産する――。

この戦略により、1970年代初めには、6万種類を超える製品――その大半が売上高1億ドルに満たない――を抱え、上市から5年以内の製品が総売上高の25%以上を占めていた。

3Mは、ニッチ市場を次々と押さえる戦略をてこにして成長街道を突き進んだが、1970年代末、総売上高が50億ドルに迫ると、その成長に陰りが見え始めた。1980年代初めには景気が後退し始めたこともあり、経営陣は、それまで売上高の6%超だったR&D予算を切り詰め、予算のほとんどを42の事業部――3Mでは製品別事業部制を採用していた――に割り振った。

各事業部はいままで以上に狭いニッチ市場にビジネスチャンスを追い求め、そのせいで成長の鈍化が鮮明になっていった。1979年には17%だった売上高成長率が、1982年にはかろうじて1%台に乗る程度の水準にまで落ち込み、従業員1人当たり売上高もじりじりと減少した。

各製品事業部がR&Dを牛耳っていたため、大々的な新製品開発は見送られ、製品ラインの小幅な拡張に留まった。元CEOのアレン・F・ジェイコブソンは、当時を振り返って、こう述べている。

「当社は従来、利益を重視し、ニッチ市場向けの高価格製品に力を入れていました。価格競争を避けたかったからです。ですから、製造面のコンピテンシーを育成することを怠ってきました。また、競合他社が追撃してきても、真っ向勝負は避けていました。イノベーションを通じて新しいニッチを開拓するほうが簡単ですからね」

筆者らは、イノベーションマネジメントの不備によって成長軌道から外れていった事例を、いくつも追跡してみた。その結果、イノベーション活動がいかにもろい土台の上に成り立っているか、また全社目標の確実な達成という御旗の下では、イノベーションプロセス全体がいかに経営判断の影響を受けやすいかを痛感した。

そのような企業には、明らかな兆候が見て取れる。それは、R&D予算の総額というよりもむしろ、その使い方に表れる。以下の質問を考えてみてほしい。

経営陣は、既存製品の改良と次世代製品の開発がバランスよく進められているかを確認するために、各事業部門の予算配分を検証しているか。全社予算の中で、R&Dなどのイノベーション活動は、小さな改良と区別し、別途予算が設けられているか。既存の製品やサービスの廉価版を開発するために、イノベーション予算の一部を振り向けているか等々——。

イノベーション活動は実を結ぶまでに長い期間を要するため、そこに欠陥があったとしてもすぐにはわからず、また見つかってからの改善には多大な時間を要する。

原因3　成長余力が残っているコア事業の見切り

コア事業に早々と見切りをつけすぎるのも、売上げ低迷の大きな原因である。つまり、コア事業の成長機会を十分掘り起こそうとしないのだ。既存の顧客、製品、流通チャネルとの関連性が乏しい分野でM&Aに打って出たり、プロジェクトを立ち上げたりしている企業は、この悪弊に染まっている可能性が高い。

この問題は近年、ビジネス書などでしきりに取り上げられているが、このことが原因で売上げが落ち込んだ例は、1990年以前に集中している。コンサルティング業界が、コア事業を重視する必要性を説いたことが功を奏したのだろう。とりわけ、ベイン・アンド・カンパニーのクリス・ズック(注2)は、凄まじい気迫でこのテーマに固執している。

とはいえ、フォーチュン100やそれに準じる企業が、コア事業をたゆまず成長させていく秘訣を身につけているかというと、そういうわけでもない。むしろまったく逆である。

近年、プライベート・エクイティ（PE）・ファンドが何かと話題になっているが、ひるがえって、公開企業の多くがいまだに既存事業をうまく拡大できずにいる実情がうかがえる。PEファンドの買収案件のほぼすべてが、コア事業の拡大を戦略の土台にしているが、公開企業には、それを実行できない、あるいは実行する意思がない。

コア事業にあっさり見切りをつける事例に共通しているのは、2つの失敗である。コア市場が飽和したり、既存のビジネスモデルに障害が発生したりすると、より競争の少ない領域へ進出する潮時であると見なしてしまうのだ。このような場合、既存企業は市場リーダーの地位からすべり落ち、悲惨な状況に陥る。

ラジオ・コーポレーション・オブ・アメリカ（RCA）はかつて、伝説的な経営者デイビッド・サーノフの下で著しい躍進を遂げたが、1960年代になり、息子ロバート・サーノフは「父がRCAを躍進させた頃は、家電分野で偉大なブレークスルーが相次いだが、そのような時代は終わった」という誤った考えに囚われてしまった。

RCA研究所所長だったジェームズ・ヒリアーも、「物理学者はすでに、消費者の役に立ちそうな発明の種を使い切ってしまったため、当面は新しい発明は生まれないでしょう」と述べていた。物理学者でさえ、コア事業から他事業に乗り換えることを主張しており、ロバート・サーノフは当然のようにそれを実行した。サーノフは、3つの事業分野で高成長が期待できると考え、それらに力を注いだ。

第1はメインフレームコンピュータである。1919年にゼネラル・エレクトリックからスピンオフしたRCAは1920年代から、新技術に賭けて成長を遂げてきたため、この戦略は理屈に合っていた。第2に、マーケティングの時代が訪れるという判断の下、消費財メーカーを買収するために、相当規模の資源を用意した。第3に、民生用エレクトロニクス分野の調査を縮小し、マーケティングやブランドマネジメント関連のプロジェクトに重点を移した。
ところがその頃、スティーブ・ジョブズやビル・ゲイツが会社を起こそうとしていた。彼らの会社はやがて、RCAのかつてのコア事業に革命を巻き起こす。

以上、コア事業の成長力を過小評価した事例を紹介したが、同様に興味深いのは、コア事業において、一見したところ克服できそうもない問題が持ち上がると、経営陣があっけなく降参する事例である。特にKマートの事例は興味深い。

大規模小売店の業界では、かつてはシアーズ・ローバックが無敵を誇っていたが、Kマートは1960年代から70年代にかけて、そのシアーズから容赦なく市場シェアを奪い取っていった。1976年、Kマートの事業拡大はピークに達し、全米で271店舗を新規オープンした。

しかしその後、方針を一転させる。以後の10年間は、「米国市場は飽和した」という考えの下、コア事業の拡大を抑制したのだ。当時の会長兼CEOロバート・デュワーは、新たな成長への道筋と斬新なアイデアを探るために、特別戦略グループを立ち上げた。合わせて、「1990年までには、売上高に占める新規事業の比率を25%にまで引き上げる」という業績面での目標を掲げた。

この時期、ウォルマート・ストアーズが着々と事業を拡大していたため、Kマート経営陣が多角化に傾いたのは、いま振り返ると誤りに見えるかもしれないが、Kマートにとって最大の失策は別のところにあった。

ウォルマートが本拠地アーカンソー州ベントンビルにおいて、流通や在庫管理のケイパビリティを強化していたにもかかわらず、Kマート経営陣は、それに倣おうとするどころか、注意すら払わなかった。

1980年代初め、ウォルマートがPOS（販売時点情報管理）システムを導入し、衛星通信を介して自動的に追加発注できる仕組みを導入しつつある頃、Kマートは内部留保を、テキサス州を拠点に展開するファーズ・カフェテリアズ、ビショップス・ビュッフェのほか、ファストフード店など、外食チェーンの買収に費やしていた。

続く10年間、ウォルマートはクロスドッキング（入庫貨物を保管することなく、仕分けや転送のみを行う物流センター）方式の構築に力を入れた。しかし、Kマートはペイレス・ドラッグ・ストアーズ、スポーツ・オーソリティ、オフィス・マックスなど、脈絡のない企業買収を重ねていった。

1980年代末には、ロジスティックス能力で少なくとも10年はウォルマートに後れを取り、売上高に占める調達物流費の比率では1%以上も水をあけられた。両社の差はさらに開き、Kマートはかねてから予想された通り、コア事業以外の成長エンジンを持たざるをえなくなった。

成長の壁を示す危険信号はいろいろあるが、経営陣が自社の製品ライン、事業部門、事業部などについて「成熟した」という表現を使ったならば、危険と見てほぼ間違いない。プロダクト・ポートフォリオ・マトリックスの「金のなる木」といえるコア事業への投資を抑えたところで、いまや得られるものはない。

既存事業については、売上げと利益の目標を高く持ち、その達成を目指すべきである。経営陣は、成熟し切った事業についてさえ、新しいビジネスモデルを探り、つとめて再活性化を図らなければいけない。

原因4　人材不足

リーダー、スタッフを問わず、戦略を実行するスキルやケイパビリティの持ち主が足りないことも、成長鈍化の原因である。

ただし、何を目安に人材不足とするかは、慎重に検討しなければいけない。なぜなら、多くの業界や職能分野において、人材不足が常態化しているからだ。事実、どこの国でも、優秀な人材の不足は、人事部が抱える最大の頭痛の種である。それも、成長性の高い市場だけでなく、さまざまな専門分野でも人材が不足しており、今後はいっそう深刻化すると予想される。

もっとも、成長の足を引っ張るのは、単なる人材不足だけではなく、ケイパビリティの欠如も原因である。たとえばソリューション営業や消費財マーケティングなど、企業の屋台骨ともいえる分野でもスキルや専門性が不足しており、とりわけリーダー層において顕著である。

ケイパビリティの欠如は、往々にして自業自得でもある。生え抜きを登用する方針を貫いた結果、はからずも必要なケイパビリティが揃っていないという事態に陥る。強烈な社風の企業ほど、社内登用に強くこだわる。

まだ黎明期にある血気盛んな企業が優れたビジネスモデルを推し進めている限り、この方針は成長を後押しするかもしれない。しかし、外部環境に変化が訪れ、かつてない試練に直面したり、競争が激化したりすると、逆に足かせになりかねない。

特に見逃せないのは、コア事業や主力市場、特定の職能を経るという、定番の出世コースを歩んできた人材が執行役員になるため、新たな戦略課題に対応するにも時間がかかるという問題である。

たとえば、日立製作所は1994年時点で、日本のGNP（国民総生産）の2％、産業界のR＆D支出全体の6％を占めていた。その日立の売上げは、同年を境に、まるで坂道を転げ落ちるように減り始めた。(注3)

日立経営陣は代々、電力あるいは産業財分野の出身者で占められていたが、高成長が期待できるのはこれらとは異なる事業分野だった。同じく本社部門でも、やはり偏った分野を歩いてきた人材が出世する傾向が見られた。日立では伝統的に技術者が優位に立ち、経営層にはMBAほかビジネスに関連した学位の保有者は皆無だった。

とはいえ、その日立においても、2010年の創業100周年を控え、わずかながらも変化の兆しが芽生えつつあるようだ。2006年に執行役社長に指名された古川一夫は入社以来、ずっと情報通信畑を歩んできた。重電事業の経験がない人物が社長に就任するのは、同社始まって以来のことだ。

たいていの企業は、経営陣における、生え抜きと新鮮な視点や手法をもたらす外部人材の比率など考慮したりすることもなければ、おそらく把握もしていまい。とりわけ大企業の場合、経営陣をほとんど例外なく生え抜きで固めてきた。

各種の調査によれば、上層部に他社の人材を引き抜いても、その35～40％は、1年半以内に志半ばで去っていくという。新しい人事慣行を取り入れても、この数字は遅々として改善されていない。

経営者育成プログラムにしても、たいていは、現在のリーダー層と同じスキルを部下のマネジャーたちに身につけさせようとするだけのものだ。次代を担うリーダーたちが新しい課題に対処できるよう、従来とは異なるスキルや視点を養わせるといった発想はあまり見受けられない。

筆者らは、経営陣の人員構成のバランスを図るシンプルな方法を見出し、これを「ミックスマネジメント」と呼んでいる。企業の成長率と経営陣の経歴の関係を分析したところ、経営陣の10〜30％を他社出身者にすると、ちょうどよいようだ。CEOや取締役会が経営委員会のメンバーを選んだり、人事部が従業員の上位5％の構成を考えたりする際には、この数字を目安にするとよいだろう。

前提となっている仮定が現状と食い違っていないか

以上、成長にブレーキをかける4つの原因を紹介したが、すでに述べたように、失速事例の約半分はこのいずれかが原因である。そのほか――そう何度も繰り返されるものではないが――たとえば企業買収の失敗、主要顧客への依存過多、焦点なき戦略、事業領域の拡散、経営陣による意図的な成長減退など、さまざまな原因がある。

ここから一つの所見が得られる。これは極めて説得力にあふれている。すなわち、あらゆる事例において、外部環境が変化しているにもかかわらず、戦略の前提となっている仮定を変えることなく、従来通りの戦略を踏襲しているのではないか。言い換えれば、この仮定が現実から乖離しており、しかもそのギャップが広がっていることに気づいていない、また優先順位が誤っているのである。

悩ましいことに、このミスマッチは認識されないまま、着々と進んでいく。戦略の前提となる仮定は、顧客、競合他社、技術などの観察に基づいている。それが戦略計画に反映され、業務運営の指針へと落とし込まれる。そして、ついには一種の教義と化していく。

個々の事例を検討してみると、このような仮定に縛られていることこそ、そもそもの元凶である可能性が極めて高い。しかもその仮定には、もはや言うまでもないこととして信じ込まれているものも少なからずある。

経営会議の席で、戦略の前提となっている仮定に異議が唱えられることは稀である。なぜなら、経営者に与えられた任務からすると、どこか逆行するものだからである。つまり、CEO以下経営陣は、ビジョンを掲げ、それを決然と実行するために、報酬をもらっているのだ。

また、人間ならではの性質に起因するものもある。大企業の執行役員たちは、内なる自分を省みたり、みずからを疑ったりするような人間であることを隠す傾向がある。

さらに、プロセスの問題という側面がある。CEOに、ややもやした不安を露にする機会はほとんどない。大多数の企業では、年一回、次年度に向けて戦略計画を見直す機会を設けているものだが、そのような場でもたいていは表面的な議論に終始しがちだ。戦略計画には、もれなく仮定とリスクを記す欄が設けられているものだが、十分検討するためではなく、あくまでも形式的なものにすぎない。

戦略の前提となる仮定を検証する

筆者らは、成長の失速を示す兆候をいち早く察知できるツールを2種類用意した。

その一つが、今回の調査結果を踏まえて開発した自己診断テストである。どうすれば成長の鈍化を予見できるかを突き止めるため、利益率の推移やR＆D費の傾向など、さまざまな財務指標について時間をかけて検証したが、大した成果は得られなかった。財務指標、とりわけ公開されているデータは、えてして戦略の結果を反映しているため、戦略の衰えを早めに察知するうえでは、役に立たない可能性が高い。

筆者らは、むしろ「経営陣が注目している市場、競合他社の動向、社内慣行などにおいて、成長の鈍化を示唆していた可能性があるのは何か」という質問が効果的であると判断した。

そこで、見落とされていた重要なシグナルを探すために、過去の記録に目を通した。その結果、50の危険信号が見つかった。いずれも、筆者らが調査した企業がまさしく経験したものだった。これらをヒントにすれば、危険信号を早期に察知できるだろう（**章末**「成長軌道にともる危険信号」を参照）。

第2のツールは、一部の経営陣の仕事ぶりを参考にした、4つのベストプラクティスである。これら4つのうち、最初に紹介する2つは、戦略の前提となっている仮定を棚卸しするうえで有効である。残り2つは、それらの仮定が現状に適しているかどうかを確認する役割を果たす。これらのツールが実際のワークフロー、つまり個人やチームの業務に組み込まれ、コア業務の一つになることが望ましい。

1　自社の常識について再検討する

これは簡単に実行できる。さまざまなメンバーを集めたクロス・ファンクショナル・チームをつくり、自社や業界について、どのような考え方や思い込みが社内に浸透しているかを探り出すのだ。なお、この手法をいち早く提唱したのは、ゲイリー・ハメルと彼が経営するストラテゴスである。

チームの成果を十分引き出すには、社内の常識にあまり染まっていない新入社員や若手社員を一定数参加させるとよい。

チームの努力が花開くのは、やっかいなテーマをあえて取り上げ、「自社はどの業界に属しているのか」「顧客は誰か」といった基本的な問いのほか、「顧客の意見としてありえないものを10種類挙げよ」「業界の前例を打破して成功した企業はどこか」「具体的には、どのような前例をひっくり返したのか」といった、少々挑発的な質問を投げかけて、自社に蔓延している常識に挑んだ場合である。

ある大手消費財メーカーはこの手法を用いて、長期的な成長路線を検証し、常識化している社内慣行がはたして適切かどうかを問い直したという。

筆者らの考えでは、この手法は2つの点で優れている。第1に、この手法を用いれば、一部の人々だけによる従来型の戦略プランニングと、全社を巻き込んだ自由な討論とをうまく組み合わせられる。後者においては、参加者の人数が増えれば増えるほど、それまでの信頼性や有効性のメッキがはがされていく。第2に、この手法であれば、全員の意見が一致する分野と議論の分かれる課題を見極めることができる。

2　最悪に至る前に戦略を再考する

5年後に会社が繁栄しているか衰退しているか、ビジネス誌でどのように取り上げられているかについて、何通りもの見通しを立ててみるとよい。実際、この手法の効果を実感している人が多い。(注4)

これは、定期的な社外ミーティングで取り組むとよい。経営陣と世界中から集まった精鋭スタッフが、1日ないし2日をかけて将来のシナリオを検討するのだ。これらのシナリオには共通点があるはずだ。そこに着目すると、社内に深く根を下ろしている考え方や先入観のうち、どれに注意を払えばよいかがわかる。

3　「影の内閣」をつくる

この手法に先鞭をつけたのは、フォーチュン250にランキングされている某メーカーである。ミドルマネジャーたちの中から、ゆくゆくは執行役員への就任も期待される逸材ばかりを集め、常設チームを立ち上げた。

このチームは通常、経営委員会の前日に会議を開き、翌日の経営委員会と極力同じ議題について話し合う。何人かが資料に基づいて模擬プレゼンテーションを行い、またそこでの議論や意思決定を踏まえて再検討する。また、この「影の内閣《シャドーキャビネット》」のメンバーは、交替で経営委員会へ出席することも認められている。

この手法には、さまざまなメリットがある。影の内閣に選ばれたメンバーにすれば、ここでの経験はまたとない能力向上の機会でもあるため、この手法はリーダー育成プログラムの柱としても位置付けられる。

経営陣は、戦略の前提となっている仮定についてこだわりがちである。何しろ自分たちで立案した戦略である。そのような彼らの前に、社内事情に明るい信頼できる部下たちが、新鮮な視点を提示する。

ところが、この手法をさまざまな企業の経営陣に紹介すると、ほぼ一様に「当社ではうまくいかないと思います」という反応が返ってくる。「経営委員会の議題は極秘事項です」「経営陣の面々はせっかちですから」「手間がかかりすぎます」と言うのだ。

たしかに、あらゆる企業で通用する手法ではないだろう。事実、企業によっては、経営陣の前で自社戦略の欠点を率直に指摘しようものなら、出世の芽は摘み取られてしまう。このような企業は導入を見送るべきだ。さもないと、本来の効果が発揮されないばかりか、関係者の士気に悪影響を及ぼしかねない。

4　戦略の検証にベンチャーキャピタリストを巻き込む

戦略の前提となっている仮定を検証するに当たり、外部の視点を取り入れるには、事業部門の戦略や投資を見直す場に、経験と実績のあるベンチャーキャピタリストに同席を求め、問題点を探ってもらうとよい。

この結果、ビジネスリーダーが取り組むべき課題が浮き彫りになるほか、ベンチャーキャピタリストならではの実践的な視点、すなわち投資効果を見極める目が鍛えられる。しかも、その影響は後々まで残るはずだ。たとえば、ベンチャーキャピタリストがどのような手法や質問によって情報を引き出したのかを記録しておくと、その手法の根幹を受け継ぎ、長く活用できるだろう。

この手法を実践するには、知見に議論に厚みや深みをもたらすだけでなく、内輪だけの席に招き入れても差し障りのない外部者を探さなければならない。PEファンド業界には、第1の要件を満たす人材は大勢いるが、第2の要件に関しては極めて心もとないのが現状である。

この手法を導入した某企業は、ベンチャーキャピタル（VC）と共同事業を運営し、その中で信頼関係を築いてきた。VCは一般の機関投資家とは異なり、投資先に取締役を派遣することに慣れているため、投資先以外でも、ビジネスパートナーという立場から同様の役割を果たすのは朝飯前である。とはいえ、受け入れる側の企業にすれば、驚きの連続に違いない。

VCは、当該市場、顧客、競合他社について適切に認識できているかどうか、その時々の状況に基づいて判断を下すため、ともすれば惰性に陥りがちな社内に緊張感をもたらしてくれるだろう。

投資案件をめぐっても、一般企業とはまったく論調が異なる。ベンチャーキャピタリストは、過去のいきさつなどに引きずられず、適宜判断を下す。追加資金を投じるのは通常、プロジェクトが重要局面を乗り切った場合に限られる。プロジェクトを継続するか否かについては、1年ごとではなく四半期ごとに判断する。

戦略思考を取り戻す

すでにたくさんの経営課題を抱えていることだろう。しかしそれでもなお、筆者らの提案した施策について、ぜひとも検討してほしい。というのも、成長の低迷は悲惨な結果をもたらすからである。ひとたび勢いを失うと、世の称賛を一身に浴びてきた企業ですら破滅しかねない。財務基盤が揺らぎ、人材への悪影響も計り知れない。しかも、その爪跡はいつまでも残るかもしれない。立て直しを図るにも、成長が止まってからでは、時間の経過とともに難しくなっていく（**図表5-3**「成長率鈍化の長期的な影響」を参照）。

しかも、あらゆる兆候が成長は遠からずストップすると示しているならば、なおさら安穏としてはいられない。とりわけ憂慮すべきは、ビジネスモデルが短命化しているという事実である。手遅れにならないうちに変調の兆しを読み取り、しかるべき対策を講じなければならない。その重要性は高まる一方である。

本稿で紹介した手法を導入してみれば、危険信号をいち早く察知する能力が身につくはずである。また、戦略について、一年に一度あるいは四半期に一度ではなく、日常的に議論する風土が生まれるはずだ。しかも、あらゆるラインマネジャーがそれを率先するようになるだろう。

いまから10年ほど前、クレイトン・クリステンセンはＨＢＲ誌上で、経営陣は日々の業務に追われる

図表5-3｜成長率鈍化の長期的な影響

調査対象企業の圧倒的多数（全体の87%）は成長の壁を経験していた。そのうち、10年以内に曲がりなりにも成長軌道に戻ることができたのは半数未満（46%）だった。成長率の低迷が10年以上に及ぶと、復活は極めて困難になる。10年以上のスランプを経験した企業のうち、捲土重来できたのは全体のわずか7%に留まっている。

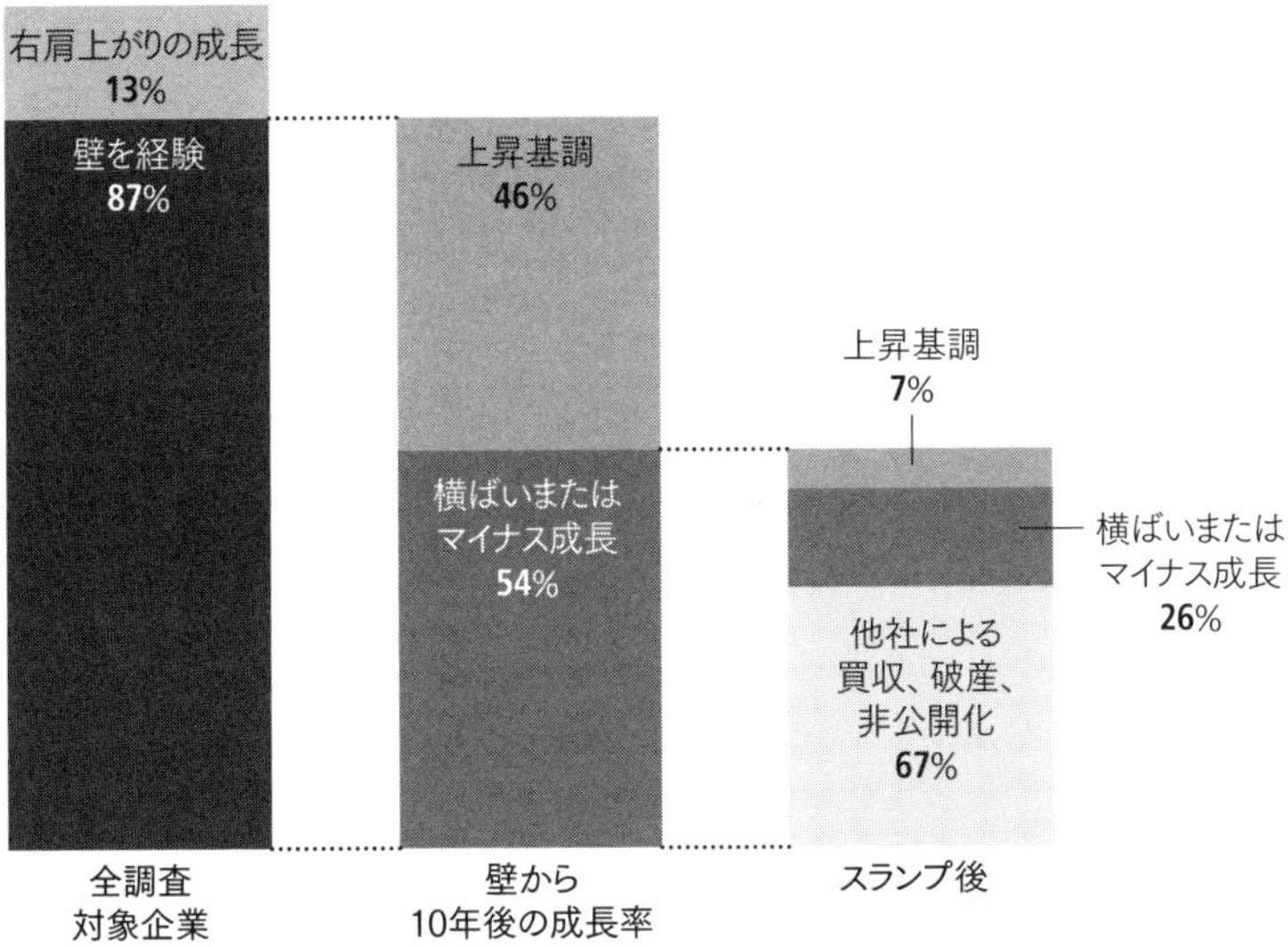

＊1955～2006年の「フォーチュン100」と「フォーチュン・グローバル100」が対象。

あまり、戦略を再検討することはめったになく、それゆえ彼らの戦略思考は衰える傾向にあると説いた。(注5)

筆者らはその後、大企業の戦略プランニングを観察してきたが、状況は悪化する一方である。

目の前にどのような戦略課題があろうとも、成長の鈍化を防ぐことこそ最優先させるべきである。本稿で紹介した手法を用いれば、戦略を判断するうえで出発点となっている世界観が正しいかどうかを折に触れて確かめるようになり、業績不振の引き金になりかねない思い込みを察知できる。

前述したように、成長力を弱体化させるリスクはコントロール可能である。このリスクを管理するうえで、筆者らはこれ以上の最強の手法を知らない。

成長の壁を見つけ出す

少なからぬ大企業が、目を覆わんばかりの業績低迷に陥っている。筆者らは、その状況を詳しく把握するために分析を試みた。対象としたのは、フォーチュン100が始まった1955年から現在まで、このランキングに登場した全米国企業、ならびにこれに準ずる外国企業およそ90社である。

企業成長にまつわる洞察を引き出すために、総数500社近い企業の50年に及ぶ動向を追跡し、のべ2万5000年分のデータと情報を分析した。その結果、成長の壁、つまり成長率が頭打ちとなり長期的な低迷へと転落した時点について、有意義な理解を得ることができた。

調査では、まず各社の売上げの増減を分析し、どの企業がいつ転換点を迎えたのかを見極めた。特筆すべきは、過去50年の各年について、それぞれ前後10年間にわたる売上高の年平均成長率を算定したことである。そのうえで、以下の3条件を満たした年があれば、その年を成長の壁（転換点）と見なした。**図表5－4**「グッドリッチの成長の軌跡と転換点」はその具体例である。

❶前10年間における売上高（ドルは実質価値ベースで計算）の年平均成長率が2％以上である。
❷後10年間における売上高の平均成長率が、前10年間のそれと比べて4％ポイント以上低い。
❸後10年間における売上高の平均成長率が6％以下である。

続いて筆者らは、失速の原因に目を向けた。まず、約500社の中から、事業領域や成長段階などの点で全体を代表していそうな50社を抽出し、これら各社について、その財務報告書、掲載された新聞や雑誌の記事、ケーススタディ、インタビューなどに基づいて、極めて詳細な情報を集めた。そしてこれらを踏まえたうえで、各社が失速した主たる原因を3つに絞り込んだ。

以上の分析からは、失速の原因は何か、それらをどのように分類すればよいかが見えてきた。このフレームワークは、もっぱらボトムアップ・アプローチにより、帰納的に導かれたものである。詳しい事例は前出の図表5－2「減収を招く原因」を参照されたい。

この分析について、なぜ利益や時価総額ではなく、売上げに着目したのか、首を傾げる向きもあるかもしれない。この疑問はもっともであり、筆者らも実際、この結論に至るまでには検討に検討を重ねた。売上げを基準にした理由は2つある。

第1に、長期にわたる企業業績を最も大きく左右するのは、まさしく売上げの成長である。利益なき売上増は

図表**5-4**｜**グッドリッチの成長の軌跡と転換点**

BFグッドリッチ（2001年にグッドリッチに社名変更）の20年にわたる成長の軌跡をたどってみると、成長の壁がはっきりと見えてくる。下図は、転換点に当たる1979年の前後10年ずつの年平均成長率を示したものだ。ここからもわかるとおり、同年を境に、グッドリッチの繁栄は陰り始め、以後成長率は下降を続けている。

＊2005年を基準にインフレ調整済み

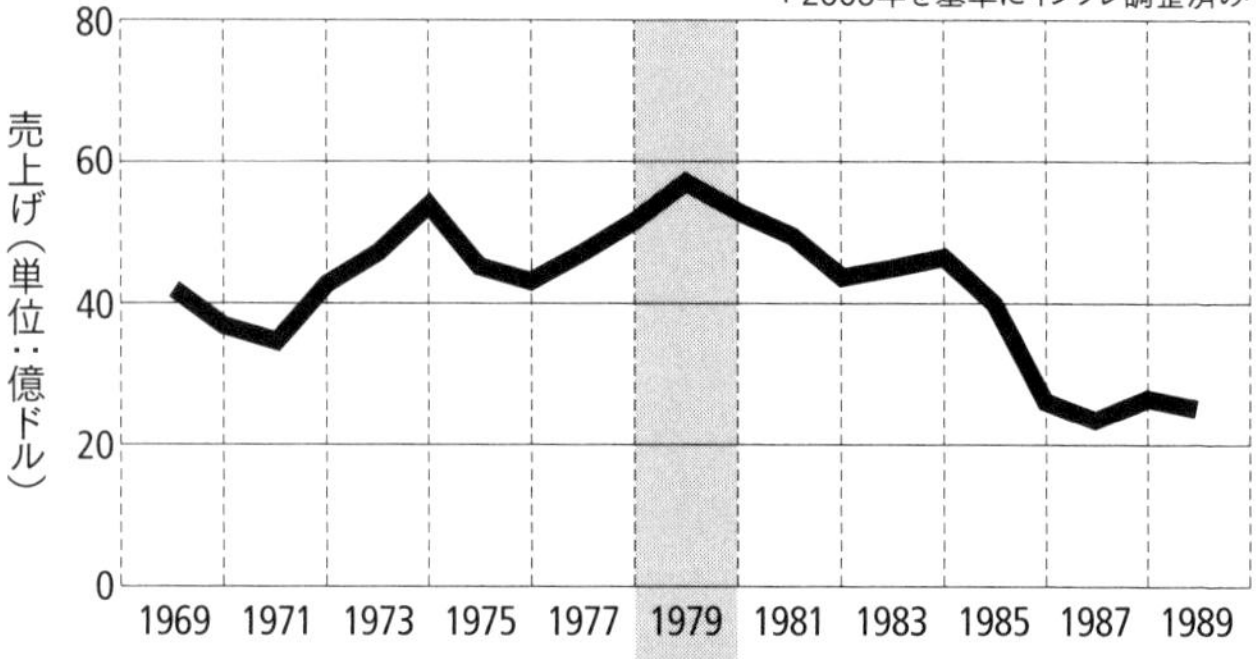

年	1974	1975	1976	1977	1978	1979	1980	1981	1982	1983	1984
過去10年間の年平均成長率	3.7%	1.4%	1.0%	2.1%	2.2%	2.5%	2.7%	2.3%	(0.4%)	(0.6%)	(1.1%)
以後10年間の年平均成長率	(1.1%)	(0.9%)	(3.2%)	(5.5%)	(5.6%)	(6.5%)	(6.2%)	(5.9%)	(4.8%)	(8.3%)	(7.1%)
転換点の前後における年平均成長率の差	4.8%	2.3%	4.2%	7.6%	7.8%	9.0%	8.9%	8.2%	4.4%	7.7%	6.0%

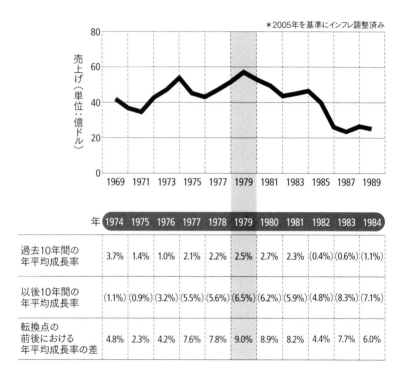

望ましいとはいえないが、利益率だけを管理して高い成長率を実現しようとしても、しょせん長くは続かない。第2の理由は、より現実的なものである。売上げを長期にわたって操作するのは至難の業であるほか、時価総額や利益指標は売上げよりもはるかに変動が激しい。

以上の理由から、成長の壁を見極める指標としては、売上げの推移が最も有効であると考えた次第である。筆者らとしても、方法論や分析結果の詳細について、さらなる議論を歓迎する。

優位性が足かせになる時

どの業界にも、プレミアムポジションを確立している企業が存在する。要求水準が極めて厳しい顧客セグメントを押さえ、性能面でライバルを凌ぐ製品やサービスを提供し、強気の価格を設定している。

このような優位性は、製品開発力、ブランドマネジメント、マーケティング力といった組織力のなせる業であり、その企業にとって大きな誇りでもある。

ところが、新たなライバルが極端に低いコストを武器に攻撃を仕掛けてきたり、顧客の嗜好がゆっくり変化しながらも、ついにティッピングポイント（この場合、嗜好の変化がいっきに広がること）を超えたりすれば、それまでの優位性を支えていた要因が逆に弱点に変わりかねない。

製品イノベーションによって高価格を設定しても、これを続けられず、またブランド力やマーケティング力だけでは市場シェアを守り切れなくなる。ハイエンド市場向けに磨き上げてきたプロセスや諸活動は、いざ斬新な戦略を導入しようとする場合には、かえってじゃまになる。

優位性が足かせになりそうな気配は、あらかじめ察知できる。以下の6つの問いに「イエス」「ノー」で回答することで、市場で逆風が強まり、優位性が損なわれつつある現状をどれくらい認識できているか、競争上の脅威に関する盲点は何かが見えてくる。

市場の力学

●市場のサブセグメントで、低価格を武器にしたライバルにシェアを奪われつつある。

●製品を改良したり、機能を追加したりしても、主要顧客がプレミアム価格を支払うことを渋り始めている。

経営陣の考え方

●自社と同じ事業領域や製品分野に他社が低価格で参入してきたが、経営陣はその事実を受け入れようとしない。

●「自社が押さえているハイエンド市場は、低価格を武器にしているライバルやローエンド市場の企業に侵食されるはずがない」という考え方が一般的である。

市場や競合他社の分析

●ハイエンドのセグメントについては顧客動向を熱心に追いかけるが、その下のセグメントには無関心である。

●競争上の脅威を探すに当たって、低価格を武器にしているライバルやローエンド市場の企業は視野に入っていない。

以上のうち、2つ以上が思い当たるならば、市場調査や競合分析の焦点を見直す必要がある。その際、優位性を生み出す特徴をマッピングする、ローエンド市場の競合他社の業績を分析するなどを目的とすべきだろう。

思い当たる項目が4つ以上ならば、早急に危機対応策を考える必要がある。たとえば、1年半以内に低価格を武器にしたライバルを迎え撃つ体制を整えるには、利益率や原価などを含め、現行のビジネスモデルをどのように改良すればよいかなどを検討するのだ。

成長軌道にともる危険信号

あなたの会社の売上げは、成長の壁に近づいているかもしれない。手遅れになる前に、50項目について危険信号がともっていないか、確認するとよい。以下に、リーダー企業が陥りやすい罠に関する危険信号をいくつか紹介している。他の症状についてもそれぞれ危険信号がある。経営陣やビジネスリーダーたちが、これらにあまり注意を払っていないとすると、遠からず減収に転じることだろう。

- 戦略を後押しするうえで欠かせない、市場や必要な能力に関する仮説が文字になっていない。
- 重要市場の定義について見直しを怠っている。このため、現在のライバルはどれか、またここ数年に登場するかもしれないライバルはどこかについて検討していない。

●重要市場の定義について具体的に見直しておらず、市場シェアの将来予測も変えていない。
●重要顧客たちの間で自社の製品やサービスがどのように評価されているか、こまめに確認していない。
●顧客の意見や提案を新しい製品やサービスに活かすのが、競合他社と比べてへたくそである。
●重要顧客にブランドの評判や優れた性能などをアピールしても、「プレミアム価格は支払いたくない」という反応を示されるケースが増えている。

ほかにどのような危険信号があるか、また成長頭打ちの兆候を探るうえで、この種のシグナルをどのように活かせばよいのかについては、stallpoints.multimedia.hbr.org にアクセスすれば、動画で見ることができる。

【注】

（1）*The Innovator's Dilemma*, Harvard Business School Press, 1997. 邦訳は2000年、翔泳社より。

（2）*Profit from the Core*, Harvard Business School Press, 2001.（邦訳『本業再強化の戦略』日経BP社、2002年）、*Beyond the Core*, Harvard Business School Press, 2004, *Unstoppable*, Harvard Business School Press, 2007.（邦訳『コア事業進化論』ダイヤモンド社、2008年）などの著書がある。

（3）原文には1994年とあるが、日立の財務報告によると、売上高の成長にブレーキがかかったのは1997年と考えられる。ただし、本稿の調査では独自の手順により、転換点が算出されているため、ここでは原文のママとした。また、2003年以降は連続して増収を続けている。

（4）Gary Klein, "Performing a Project Premortem," 'Forethought,' HBR, September 2007.（邦訳「失敗する前に失敗の原因を探る」DHBR2007年12月号）を参照。

（5）Clayton M. Christensen, "Making Strategy: Learning by Doing," HBR November-December 1997.（邦訳「戦略再構築へのドライビング・フォース・マッピング」DHB1998年3月号）を参照。

第**6**章

リーダーは集中力を操る

心理学者
ダニエル・ゴールマン

"The Focused Leader"
Harvard Business Review, December 2013.
邦訳「リーダーは集中力を操る」
『DIAMONDハーバード・ビジネス・レビュー』2014年5月号

ダニエル・ゴールマン
(Daniel Goleman)
ラトガーズ大学コンソーシアム・フォー・リサーチ・オン・エモーショナル・インテリジェンス・イン・オーガニゼーションズの共同ディレクター。最近の著書に、*Focus:The Hidden Driver of Excellence*, HarperCollins, 2013.(邦訳『フォーカス』日経ビジネス文庫、2017年)がある。

リーダーに要求される3つの集中力

関心の方向付けは、リーダーの大きな役割である。そのためには自身の関心を何かに集中する術を身につけなくてはならない。「集中した状態」とは一般に、頭の中から雑念を追い出して一つのことだけを考える状態を指す。ところが神経科学分野における近年の豊富な研究から、集中にはいくつもの方法があり、目的も関係する神経回路もまちまちであることが判明している。しかも、神経回路同士が歩調を合わせる場合もあれば、相反する動きをしがちな場合もある。

集中の形態を①自分への集中、②他者への集中、③外界への集中という3種類に大きく分けると、リーダーシップスキルを発揮するための、新たな知見を引き出すことができる。リーダーは、じっくり内省して建設的な姿勢で他者に関心を集中することで、EQ（心の知能指数）の柱を成す能力を培えるだろう。視野を広げてそこに関心を集中する方法を理解すると、戦略立案、イノベーション、組織マネジメントの手腕が高まるはずである。

リーダーは皆、自分、他者、外界への集中力をうまく調和させつつ十分に育む必要がある。なぜなら、自分を見つめないと指針を示せず、他者に十分な関心を払わないと愚かな振る舞いをしてしまい、外界を注視していないと不意打ちに遭いかねないのだ。

自分を見つめる

自分を見つめる、つまり自分の内なる声に耳を傾けるのが、EQを高めるうえでの出発点である。これを実践すると、リーダーは多くの手がかりをもとによりよい判断を下し、本当の自分を探り当てることができる。すると何が起きるだろうか。この抽象的な概念を具体的にとらえるには、自分を見つめるとはどういうことかを考えるとよい。

自己認識

自分の内なる声に耳を傾けるということは、体内で発せられる生理学的なシグナルに細心の注意を払うという意味である。このかすかな合図を監視するのは、前頭葉の裏側に位置する島皮質である。体のどこかに注意が向くと、その部分への島皮質の感受性が高まる。私たちが自分の心臓の鼓動に耳を澄ますと、それに関連する回路の神経単位《ニューロン》が、島皮質の働きによってより活性化する。実際、心臓の鼓動をどれだけ感じ取れるかは、自分にどれだけ意識を集中しているかを測る標準的モノサシとされている。

直感とは島皮質と扁桃体からのメッセージであり（神経科学者で南カリフォルニア大学教授のアントニオ・ダマシオは、これを身体標識《ソマティック・マーカー》と呼ぶ）、何かが正しいか誤っているかを「感覚」として伝えているのである。ソマティック・マーカーは私たちの注意をよりよい選択肢に向かわせ、意思決定を簡略化してくれる。このメッセージは、必ず当たるようなものではおよそないため（「コンロの火を点けっぱなしにしてしまったかも」という直感はどれだけ当たるだろうか）、直感をよりよく活かすには広い視点から深く読み取るとよい（**章末**「あなたはこの囲み記事を流し読みしていないだろうか」を参照）。

一例として、英国の研究者グループが、ロンドンの金融街《シティ》の投資銀行4行のプロフェッショナルトレーダー118人と上級マネジャー10人にインタビューし、その内容を分析した結果について考えたい。

成績最上位のトレーダーたち（平均年俸50万ポンド）は、分析と直感のどちらか一方だけに頼るのではなく、ありとあらゆる感情とじっくり向き合い、それをもとに直感の有用性を見極めていた。損失を被った場合は内なる不安を受け入れ、慎重な姿勢を強め、リスクを軽減した。

成績最下位のトレーダー群（平均年俸わずか10万ポンド）は、不安を無視して直感だけを頼りに突き進む傾向があった。内面から発せられる多様なシグナルに注意を払わなかったせいで、方向を誤ったのである。

その時々の感覚的な心象に意識を集中することが、自己認識の大きな柱である。ただし、リーダーシップを発揮するうえではもう一つ欠かせない要素がある。過去から現在までの経験を総合して、本当の自分について首尾一貫したとらえ方をすることだ。

本当の自分であるとは、他人から見た自分が自己像と重なり合う状態を意味する。これを実現するには、一つには、他人、とりわけ貴重な意見や正直なフィードバックをくれる人が自分をどう思っているかに、注意を払う必要がある。

集中のあり方としてここで有用なのは、開かれた意識（open awareness）、つまり、何かにすっかり気を取られたり、翻弄されたりせずに、周囲の状況に幅広く注意を払う状態である。良し悪しを判断したり、切り捨てたり、無視したりするのを避けて、ありのままに物事を認識するのである。

意見を聞くより述べる立場に慣れたマネジャーは、これを難しいと感じるかもしれない。意識を開かれた状態に保てないのはたいてい、些事にいら立ってそれにじゃまされるからである。

空港でセキュリティチェックを受ける際、他の旅行者が手荷物をX線検査装置に通すのにやたらと手間取る様子に接したような場合が、これに当たる。意識を開いた状態で注意力を保つことのできる人は、他の旅行者が手間取る様子に目を留めてもさして気にせず、より多くの状況を受け止めるだろう（章末「広い範囲に意識を向けよう」を参照）。

もとより、耳を傾ける態勢でいたとしても、誰かが意見を寄せてくれるとは限らない。残念ながら、他人が自分をどう見ているかを知る機会は非常に少なく、昇進街道を走る経営幹部ともなれば、なおさらだ。だからこそ、ハーバード・ビジネス・スクールでは、ビル・ジョージ教授による「本物のリーダー《オーセンティック・リーダー》シップの養成《シップ・ディベロップメント》」という講座が大人気を博し、超満員なのだろう。この講座では「進むべき方向《トゥルー・ノース》」というグループを設けており、他人の意見を通して本当の自分を知る力を伸ばそうとする。

この種のグループは、「おのれを知るにはまず周囲に自分をさらけ出すとよい」という教訓に基づいており、誰でもつくることができる。ここでは、メンバー同士が胸襟を開いて親密になるという。ビル・ジョージはこう説明する。「(このグループは) 安心できる場なのです。ほかの場所では持ち出せそうもない個人的な悩みも、ここでなら話し合えます。えてして最も身近な家族にさえ相談するのを尻込みするような悩みでもね」

その効用については、「信頼する相手に自分の人生について語って初めて、私たちは本当の自分を知るのです」という。つまりこれは、本人が考える「本当の自分」像と厚い信頼を寄せる人物の見方とを比べ、外からの目を通して本当の自分を確かめるための、入念な方法なのである。

自己管理

「認知制御」という専門用語がある。気が散りそうな誘惑に打ち勝って、「これ」と決めた対象に注意を向け続けるという意味である。このような集中力は、脳の前頭前皮質に備わる実行機能の一種であり、平たく言えば「意志の力」や「自制心」と同じである。

障壁や挫折を乗り越えて目標を追求するうえでは、認知制御が役に立つ。このような断固として目標を達成しようとする姿勢を生み出す神経回路は、御しにくい感情の手綱を締める働きも持つ。危機のさなかに冷静さを保ったり、興奮を抑えたり、大失敗や大混乱から立ち直ったりするのも、優れた認知制御のなせる業である。

数十年にも及ぶ研究の積み重ねから、リーダーとして成功するうえでは意志力が抜きん出た重要性を持つことがわかっている。とりわけ説得力の強い研究としては、１９７０年代のある年にニュージーランドのダニーデン市で出生した、全１０３７人の人生を長期に追跡したものがある。被験者には、幼年期の数年間に、意志力を測るさまざまな検査を実施した。

その一つ、心理学者ウォルター・ミシェルが考案した有名なマシュマロ実験は、マシュマロ1個をもらってすぐに食べるのと、15分間我慢した後に2個食べるのと、どちらかを選ばせるというものである。

ミシェルの実験では、①マシュマロ1個を即座に頬張る、②少しの間我慢する、③15分間ずっと我慢するという3つの行動パターンには、おおよそ均等に人数が分散するという結果が出た。

何年もの後、30代になった被験者のほぼ全員（96％）を再び調べた。すると、子どもの頃に15分間ずっとマシュマロを食べずに我慢して高い認知制御力を示したグループのほうが、少しも我慢せずにすぐに食べてしまったグループよりもはるかに健康状態がよく、収入が高く、法律を守る傾向が強かった。

事実、統計分析からも、子どもが後に経済的に成功するかどうかを予測する指標としては、ＩＱ（知能指数）、社会階層、家庭環境よりも自制心の強さのほうが有用だと判明している。

ミシェルは、集中力が自制心を発揮するうえでのカギだと述べている。欲求を満たそうとする衝動と自制心とがせめぎ合う局面では、3種類の認知制御力が働く。①欲求の対象から自発的に注意を逸らす能力、②欲求の対象に関心を引き戻そうとする誘惑に抗う能力、③将来の目標に意識を集中して、それを達成したらどれだけ気分がよいかを想像する能力である。

ダニーデンの被験者たちは、成人した後に幼い頃の自分の性向から逃れられなかったかもしれないが、必ずしもそうなるとは限らない。集中力は伸ばすことができるのである（**章末**「自制心を培う」を参照）。

他者に関心を集中する

「注意」（attention）という言葉は、「触れ合おうとする」を意味するラテン語の attendere に由来している。他者への関心とはまさにこの「触れ合おうとする」ことにほかならず、EQの第2の柱である共感や第3の柱である社会的な関係を築く力の土台を成すものだ。

他者に関心を集中するのが上手な経営者は、はたから見てすぐにそうとわかる。彼らは、相手と共通の土台を見つけ出す、非常に重みのある意見を述べる、他の人々に「一緒に仕事をしたい」と思わせる、といった特質を持つ。こうした人々は、組織あるいは社会での地位にかかわらず、生来のリーダーとして頭角を現す。

共感の3タイプ

通常は、共感をいくつもの種類に分けて語ることはない。しかし、リーダーが他者に共感を示す様子を注意深く観察すると、以下の3種類が浮かび上がってくる。効果的なリーダーシップを発揮するうえでは、このどれもが重要である。

- 認知的共感：他者の視点を理解する力
- 情動的共感：他者の感情を汲み取る力
- 共感的関心：相手が自分に何を求めているかを察知する力

認知的共感を抱いたリーダーは、自分の言わんとすることをはっきり説明できる。これは直属の部下から最大限の成果を引き出すうえで欠かせないスキルである。大方の予想とは裏腹に、認知的共感を抱くには、相手の胸の内をそのまま受け止めるのではなく、相手がどんな感情を持っているかを考える必要がある。

認知的共感は探究心によって培われる。認知的共感力を持つ優れた経営者は、「すべてを学びたい、周囲の全員を理解したいという意欲を、常に持ち続けてきました。なぜあのような行動を取ろうと考えたのだろう、なぜあのような行動を取ったのだろう、何がうまくいき、何がうまくいかなかったのか、などとね」と語っている。

もっとも、自己認識が認知的共感の糧になる場合もある。人間は、推論機能を持つ神経回路の働きにより、自分の思考について考え、そこから生じる感情を感知できる。私たちが望めば、この同じ回路を用いて、他人についても同様の推論をすることができる。

情動的共感は、メンタリング、顧客対応、集団力学の把握をうまく行ううえで、重要な働きをする。その源泉は、大脳新皮質の内側にある進化的に古い部分、すなわち扁桃体、視床下部、海馬、眼窩前頭皮質である。これらの部位の働きにより、私たちは深く考えなくても速やかに何かを感じることができる。文字通り相手の痛みを感じ取るなど、自分の体内に他者と同じ情動が湧き起こるのだ。興味深い話を聞いていると、私たちの脳は相手と同じ活動パターンを示す。タニア・ジンガー（ライプツィヒにあるマックス・プランク認知神経科学研究所の社会神経科学部門のディレクター）が指摘するように、「他人の感情を理解するには、まずは自分の感情を理解する必要がある」のだ。

情動的共感を呼び起こすには、2種類の注意を働かせることになる。一方では、相手の感情に対する自分の反応に意識的に注意を向け、他方では、表情や声の調子などから相手の感情を幅広く読み取るのである（**章末**「共感を養うには」を参照）。

共感的関心は、情動的共感と密接な関係にあり、人々の感情だけでなく、相手が自分に何を求めているかを察知する力を、私たちに与えてくれる。主治医、配偶者、そして上司にも、この種の関心を持ってもらいたいものである。

共感的関心を引き起こすのは、親の注意を子どもに向けさせる役割を持つ神経回路である。誰かが愛らしい赤ん坊を連れて部屋に入ってきた時に、その場にいる人々の視線がどう動くかを見れば、哺乳類の脳中枢にあるこの回路が突如として活性化したことがわかるはずだ。

ある神経理論によると、この反応は扁桃体と前頭前皮質で起きる。扁桃体は危険を察知する脳内レーダーに刺激されて、前頭前皮質は「思いやりの物質」とされるオキシトシンの分泌をきっかけに、それぞれ反応するのだという。ここからは、共感的関心には相反する2つの効果があることがうかがえる。私たちは、他者の苦悩を我が事のように受け止める時には直感を頼るが、相手のニーズに応えるかどうかを判断する時は、その人の幸福が自分にとってどれだけ重要かを熟考するのである。

この直感と熟考のバランスをうまく取ることには大きな意味がある。他者に同情しすぎると、自分自身が苦しくなるだろう。人助けが生業であるような場合、これは共感疲労につながりかねない。

経営幹部は、人や状況にまつわるどうしようもない問題への不安にさいなまれるおそれがある。しかし、自分を防御するために感情を抑制すると、共感を持てなくなってしまうかもしれない。共感的関心を持つには、他者の痛みを感じる力を保ったまま、自分の苦悩とうまく付き合うことが求められる（**章末**「共感を制御するには」を参照）。

さらに、研究機関による複数の調査は、共感的関心をうまく活かすことが道徳的判断を下すうえで重要だと示唆している。志願者を募って、体に痛みを抱えた人の話を聞いてもらうと、その時の脳画像からは、脳中枢の痛みを感じる部分がすぐさま反応する様子が見て取れる。ところが、体の痛みではなく心理的な苦痛にまつわる話を聞いた場合は、共感的関心や思いやりといった高等な機能を司る脳中枢が、緩やかに活性化した。状況の心理的、道徳的側面を把握するのにいくらか時間を要したのである。気が散ったり取り乱したりしていればいるほど、繊細な共感や同情は起きにくい。

人間関係の構築

社会的な感受性に欠ける人物は、少なくとも他人の目からは容易にそうと見分けがつく。彼らは愚か者である。専門能力の高いCFOが、他人に対して威嚇、締め出し、えこひいきなどを行う一方、それを指摘されると責任逃れ、激高、逆恨みといった態度を示す。あえて嫌な奴として振る舞っているのではない。自分の欠点に少しも気づいていないのである。

社会的な感受性は認知的共感と関連するように思われる。一例として、認知的共感力の高い経営幹部は海外赴任先で優れた成果を上げるのだが、これはおそらく、未知の文化に接してもすぐに暗黙の規範を読み取り、その文化に特有の考え方を学ぶからだろう。社会的文脈に注意を払えば、状況がどうあれそつなく振る舞い、一般的なエチケットに直感的に従い、ほかの人々を安心させるような振る舞いができる（時代によっては、よいマナーとはこういうことを指したのかもしれない）。

海馬前部に集中する神経回路は社会的な文脈を読み取る働きをする。たとえば、元同級生に対するのと、家族や同僚に対するのとでは直感的に違った態度を取るよう、私たちを導いてくれる。この神経回路はまた、熟考を司る前頭前皮質と連携して、不適切な行動を取ろうとする衝動を抑え付ける。したがって、状況への感受性を調べる検査では、海馬の機能を測定する場合がある。

ウィスコンシン大学教授で神経科学者のリチャード・デイビッドソンの仮説によると、対人関係に極めて敏感な人々と、その場の状況をうまく読めないと思しき人々とを比べた場合、前者のほうが海馬や前頭前皮質の活性が高く、両者のつながりも緊密だという。

これと同じ神経回路は、集団内の人間関係を理解する働きもするだろう。このスキルは、人間関係を巧みに泳いでいくのに役立つ。組織にうまく影響力を及ぼす人は、メンバー間の力学を察知するだけでなく、発言力の最も大きな人物を特定できるため、周りを説き伏せる力を持った人々の説得に専念する。

注意すべき点もある。人間関係を理解、維持する能力は、昇進の階段を上って大きな権限を得るにつれて、心の持ち方のせいで衰えていく傾向があるのだ。心理学者でカリフォルニア大学バークレー校教授のダッチャー・ケルトナーが、地位に開きがある人同士の対面事例を調べた結果、地位の高いほうの人はきまって相手の目をあまり見ず、話をさえぎったり、一方的にまくしたてたりする傾向が強いことがわかった。

事実、組織内でいかに有力者への配慮が行き届いているかを分析すると、階層構造が浮き彫りになる。AさんがBさんからの連絡や質問に返答するまでの時間が長ければ長いほど、AさんのBさんに対する相対的な地位は高い。全員の応答時間を相関図にまとめると、組織内の上下関係が驚くほど正確に見えてくる。上司は部下からのメールを何時間も放ったままにするが、部下の側では数分以内に返信するのだ。この傾向はめったに崩れないため、コロンビア大学は自動社会階層予測というアルゴリズムを開発したほどである。このアルゴリズムは諜報機関によって、テロ集団と思しきグループ内での影響力の働き方を総合的に把握して、中心人物を特定する目的で使われているとされる。

ただし肝心なのは、私たちが他人にどれだけ気を遣うかは、自分の相対的な立場をどう見ているかによって決まるという点である。これは経営トップ層にとっては警鐘としての意味を持つ。彼らは、移り変わりの早い競争状況に対応するために、組織内のアイデアや人材を幅広く活用しなくてはならない。意識して注意を向けない限り、いつもの癖で組織の下層の人材が持つ優れたアイデアを見過ごしてしまうだろう。

外界に広く関心を向ける

外界への関心が強いリーダーは、聞き上手であるばかりか質問上手でもある。彼らは先見の明にあふれ、ある場所での判断が遠く離れた場所や分野にどういった結果を及ぼすかを察知したり、現在の選択が先々どういった結果をもたらすかを想像したりする力を持つ。一見したところ関係のなさそうなデータが、意外にも自分の主な関心分野に役立つなら、それを積極的に受け入れようとする。

メリンダ・ゲイツが説得力のある事例を紹介している。『60ミニッツ』というテレビ番組に出演した際、夫のビル・ゲイツについて、肥料に関する本を最初から最後まで読み通すような人だと語ったのである。

司会のチャーリー・ローズは「なんでまた肥料の本を」と尋ねた。技術の進歩をてこに人類の生存率を飛躍的に高める方法を探し続けるビル・ゲイツにとって、肥料が自分の関心分野とつながりを持つのは明らかだった。「肥料が考案されなかったなら、数十億の人命が損なわれただろう」というのである。

戦略への集中

ビジネススクールの戦略コースでは例外なく、①現在の優位性を活かす、②新たな優位性を探る、という2種類の戦略を教えるだろう。意思決定に熟達した企業人63人を被験者として、この2つのいずれかについて考えたり、両方を交互に検討したりする最中の脳画像を撮影したところ、特定の神経回路が活性化する様子が見て取れた。大方の予想通り、①には目の前の課題に集中する姿勢が、②には新しい可能性に広く目を留める姿勢が、それぞれ求められる。ところが、前者には予測や報酬に関連する神経回路の活動が伴っていた。

つまり、慣れ親しんだ領域で思考をめぐらすのは気分がよいのである。しかし、②へと思考を切り替えると、習慣から離れてあちらこちらを探索しながら新たな針路を見つけるために、意識して知的努力をしなくてはならない。

この努力ができないとしたら、原因は何だろうか。睡眠不足、深酒、ストレス、過度の精神的負担などは皆、意識の切り替えを担う神経回路の働きをじゃまするものである。イノベーションを目指して外の世界へと関心を向け続けるには、何にもじゃまされない時間を持ち、自省して集中力を新たにする必要がある。

イノベーションの源泉

情報が広く行き渡った現代では、アイデアを斬新な方法で組み合わせたり、手つかずの可能性を開拓するような鋭い問いを発したりすることが、新しい価値の創造につながる。創造的なひらめきを得る少し前、脳内では3分の1秒の間ガンマ波が発生する。この現象は広範囲に及ぶ脳細胞の間で同調が起きたことを示す。同時に活性化する神経細胞の数が多ければ多いほど、ガンマ波は大きくなる。このタイミングでガンマ波が起きることは、新しい神経ネットワークの形成をうかがわせる。おそらく新しいつながりが生じているのだろう。

ただし、ガンマ波に創造性の秘密があると見なすのは勇み足といえる。創造性をめぐる古典的な理論は、多種多様な関心が重要な役割を果たすのだと示唆している。私たちはまず、活用できそうな多様な情報を集めて心の準備をし、次に、問題に意識的に関心を集中したり、とりとめのないことを自由に考えたりということを、交互に繰り返す。

こうすると、アンテナを張った状態になる。あらゆる情報や意見に没入し、自分の課題に関連するものを逃すまいとするのだ。創造的な課題を選んでそれに注意を集中するのもよい。あるいは、先入観を追い払って自由に空想の翼を広げると、おのずと解決策が浮かんでくる（シャワー、散策、ランニングの最中に多くの新鮮なアイデアが生まれるのは、このような理由による）。

システム認識の微妙な力

たくさんの点が映った写真をちらっと見せられて、点の数を問われると、最も正解に近い数字を述べるのはシステム思考に長けた人である。

このスキルは、ソフトウェア、組立ライン、マトリックス組織、生態系の破壊を食い止める手段などの設計や考案を得意とする人々に備わっており、実に有用な資質だといえる。何といっても、私たちは極めて複雑なシステムの中で暮らしているのだから。

ただし、心理学者でケンブリッジ大学教授のサイモン・バロン＝コーエン（俳優のサシャ・バロン＝コーエンのいとこである）によると、システム認識に秀でた人の一部は、他者の考えや感情、人間関係などを十分に読み取れない「共感の欠如」という傾向を持ち、その人数は少ないとはいえ無視できるほどではないという。このような理由から、システムを把握する能力が高い人材は、組織にとって資産ではあるが、リーダーとして優れているとは限らない。

ある銀行の幹部から聞いた話では、その銀行ではシステム分析職に特化したキャリア制度を他の職種とは別建てで設け、システム関連の能力だけをもとに昇進、昇給する仕組みにしているという。こうすれば、必要に応じて彼らに意見を求める一方、リーダーは高いEQを備えた別グループの人材から登用することができる。

集中力を自由に操る

その他大勢で終わりたくない人にとって、本稿のメッセージは明快である。集中力のあるリーダーとは、年間の優先課題上位3つだけに注力する人でもなければ、システム思考に誰よりも秀でた人でも、社風に最もよく馴染む人でもない。

集中力のあるリーダーとは、自分の注意力すべてを思いのままに操れる人である。自分の内なる感情に耳を傾け、衝動を抑え、他人からどう見られているかに気づき、他人が自分に何を求めているかを理解し、注意散漫を避けながら、先入観を排して自由に幅広く関心を持つのだ。

これは一筋縄ではいかない。もし簡単になれるなら、偉大なリーダーはもっと大勢いるはずではないか。集中力は、種類を問わずほぼすべてを伸ばすことができる。求められるのは才能よりもむしろ勤勉さである。分析力や身体機能を鍛えるのと同じように、注意を司る脳内の神経回路を鍛えようとすればよい。

注意力と優秀さの関係性はまず表面に表れない。しかし、リーダーシップスキルの本質を成す要素の大半、たとえばEQや、組織・戦略分野の知性などは、注意力を土台としている。

ところが注意力は現在、かつてないほど脅かされている。データがたえず怒涛の勢いで押し寄せてくるため、その扱いが手抜きに陥りやすい。メールの題名だけを見て優先度を判断し、何件もの留守電メッセージを聞かずに放置し、メモや報告書を流し読みにしてしまう。注意力の低下によって仕事の質が落ちるばかりか、メッセージの絶対量が多いせいで、その内容についてじっくり考える時間がほとんど取れない。

この状況は、ノーベル経済学賞を受賞したハーバート・サイモンが、いまから40年も前に予見していた。サイモンは1971年に「情報は受け手の注意力を衰えさせる。(中略)このため、大量の情報は注意力の欠如を引き起こす」と記したのだ。

本稿の狙いは、注意力に焦点を当てて、必要な時に必要なところに注意を向けられるようにすることである。注意の向け方に熟達すれば、自身と所属組織の重点課題を攻略できるだろう。

あなたはこの囲み記事を流し読みしていないだろうか

会話の最中に相手の言葉を右から左へ忘れてしまわないだろうか。

今朝、出勤のため車のハンドルを握りながら、上の空ではなかっただろうか。

誰かと一緒に昼食を取りながら、相手よりもスマートフォンに関心を寄せていないだろうか。

注意力とは言わば心の筋肉である。筋肉と同じく、適切な訓練をすれば強化できるのだ。意識的に注意力を強化するための基礎反復訓練はシンプルなものである。注意力が散漫になっていたらそれを自覚して、本来向けるべき対象に注意を戻し、できるだけ長くその状態を保てばよい。この初歩的な練習は、ほぼあらゆる瞑想の根本を成している。瞑想は集中力と平静心を養い、ストレスによる心の揺れや不安を和らげる。

これと同じ役割を期待されているのが、ウィスコンシン大学の設計グループと神経科学者が共同で開発を進めるゲームソフト、テナシティである。2014年にリリース予定のこのゲームには、不毛の砂漠や、天へつながる空想上のらせん階段などを舞台とした、5~6種類の旅程が用意されていて、そのどれかを選んで仮想体験するようになっている。

初級レベルでは、息を吐くたびに1本の指でiPadの画面にタッチするのがルールである。ただし、5回に1回は、2本の指でタッチしなくてはならない。上級レベルに進むにつれて、じゃまが増えて気が散りやすくなる。スクリーン上にヘリコプターが現れたり、飛行機がトンボ返りをしたり、鳥の群れがふいに横切ったりするのだ。

ゲームをしながら自分の呼吸のリズムに慣れてくると、瞑想をしている時のように、心が穏やかに研ぎ澄まされた感じがして、いくつもの情報の中からどれかを選んで注意を払う選択的注意の力が強化される。スタンフォード大学のカーミング・テクノロジー研究所ではこの因果関係を掘り下げ、呼吸数を測定するベルトなど、リラクゼーション用具を開発している。たとえば、受信箱に膨大なメールが届いているのを見て、いわゆるメール無呼吸症候群に陥ったなら、iPhoneアプリの助けを借りて、呼吸と気持ちを落ち着かせる練習をするのも一案である。

広い範囲に意識を向けよう

カメラのレンズの設定を変えて、焦点を絞ったり、パノラマ撮影をしたりすることができるのと同じく、私たちの注意も、対象を狭い範囲に限定したり、逆に広げたりすることができる。

注意の及ぶ範囲を測定するために、被験者の目の前にS、K、O、E、4、R、T、2、H、Pのように文字と数字を次々と映し出す方法がある。多くの人は、この文字や数字の羅列を眺めながら、最初の数字である4が現れた時にはこれに気づくが、以後は次第に注意力が落ちていく。だが、広い範囲にしっかり目配りする人は、2つ目の数字にも気づく。

リーダーが広範囲に注意を及ぼす能力を鍛えるには、不自然ともいえることをしなくてはならない。いつもではないにせよ少なくとも時折は、管理をせずにいよう、自分の意見を述べずにいよう、他者を評価するのを控えよう、という意志を持つのである。意識的に何かをするというよりも、態度や姿勢を少し変えてみるのだ。

これを実行する方法として、ポジティブ思考のよく知られた効果を使うのも一つの手である。私たちは悲観的になると関心が閉ざされる一方、楽観的でいると関心が広がり、予期しない新鮮なものを受け入れる姿勢が強まる。気持ちを前向きにするシンプルなやり方として、「人生のすべてが理想通りに展開したら、10年後には自分は何をしているだろう」と考えるとよい。

なぜこれが効果的かというと、ウィスコンシン大学教授で神経科学を専門とするリチャード・デイビッドソンが発見したように、気分が上向いていると、脳の左側の前頭前野が活性化するからである。この部位の神経回路は、長年の目標を達成したらどれほど嬉しいか、私たちに思い起こさせる働きをする。心理学者でケース・ウェスタン・リザーブ大学教授のリチャード・ボヤツィスは、こう述べている。「前向きな目標や夢について語ると、脳中枢が活性化して私たちは新しい可能性に目覚める。（中略）ところが、悪いところを改めるにはどうすべきかなどという話題に切り替えると、可能性が見えなくなる。生き残るには悲観的な見方が必要だが、成功するには楽観的な発想が求められる」

自制心を培う

さあ、認知制御に関わるテストを始めよう。各行の真ん中の矢印は左右どちらを向いているだろうか。

←←←→→
←←←←→
→→←→→
←→←→→
→→←→→

エリクセンのフランカー課題と呼ばれるこのテストは、気を逸らすものにどれだけ影響されやすいか、その程度を測るものである。実験環境においては、被験者が真ん中の矢印の向きを把握するのにかかる時間を1000分の1秒単位まで計測できる。認知制御が得意であればあるほど、その人は余計なものに気を取られずに済む。

認知制御力を高める手段は、鬼ごっこや、だるまさんが転んだ、に似た素朴な遊びでもよい。何らかの合図に従って行動を止める練習になるものなら、何でもかまわないのだ。椅子取りゲームを得意とする子どもほど、認知制御を司る前頭葉の神経回路がよく発達する、という研究結果もある。

これと同じくシンプルな原則に基づく手法に、全米で学童の認知制御力を高めるために用いられているSEL（Social and Emotional Learning：社会性と情動の学習）がある。やっかいな問題に直面して戸惑ったら信号機を思い浮かべるように、と子どもたちに教えるのだ。赤、黄、青の信号はそれぞれ、立ち止まって落ち着きよく考えてから行動するように、スピードを落として解決案をいくつか考えるように、計画を試しに実行してうまくいくかどうかを確かめるように、という意味である。このような発想をすると、扁桃体が喚起する衝動に従うのではなく、前頭前皮質の機能をもとに熟考したうえで行動するようになる。

成人してからでも、この神経回路を強化するのはけっして遅すぎない。マインドフルネス技法を毎日実践するのも、椅子取りゲームやSELと同じ効果がある。マインドフルネス技法では、呼吸に注意を集中し、自分の考えや感情に押し流されるのではなく、むしろそれらを追いかける。気が散ったと感じたらそのたびに呼吸に注意を戻す。簡単だと思うだろうが、試しに10分間やってみると学習効果に気づくだろう。

共感を養うには

ボストンにあるマサチューセッツ総合病院のヘレン・リース（同病院が実施する共感と関係性の科学プログラムのディレクター）は、医師たちとともに研究を行った結果、「情動的共感は養うことができる」という結論にたどり着いた。リースは医師たちに自己観察を促すために、深い腹式呼吸によって集中力を高めたり、自分の思考や感情に溺れることなく、天井から他人とのやり取りを眺めるような超然とした姿勢を身につけたりするためのプログラムを設けた。「前のめりにならずに少し距離を置いて状況を観察すると、受け身一方の状態を避けながら、相手とのやり取りを意識的に心に刻むことができます。（中略）自分の心身が興奮しているか安定しているかがわかります。状況がどうなっているかに気づきます」。たとえば、医師がいら立ちを自覚したなら、それは患者もまた困惑していることを示唆しているのかもしれない。

リースは、どうしたらよいのかまったくわからない人は、情動的共感を装っていれば、そのうちに本当に身につくのではないか、とも述べている。たとえあまり気が進まない場合でも、目を見る、表情に注意を払う、といった形で気遣いを示していると、次第に相手への関心が湧いてくるだろう。

共感を制御するには

自分の衝動を抑えて他者に感情移入すると、誰かの激高に圧倒されそうな状況でも、何とか持ちこたえて優れた判断を下しやすくなる。

体にピンが刺さって怪我をした人を見ると、私たちの脳からは普通、痛みを感じる部位が反応しているという合図が発せられる。ところが医学部では、無意識のうちに起きるそのような反応さえも抑えるよう教えられる。このため医師たちの場合は、側頭頭頂接合部と前頭前皮質にある、感情を無視して集中力を高める働きを持つ神経回路から、反応を抑える麻酔のようなものが分泌される。こうした作用は、他者と距離を取って平静を保ち、相手の力になろうとする時にも起きる。感情が高ぶるような状況下で何らかの問題に気づき、集中力を高めて解決策を探さなくてはならない場合にも、同じ神経回路が活性化する。この仕組みは、気が動転した人と話をしている最中に、心の中の情動的共感を抑えて頭の中で認知的共感を呼び起こし、相手の視点を理性的に理解するのに役立つ。

第7章

リスク管理のフレームワーク

ハーバード・ビジネス・スクール 教授
ロバート S. キャプラン
ハーバード・ビジネス・スクール 助教授
アネット・マイクス

"Managing Risks: A New Framework"
Harvard Business Review, June 2012.
邦訳「リスク管理のフレームワーク」
『DIAMONDハーバード・ビジネス・レビュー』2013年2月号

ロバート S. キャプラン
(Robert S. Kaplan)
ハーバード・ビジネス・スクールのベーカー財団記念講座教授。経営システム「バランス・スコアカード」共同開発者。

アネット・マイクス
(Anette Mikes)
ハーバード・ビジネス・スクールの助教授。

コンプライアンスでは対処できないリスク

２００７年、ＢＰのＣＥＯに就任したトニー・ヘイワードは、安全を最優先することを誓った。彼が設けた新しい社内規定の中には、コーヒーを持ち歩く時には必ずカップにふたをすることや、自動車の運転中は携帯メールを控えることなどがあった。

３年後、ヘイワードの在任中にメキシコ湾のディープウォーターホライズン油田で爆発事故が起き、史上最悪ともいわれる人的災害を引き起こした。米国の調査委員会はこの災害について、経営の失敗により「直面するリスクの特定、その適切な評価、伝達、対処に当たる人員の能力」が損なわれたことを原因に挙げた。

ヘイワードのケースは、ありがちな問題を反映している。リスク管理は、いかに立派な説明をしてお金をかけても、多数の規則を設けて従業員をそれに従わせれば解決できるコンプライアンス上の問題と見なされることがあまりに多い。これら規則の多くはもちろん理にかなっており、企業に深刻な被害を及ぼしかねない一部のリスクを緩和させるのは確かである。

しかし、規則に基づくリスク管理では、ディープウォーターホライズンのような災害の可能性も、その影響の大きさも軽減されない。２００７〜８年の金融危機において、この方法では多くの金融機関の破綻を防げなかったのと同じことである。

本稿では、新しいリスク分類法を提示し、規則に基づくモデルで管理できるリスクと、別の手法を必要とするリスクを経営幹部が区別できるようにする。戦略の選択に関わるリスクの管理について開かれた建設的な議論を始める際には、個人と組織の課題がついて回る。この課題を分析し、企業が戦略の策定と実施のプロセスに建設的な議論を結び付けることの必要性を訴える。最後に、戦略と業務に対して外部で発生する回避不能なリスクを企業が見極め、対策を講じられるようにする方法を検討して結論とする。

3タイプのリスクを理解する

効果的なリスク管理システムをつくる最初のステップは、組織が直面するリスクの種類ごとに質的な違いを理解することである。我々の実地調査によると、リスクは3つのカテゴリーのどれかに分類できる。どのカテゴリーのリスク事象も企業の戦略の命運に関わる可能性があり、その存続を脅かすことすらある（図表7-1「3タイプのリスクを理解する」を参照）。

Category 1 内部リスク

これは社内のリスクであり、組織内で発生し、制御可能で、排除し回避すべきものである。この例として挙げられるのは、従業員や管理職の無許可行為、違法行為、非倫理的行為、不正行為、不適切な行

図表7-1｜3タイプのリスクを理解する

企業が直面するリスクは3つのカテゴリーに分類でき、それぞれに異なるリスク管理アプローチが必要となる。

内部リスクは組織の内部から発生するもので、規則や価値観、標準的なコンプライアンス・ツールによって監視・統制する。対照的に、戦略的リスクと外部リスクは、リスクをオープンに議論し、リスク事象の発生確率を下げ、その影響を緩和したりするコスト効率的な方法を見つけるよう経営者に促す、異なったプロセスを必要とする。

	Category 1 内部リスク 社内で発生し戦略的メリットを生まないリスク	Category 2 戦略的リスク より大きな戦略上の利益のために引き受けるリスク	Category 3 外部リスク コントロールの及ばない外部のリスク
リスク緩和の目的	発生をコスト効率的に回避・排除する。	発生確率と影響をコスト効率よく軽減する。	発生時の影響をコスト効率よく緩和する。
統制モデル	統合された文化、およびコンプライアンス・モデル： ミッションステートメントの作成、価値観・信条体系、規則と境界線の体系、標準業務手順、内部統制・内部監査	以下を利用し、戦略的目標に対するリスクに関し双方向の議論を行う。 ●発見したリスクの発生確率と影響のマップ ●主要リスク指標（KRI）スコアカード 決定的に重要なリスク事象を緩和するために資源配分する。	以下によりリスクを「想定」する。 ●テールリスク評価とストレステスト ●シナリオプランニング ●ウォーゲーム
リスク管理スタッフ機能の役割	内部監査機能による具体的なリスク統制を整備、監督、見直す。	リスク・ワークショップとリスクレビュー会議を実施する。 リスク対策とその資金調達のポートフォリオ作成をサポートする。 あえて「反論する役割」を引き受ける。	ストレステスト、シナリオプランニング、ウォーゲームをマネジメントチームとともに実施する。 あえて「反論する役割」を引き受ける。
リスク管理機能と事業部門との関係性	独立した監視役として振る舞う。	独立した調整役、独立した専門家、または内部専門家として振る舞う。	戦略チームを補完する、または「リスクの想定」の実習の独立した調整役として行動する。

為などによるリスクや、決められた業務プロセスの破綻によるリスクである。もちろん企業は、企業活動に深刻な被害を及ぼさず、完全に回避するには費用がかかりすぎるような欠陥や過失に対しては、許容範囲を持つべきである。

しかし一般的には、そのようなリスクを引き受けても戦略的なメリットはないので、企業はこれらのリスクの除去を目指すべきである。悪徳トレーダーや、現地の役人に賄賂を贈る従業員は何らかの短期的利益を企業にもたらすかもしれないが、このような行為は時間の経過とともに企業の価値を損なっていく。

このカテゴリーのリスクを最もよく管理する方法は、業務プロセスを監視したり、望ましい規範へと人々の行動や意思決定を導いたりするような、積極的な予防策である。規則に基づくコンプライアンス手法については、すでにかなりの文献が存在するので、ここでベストプラクティスについて詳述する代わりに、関心のある読者は**章末**「内部リスクの発見と管理」を参照していただきたい。

Category 2 戦略的リスク

企業は、自社の戦略からより大きな利益を生み出すために、ある種のリスクをすすんで受け入れる。たとえば、銀行は融資する際に信用リスクを引き受け、多くの企業はR&D活動を通じてリスクを引き受けている。

戦略的リスクは内部リスクとまったく異なる。なぜなら、戦略的リスクは本質的に望ましくないものではないからだ。高い見返りが期待される戦略では、企業がかなりのリスクを負うことは一般的で、そのようなリスクの管理が、潜在的利益を獲得するうえでカギとなる。ＢＰは価値の高い石油とガスが採掘できると見込んで、メキシコ湾の地下数千メートルを掘削するという高いリスクを受け入れた。

戦略的リスクは規則に基づく統制モデルでは管理できない。代わりに必要となるのがリスク管理システムで、想定したリスクが実際に起こる確率を下げ、リスク事象が発生した場合には、それをより巧みに管理したり抑え込んだりできるように設計されている。

このようなシステムは、企業がリスクのあるベンチャー事業に取り組むことを阻むものではない。逆に、効果的なリスク管理に関心の薄い競合他社よりも、ハイリスクでハイリターンなベンチャー事業に取り組めるようになるだろう。

Category 3 外部リスク

リスクの中には、企業の影響力やコントロールが及ばない外部事象から生じるものもある。自然災害、政治的災害、大きなマクロ経済動向などに原因があるものだ。外部リスクには、先の2つのカテゴリーとは異なるアプローチが必要である。企業はこのような事象の発生を防止できないので、その見極め(この種のリスクは後から明らかになる傾向がある)と影響の緩和に的を絞って管理しなくてはならない。

企業はこれらの異なるカテゴリーに合わせてリスク管理プロセスをつくるべきだ。コンプライアンスに基づくアプローチは内部リスクには効果的だが、戦略的リスクや外部リスクには不向きであり、リスクに関するオープンで明示的な議論に基づいた、根本的に異なるアプローチが必要となる。

だが、言うは易く行うは難し、である。広範な行動研究と組織研究によると、個人は手遅れになるまでリスクについて考えたり論じたりしたがらない強い認知バイアスを持つとされている。

リスクの認識を誤らせる個人と組織のバイアス

複数の研究によると、人はみずからの能力を過大評価し、実際には偶然に大きく左右される事象に対しても影響を与えられると思っている。自分の予測やリスク評価の正確さを過信し、起こりうる結果の範囲を狭く評価しすぎる傾向があるのだ。

また、近い過去から、不確実性が高く変化しやすい未来を直線的に推し量ることの危険性が知られているにもかかわらず、手に入りやすい証拠に基づいて推測してしまう。この問題に拍車をかけることが多いのが、確証バイアスである。

これは、自分の立場を裏づける情報（一般には成功例）を好み、それと矛盾する情報（一般には失敗例）は抑えるよう仕向けるものだ。期待外れの出来事が起きると、引くに引けなくなり、失敗した一連の行動にさらに多くの経営資源をやみくもに振り向け、貴重なお金を無駄にしてしまう。

組織バイアスも、リスクと失敗について論じる能力の妨げとなる。とりわけ、不確実な状況に直面するチームは集団浅慮《グループシンク》に陥ることが多い。これは、グループ内である行動方針が一度支持されると、それに賛同しない人は、たとえ根拠があったとしても、反論を控えて同調する傾向である。特にチームを率いるマネジャーが高圧的あるいは自信過剰で、対立、遅延、自分の権威への挑戦をなるべく減らしたいと考えている場合には、集団浅慮に陥るおそれが大きい。

この個人と組織のバイアスを考え合わせると、なぜこれほど多くの企業が見えにくい脅威を見過ごし読み違えるのかが説明できる。企業は一見すると些細な失敗や欠陥を大目に見て、早期警戒のシグナルを差し迫った危険への警告ではなく誤報と見なすことを覚えるようになり、リスクの緩和どころか、実際には逸脱を常態化させてリスクを生み出してしまう。

効果的なリスク管理プロセスは、このようなバイアスに対抗するものでなければならない。「リスクの緩和は苦痛であり、人が自然にする振る舞いではありません」とNASA（米国航空宇宙局）の一部門、ジェット推進研究所（JPL）のチーフシステムエンジニアであるジェントリー・リーは述べる。

JPLプロジェクトチームのロケット科学者たちは名門大学をトップクラスで卒業し、その多くは学校や仕事で失敗を経験したことがない。JPLで新しいリスク文化を確立しようとしたリーにとって、最大の課題は自分たちの優れた設計のどこに問題が起こりそうかを、チームが気兼ねなく考えたり話し合ったりすることだった。

何をすべきで何をすべきでないかという規則は、ここでは役に立たない。それどころか、通常は逆効果で、異議や議論を阻害するチェックリストに依存しがちになる。戦略的リスクと外部リスクを管理するためには、まったく異なるアプローチが必要となる。まずは、戦略的リスクをどのように発見し軽減するかの検討から始めよう。

戦略的リスクの管理

10年を超える研究から、戦略的リスクを管理する3つの異なるアプローチを見つけた。ある企業にとってどのモデルが適切かは、どのような状況で組織が運営されているかに大きく左右される。必要なリスク管理機能の構成や役割はアプローチごとに大きく異なるが、3つのアプローチはいずれも、既存の前提に挑戦し、リスク情報を議論することを従業員に促すものである。

我々の研究結果は「すべてに対応できる万能策はない」というものであり、リスク管理機能の標準化を試みる規制当局や専門家団体の努力に真っ向から反している。

独立した専門家

一部の組織、特に技術革新の限界を超えようとするJPLのような組織は、長く複雑で費用のかかる製品開発プロジェクトを進めているため、本質的に高いリスクを抱えている。しかし、それらの大半は既知の自然の法則を扱うことから生じるため、時間の経過とともにリスクはゆっくりと変化していく。このような組織の場合、リスク管理はプロジェクトのレベルで扱うことができる。

たとえばJPLは、独立の技術専門家から成るリスク審査委員会を設立した。その役割は、プロジェクト技術者による設計、リスク評価、リスク軽減に関する意思決定に疑問を投げかけることである。専門家たちは、製品開発サイクル全体にわたって定期的にリスク評価が行われるように促す。比較的変化の少ないリスクなので、審査委員会の開催は年に1～2回、プロジェクトリーダーと審査委員長の会合は4半期ごとに行えばよい。

リスク審査委員会の会合は緊張感があり、ジェントリー・リーの言葉を借りれば「知的衝突の文化」をつくり上げている。審査委員のクリス・レビッキは、「我々は互いに分かれて、相手を非難し、起きているあらゆることについて非常に厳しい意見を投げ付けます」と話す。この過程で、プロジェクト技術者は自分の仕事を別の視点からとらえるようになる。「それによって、彼らはコツコツ取り組んできた対象から目線を広げるのです」と、レビッキは付け加える。

この話し合いは建設的かつ対立的だが、プロジェクトチームが極めて野心的なミッションや設計を追求するのを阻止しようとするものではない。しかし、自分たちの設計上の意思決定をいかに説明し弁護するか、起こりうる失敗や欠陥を十分に検討したかどうかを、技術者たちにあらかじめ考えさせる。

あえて反論する役を引き受ける審査委員は、技術者が抱きがちな過信を相殺し、受け入れがたいほどのリスクを伴うプロジェクトに過度に執着しないようにするために一役買っている。

JPLのリスク審査委員会は、プロジェクトのリスクについて活発な議論を促進するだけでなく、予算に対する権限も持っており、同委員会はプロジェクトの各構成部分について、その革新性の度合いに応じたコストと時間の割り当てを決める。

たとえば、前回のミッションからの単純な拡大であれば10～20％の準備金でよいが、地球上でまだ成功例がなく、未踏の惑星上ではなおさら難しい、まったく新しい構成要素には、不測の事態に備えて50

～75％の準備金が必要となるだろう。こうした準備をしておけば、回避不能な問題が起こっても、プロジェクトチームはロケットの打ち上げ日を延期することなく、問題解決に必要な資金と時間を手にできる。ＪＰＬはその試算を重視し、推奨される準備金をまかなうだけの資金が足りなければ、プロジェクトを延期または中止している。

調整役

エネルギーや水道といった伝統的な公益事業をはじめとする多くの組織は、安定した技術環境や市場環境の下で運営され、顧客の需要も比較的予測しやすい。このような状況下では、多くの場合、一見すると無関係な業務上の選択が複雑な組織全体に徐々に蓄積していくことでリスクが生じ、それが長期にわたって表面化しない。

一つのグループがさまざまな機能について業務レベルのリスク管理の知識を持つことはありえない。そのため企業は、業務担当マネジャーから情報収集する、比較的小規模な中央リスク管理グループを導入する場合がある。これにより、組織全体で引き受けてきたリスクに対する管理職の意識が向上し、その企業のリスクプロファイルの全体像を意思決定者が把握できるようになる。

我々は、カナダの電力会社、ハイドロ・ワンで実施されているこのモデルを観察した。ＣＲＯ（最高リスク責任者）のジョン・フレーザーはＣＥＯからはっきりとしたバックアップを得て、毎年何十ものワークショップを実施している。そこではあらゆる役職や機能の社員が、同社の戦略目標に伴う主なリスクを発見しランク付けする。

社員は無記名投票方式で、影響度、発生確率、いまの管理状況の有効性という観点から、それぞれのリスクを1～5点で採点する。ワークショップで順位付けについて議論し、社員には自分のリスク認識について意見を述べ議論する権限が与えられている。グループは最終的に統一見解をまとめ、視覚的なリスクマップに記録し、行動計画を推奨し、主なリスクとそれぞれの「担当者」を指名する。

ハイドロ・ワンは、発見されたリスクに資本配分と予算の意思決定を結び付けることで説明責任を強化している。全社レベルの資本計画プロセスを通じて、主にリスクを効果的かつ効率的に軽減するプロジェクトに何億ドルもの資金が割り当てられる。リスクグループは技術専門家の意見をもとに、現場の技術者の投資計画やリスク評価に異議を唱え、資源配分プロセスを独立の専門家に監視してもらう。

年1回の資本配分会議で、ラインマネジャーは同僚や経営トップの前で自分の提案への反論に答えなければならない。マネジャーたちはリスクに基づく資本計画プロセスで自分のプロジェクトに資金を引き付けるため、担当分野のリスクを隠したり過小評価したりするバイアスを克服する術を学ぶ。

内部専門家

金融業界には、資本市場の変動の力学があり、また世界中に散らばるトレーダーや投資マネジャーの意思決定が潜在的に影響するため、他の業界にはない難題を抱えている。投資銀行のリスク・プロファイルは、一回の取引や市場の大きな動きで劇的に変化することがあるのだ。

そのような企業のリスク管理には、事業のリスクプロファイルを継続的に監視し動かす組織内部の専門家が必要となる。彼らは、ラインマネジャーと協調して業務に当たる。ラインマネジャーの仕事とは、新しいアイデアとイノベーション、そしてリスクを生むものだが、すべてがうまくいくように図れば利益ももたらされる。

ＪＰモルガン・プライベート・バンクは、世界金融危機が始まった２００７年にこのモデルを採用した。ライン組織内に配属されたリスク管理者は、ライン担当役員と、独立したリスク管理統括部門の両方に報告する。

市場に精通するリスク管理者は、ラインマネジャーと直接顔を合わせて、「こうなったらどうなるか」と問い続ける。そしてポートフォリオマネジャーの前提に異議を唱え、異なるシナリオに彼らの目を向けさせることができる。

リスク管理者は、提案された取引が投資ポートフォリオ全体のリスクにどのような影響を与えるかを評価するが、異なるアセットで収益率の相関が高まっている時には、通常の状況だけでなく極端にリスクが高まっている状況下についても、評価することになる。

「ポートフォリオマネジャーが３つの取引を私に提案し、私たちの（リスク）モデルだと、３つとも同じ種類のリスクを高めている場合があります。すると、マネジャーたちは十中八九、『いや、そんなことは望んでいない』と言います。そこで、一緒に取引の設計をやり直します」と、ＪＰモルガンのリスク管理者であるグレゴリー・ジカレフは説明する。

リスク管理者をライン組織内に配置することには危険がある。それは「同化」すること、つまり、その事業部門のリーダーシップチームの側近となって、取引に疑問を呈する人よりも、取引をつくる人になってしまうことだ。これを防止するのは、上級リスク管理者と、最終的には、企業のリスク文化の基調を決めるCEOの責任である。

機能部門が陥りやすい落とし穴を避ける

経営者がリスクについて豊かな議論を促進するシステムを整備していたとしても、認知行動の第2の罠が待ち構えている。戦略的リスクの多く（および外部リスクの一部）は十分に予測可能で、見慣れてもいるので、企業はそれらを、特にビジネスの機能に沿って、ラベリングし区分する傾向にある。

銀行は「信用リスク」「市場リスク」「運用リスク」とラベリングし、それぞれを別のグループで管理することが多い。他の企業は、「ブランドリスク」「レピュテーションリスク」「サプライチェーンリスク」「人事リスク」「ITリスク」「財務リスク」などで区分し管理している。

このように組織を細分化すれば、効果的なリスク管理のための情報も責任も分散する。こうして、異なるリスクの相互作用についての議論ができなくなってしまう。

リスクに関する優れた議論は、対立的であるだけでなく、統合的でもなければならない。小さな出来事が組み合わさり、予期せぬ形で互いに増幅することで、企業は道を外れていく。経営者が戦略計画の策定時に周到に議論すれば、全社的なリスクに対する認識が生まれる。これは、経営状態の良好な企業の多くがすでに取り組んでいる統合的なプロセスである。

たとえば、インドのITサービス企業のインフォシスは、戦略の測定とコミュニケーション用の管理ツールのバランス・スコアカードをもとにリスクの議論を始める。CROのM・D・ランガナスは次のように話す。

「どのリスクに注目すべきかを自問するうちに、自社のスコアカードに明示された事業目標のリスクに徐々に照準が合っていきました」

インフォシスはバランス・スコアカードを作成するに当たり、進捗の度合いを測定するためのカギとなる客観的で厳選された指標として「顧客関係の成長」を作成した。これは、年間の請求額が5000万ドルを超えるグローバルな顧客の数や、大口顧客からの収益の年間増加率といったものである。

経営陣は目標と成果指標を同時に見ているうちに、同社の戦略が「顧客の債務不履行」という新たなリスク要因を生んでいることに気がついた。インフォシスのビジネスが無数の小口顧客に依存していれば、顧客の債務不履行が1件発生しても、同社の戦略を混乱させることはないだろう。しかし、5000万ドルの顧客が債務不履行に陥れば大打撃となる。

インフォシスは、債務不履行が起こる確率を示す先行指標として、各大口顧客のクレジット・デフォルト・スワップ（CDS）比率の監視を始めた。ある顧客の比率が上昇すれば、インフォシスは債権の回収を加速させるか、分割払いを求めて、債務不履行が生じる確率や影響を軽減する。

別の例として、ドイツの自動車メーカーのブラジル法人、フォルクスワーゲン・ド・ブラジル（VW）を見てみよう。VWのリスク管理部門は、同社の戦略マップをリスクに関する対話の出発点として使用している。

リスク管理チームはマップ上のそれぞれの目標ごとに、VWが目標達成を阻害する原因となりそうなリスク事象を特定する。次に、マップ上のリスクごとにリスク事象カードを作成し、その事象が業務に与えうる実質的な影響、発生確率、先行指標、採用可能な緩和策を列挙する。また、そのリスク管理において、まず第1に説明責任を持つ人も指定する（**図表7－2**「リスク事象カード」を参照）。さらに、結果を大まかにまとめたものを上級管理職に提示する（**図表7－3**「リスク報告カード」を参照）。

戦略的リスクを発見し緩和するための体系的なプロセスの導入だけでなく、リスク監視の仕組みも必要である。インフォシスは二重構造を採用している。一つは中央のリスクチームで、一般的な戦略的リスクを特定して一元的な方針を立てる。もう一つは特別機能チームで、現地のビジネスチームと相談しながら、方針や制御策を設計し監視する。

この分権的なチームは権限と専門知識を持ち、事業部門がそのリスクプロファイルに含まれる脅威や変化に対応するのをサポートする。ただし、例外的な事象は中央リスクチームに上げて審査してもらう。たとえば、顧客対応担当の管理職が、信用リスクのパラメーターが高い企業に対し与信期間を長めに取りたい場合、特別機能担当リスク管理者はこの案件を中央チームに送って審査を受けることができる。

これらの例が示すのは、リスク機能の規模と対象範囲は組織の規模では決まらないということである。ハイドロ・ワンは大企業だが、比較的小規模なリスクグループが会社全体のリスク意識を高めて意思疎通を図り、リスクに基づく資源配分について経営幹部に助言を与えている。

対照的に、ＪＰＬやＪＰモルガン・プライベート・バンクのように比較的小規模な企業や部門であっても、複数のプロジェクトレベルの審査委員会や組織専属のリスク管理者のチームを置き、領域ごとの専門知識を用いてビジネス上の意思決定のリスクを評価することが必要になる。

図表**7-2** | **リスク事象カード**

VW・ド・ブラジルはリスク事象カードを使って戦略的リスクを評価している。まず、経営陣は自社の戦略的目標のそれぞれを達成する際に伴うリスクを文書化する。発見したリスクごとにリスクカードを作成し、業務の中でそれらが起きた時の現実的な影響を列挙する。

以下は配送の中断の影響を検討するカードの一例である。配送の中断は、サプライチェーンを円滑に機能させるというVWの戦略的目標の達成を危うくするおそれがある。

戦略的目標
信頼でき競争力のあるサプライヤーとメーカー間のプロセスを確保する。

リスク事象
配送の中断

結果
遅延
緊急輸送
品質の問題
生産量の減少

リスク指標
重要品目リポート
配送遅延
欠陥品の混入
間違った部品の出荷

発生確率／影響

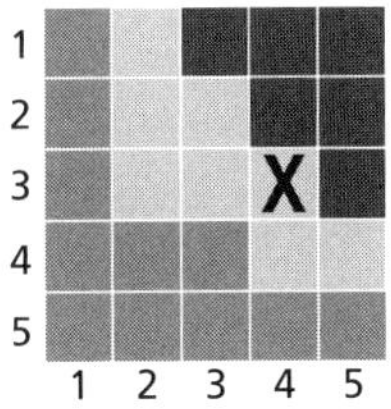

管理統制
物流、調達、品質管理担当とともにサプライチェーン会議を毎日開く。
事態の悪化を検知するためのサプライヤーのツールを監視する。
リスク緩和策：サプライヤーのツールをアップグレードする。
リスク緩和策：重要サプライヤーごとに主なサプライチェーン担当役員を特定する。

管理担当者
製造物流担当取締役のO. マニュエル氏

図表7-3｜リスク報告カード

VW・ド・ブラジルは、戦略的目標ごとに構成したリスク報告カードに戦略的リスクをまとめている（以下に抜粋を示す）。目標ごとに見つかったリスクのうち、重要なもの、注意や軽減策が必要なものがいくつあるかが一目でわかるようになっている。

たとえば、VWは「顧客の期待に応える」という目標の達成に伴うリスクを11個発見した。このうち4個は重要なリスクだが、前四半期の評価と比べて改善していた。また、企業全体のリスク管理の進捗状況も監視できる。

戦略的目標	評価したリスク	重要なリスク	リスク管理の状況（好転か、横ばいか、悪化か）
市場シェアを成長させる。	4	1	↔
顧客の期待に応える。	11	4	↑
企業イメージを改善する。	13	1	↔
ディーラー組織を整備する。	4	2	↔
確実に顧客志向のイノベーション管理を行う。	5	2	↓
効率的な発売管理を行う。	1	0	↔
直接プロセスの効率性を向上させる。	4	1	↔
しっかりとした生産戦略を作成し管理する。	2	1	↓
信頼でき競争力のあるサプライヤーとメーカー間のプロセスを確保する。	9	3	↔
魅力ある革新的な製品ポートフォリオを開発する。	4	2	↓

さらに、インフォシスは大企業で、業務や戦略は広範にわたる。強力で中央集権的なリスク管理機能のほか、現地のビジネス上の意思決定を支援して中央リスクグループとの情報交換を円滑にする、分権的なリスク管理者を必要としている。

コントロール不能なものをどう管理するか

リスクの第3のカテゴリーである外部リスクは、内部リスクや戦略的リスクの管理に使用するアプローチでは軽減も回避もできないのが一般的である。外部リスクには企業のコントロールがほとんど及ばない。企業が重視すべきは、これらを見極め、潜在的な影響を評価し、発生した場合にどうすれば影響を最小限に食い止められるかを検討することである。

外部リスク事象の中には、あまりに切迫しているために、戦略的リスクと同じように管理できるものもある。たとえば、世界金融危機の後に景気が減速するさなか、インフォシスはグローバルな労働力を構築するという目標に関わる新たなリスクの存在に気づいた。大口顧客のいる一部のOECD諸国で、保護主義が急速に高まり、外国人の労働ビザや労働許可に制限が強化されるおそれがあるというリスクだ。

保護主義的な規制は企業のコントロールが及ばないため、技術的には外部リスクだが、インフォシスはそれを戦略的リスクと見なし、これに関するリスク事象カードを作成した。

このカードには新しいリスク指標として、二重国籍を持つ従業員、またはインド国外の労働許可を現在持つ従業員の数と割合が示された。離職によってこの数字が減少した場合、同社のグローバル戦略は危機に陥るおそれがある。したがって、インフォシスはこの外部リスク事象の影響を緩和する採用方針や雇用維持方針を取っている。

ただし、ほとんどの外部リスク事象は異なる分析アプローチを必要とする。なぜなら、発生確率が非常に低いか、あるいは、マネジャーが通常の戦略プロセスの中でこれらのリスクを想定するのが難しいからである。我々が特定した外部リスクの原因は次の通りである。

直接的な被害を及ぼす自然災害や経済破綻

これらのリスクは一般に予測可能だが、いつ起きるかは予測できないのが普通である（カリフォルニアでいつか大地震が起こるが、正確な時間と場所はわからない）。比較的弱い前兆しか現れないこともある。

例としては、欧州上空の航路が1週間閉鎖されるに至った2010年のアイスランドの火山噴火などの自然災害や、大きな資産価値バブルの崩壊などの経済破綻が挙げられる。2011年の東日本大震災の地震と津波による混乱で目にしたように、このようなリスクが発生すると、巨大かつ直接的な影響が及ぶのが一般的である。

長期的影響を及ぼす地政学的・環境的変化

これには、大幅な政策変更、クーデター、革命、戦争などの政治変動、地球温暖化などの長期的な環境変化、淡水などの貴重な天然資源の枯渇が含まれる。

中期的影響を及ぼす競争リスク

これには、破壊的技術の登場（インターネット、スマートフォン、バーコードなど）、業界プレーヤーの大胆な戦略的動向（アマゾン・ドットコムの書籍小売りへの参入、アップルの携帯電話と家電業界への参入）が挙げられる。企業は、外部リスクの原因ごとに異なる分析アプローチを使用している。

テールリスク・ストレステスト

ストレステストは、大きな直接的影響を与える1つないしは2つの特定の変数について主要な変化を評価するのに役立つが、その変化がいつ起きるのかは正確には予測できない。

たとえば、金融業ではストレステストを用いて、原油価格が3倍になったり、為替や金利が大幅に変動したり、大規模機関や主権国が債務不履行になったりした場合に、取引のポジションや投資にどのような影響を与えるかを評価している。

しかし、ストレステストが役に立つかどうかは、問題の変数がどれだけ変化するかという仮定に決定的に依存し、しかもその仮定そのものにバイアスがかかっている可能性がある。

一例を挙げると、2007～8年に多くの銀行が実施したテールリスク・ストレステストでは、米国の住宅価格が横ばいとなり、数期にわたって変化しないというシナリオが、最悪のケースとして仮定されていた。価格が下落を始めたらどうなるかをテストしようと考える企業は、極めて少なかった。容易に手に入る最近のデータを根拠に推定しがちだという好例である。

ほとんどの企業は、数十年間、大きく下落することのなかった米国の最近の住宅価格から推定して、あまりにも楽観的な市場評価を行っていた。

シナリオプランニング

このツールは、一般には5～10年間の長期的分析に適している。もともと1960年代に石油メジャーのシェルが開発したもので、体系的なプロセスにより、将来の世界情勢について妥当な範囲を設定する。

この分析では、政治、経済、技術、社会、規制、環境に関する要因や、企業に最も大きな影響を与えるいくつか（通常は4つ）の推進要因《ドライバー》を選び出す。なかには、社内の諮問機関における専門知識を積極的に活用して、シナリオ内で考慮すべき、企業や業界がふだん注目していない重要なトレンドを把握しようとしている企業もある。

選び出した推進要因ごとに、5～10年間で予想される最大値と最小値を推定する。4つの要因それぞれの極限値を組み合わせると16通りのシナリオができ上がる。約半数は非現実的として排除されることが多く、残りのシナリオで自社の戦略がどう推移するかを評価する。

自社の戦略が総じて楽観論に振れていると経営陣が判断した場合、悲観的なシナリオに対応するよう戦略を修正するか、あるいは、自社の戦略に不利な事象の発生確率が高まっていることが先行指標でわかった場合に、戦略をどのように変更するかの計画を策定することができる。

ウォーゲーム

ウォーゲームは、破壊的技術や競合他社の戦略変更に対する自社の脆弱性を評価する。

ウォーゲームでは、現在や将来の競合他社が今後1〜2年間に採用するかもしれない現実的な短期戦略や行動を考えるという課題を3〜4つのチームに与える。これはシナリオプランニングの対象期間より短い。

これらのチームは、賢い競合他社なら自社の戦略にどう攻撃を仕掛けるかを話し合って検討する。このプロセスは、自社の戦略を阻止するために競合他社が取りうる行動の可能性を含めて、現在の自分の思い込みに反する証拠を無視するというリーダーのバイアスを克服するのに役立つ。

企業は、テールリスク・ストレステスト、シナリオプランニング、ウォーゲームといった方法で特定されるリスク事象の発生確率を左右することはできない。しかし経営者は、その影響を緩和するために具体的な行動を取ることができる。

回避不能な事象にはモラルハザードが発生しないため、リスクの中には保険やヘッジを使用して軽減できるものもある。たとえば航空会社は、金融デリバティブを使用して燃料価格の急騰から身を守っている。

もう一つの選択肢は、いますぐ投資することで、将来それよりもはるかに高いコストがかかるのを避けることである。たとえば、地震の多い地域に設備を持つメーカーは、重要設備を大地震から守るために建設費用を増額することも可能だろう。

異なるが同等のリスクに直面する組織が協力して、リスク軽減を図ることもできる。

たとえば、ノースカロライナ州のある大学のITデータセンターはハリケーンのリスクに弱い。それに対して、カリフォルニア州のサンアンドレアス断層上にある大学のITデータセンターは地震に弱い。両方の災害が同じ日に起きる確率は十分に小さいので、2つの大学は互いのシステムを毎晩バックアップし、それぞれのリスクを減らそうとするかもしれない。

リーダーの課題

リスク管理は、戦略管理とは大きく異なる。リスク管理では否定的なことに注目する。機会や成功よりも、脅威と失敗を見る。それは、戦略を実施する際に、ほとんどのリーダーシップチームが強化しようとする「やればできる」という文化とは真っ向から反している。

多くのリーダーには、将来を軽視する傾向がある。将来いつか、他の人の指揮下で起きるかもしれない不確実な将来の問題を避けるために、時間と金銭をいますぐ費やす気がしないのだ。

しかも、リスク軽減には資源の分散と投資の多様化を伴うのが一般的で、戦略を成功させるために集中強化していくやり方とは正反対である。経営者は、自分が策定を後押しした戦略のリスクを発見するプロセスを支援することが、自社の文化と正反対であることに気づくだろう。

このような理由から、ほとんどの企業では、戦略的リスクと外部リスクの管理を扱う機能が別に必要となる。その規模は企業によって異なるが、リスク管理グループは経営トップの直属としなければならない。さらに言えば、上級幹部と密な関係を育むことが最も決定的な仕事となることは間違いない。企業が嵐を乗り越えられるかどうかは、太陽が照り付け地平線上に雲一つない時に、経営幹部がリスク管理機能をどれだけ真剣にとらえるかに大きく左右される。

これが、金融危機で破綻した銀行と生き残った銀行の違いである。破綻した銀行はリスク管理をコンプライアンス部門に任せ切りにし、リスク管理者が上級幹部や取締役会に報告を上げる機会も限られていた。さらに、高レバレッジで集中度の高いポジションについてリスク管理者が警告を発しても、経営幹部は無視するのが常だった。

これに対し、金融危機をうまく切り抜けたゴールドマン・サックス・グループとＪＰモルガン・チェース・アンド・カンパニーの2社は、自社の複数のリスクエクスポージャー[注]を理解し管理する強力なリスク管理機能とリーダーシップチームを社内に持っていた。ＪＰモルガン・チェースのＣＲＯバリー・ズブローは次のように語る。「この肩書きをつけているのは私ですが、組織のＣＲＯは（ＣＥＯの）ジェミー・ダイモンです」

＊　＊　＊

リスク管理は直感的なものではなく、多くの個人バイアスや組織バイアスに反している。規則やコンプライアンスで緩和できるのは決定的なリスクの一部であって、すべてではない。積極的かつコスト効率的にリスクを管理するためには、経営者は直面する複数のリスクのカテゴリーを体系的に考え、それぞれに適切なプロセスを導入できるようにしなくてはならない。

これらのプロセスは、実際にどうなっているか、将来どうなりそうかではなく、どうなってほしいかで世の中を見てしまう、経営者のバイアスを中和するだろう。

内部リスクの発見と管理

企業は従業員が出会うすべての状況や利益相反を予期できるわけではない。そのため、内部リスク事象に対する防御の最前線は、企業の目標と価値を明確にするガイドラインを提供することである。

ミッション

よく練られたミッションステートメントは組織の基本目標を明示し、すべての従業員が目指すべき「北極星」として役立つ。

たとえば、ジョンソン・エンド・ジョンソンの名高い「我が信条」の冒頭の一文は「我々の第1の責任は、我々の製品およびサービスを使用してくれる医師、看護師、患者、そして母親、父親をはじめとするすべての顧客に対するものであると確信する」となっており、いかなる状況でも誰の利益を優先すべきかを全従業員に明らかにしている。ミッションステートメントはすべての従業員に知らしめ、理解させるべきだ。

価値観

企業は、顧客、取引先、同僚、地域社会、株主など、主なステークホルダーに対する従業員の行動指針となる価値観を明らかにすべきである。明確なバリューステートメントは、従業員が企業の基準に違反し、企業の評判と資産をリスクにさらすのを避けるうえで役立つ。

境界線

強力な企業文化は、許されないことを明確にする。行動を統制する効果的な方法の一つは、境界線を明示的に規定することだ。

十戒のうちの9つ、そして米国合衆国憲法の修正第1~10条（一般に権利章典と呼ばれる）のうち9つが否定文で書かれていることを考えてみてほしい。企業には、利益相反、独占禁止の問題、企業秘密と機密情報、贈収賄、差別、ハラスメントに関する行動を規定する全社的なビジネス行動規範が必要である。

もちろん、ミッションや価値観や境界線を明示する文章をつくったからといって、よい行いが確保されるわけではない。組織で生きる中、日々受けるプレッシャーに対抗するために、経営トップ層はみずからが模範となり、身をもって自分の言ったことを示さなければならない。

企業は、不正行為だけでなくその誘惑をも減らすために、職務分離や積極的な内部告発プログラムなどの強力な内部統制体制を整備しなければならない。さらに、内部統制や標準業務プロセスを従業員が遵守しているかどうかを継続的にチェックする、独立した有能な内部監査部門があれば、従業員が企業の手順や方針に違反するのを防止し、違反行為が発生した場合にはそれを発見することができるだろう。

内部リスクの管理に関するロバート・サイモンズの論文、Robert Simons, "How Risky Is Your Company?" HBR, May 1999.（邦訳「企業に潜む『リスク』を測る」DHBR2000年3月号）、および著書*Levers of Control*, Harvard Business School Press, 1995.（邦訳『ハーバード流「21世紀経営」4つのコントロール・レバー』産能大学出版部、1998年）も参照。

【注】

金融資産のうち、市場の価格変動リスクにさらしている資産の度合い。

第8章

人材は潜在能力で見極める

エゴンゼンダー・インターナショナル シニアアドバイザー
クラウディオ・フェルナンデス＝アラオス

"21st Century Talent Spotting"
Harvard Business Review, June 2014.
邦訳「人材は潜在能力で見極める」
『DIAMONDハーバード・ビジネス・レビュー』2015年5月号

クラウディオ・フェルナンデス＝アラオス
（Claudio Fernández-Aráoz）
国際的なエグゼクティブサーチ企業、エゴンゼンダー・インターナショナルのシニアアドバイザー。著書に *Great People Decisions: Why They Matter So Much, Why They Are So Hard, and How You Can Master Them*, Willey, 2007.（邦訳『人選力―最強の経営陣をつくる』日本経済新聞出版社、2009年）や、本稿をもとにした *It's Not the How or the What the Who*, Harvard Business Review Press, 2014.（未訳）などがある。

エグゼクティブサーチの成功例と失敗例

数年前、同族経営の家電販売会社のために新しいCEOを見つけるよう頼まれたことがある。その会社は経営をプロフェッショナルに任せて事業を拡大しようと考えたのだ。私は退任することになるCEO、そして取締役会とも密接に協力し、同社のCEO職に求められるコンピテンシーを細部まで明らかにして、それから候補者選びを始めた。

最終的に選ばれた男性はすべての条件を満たしていた。プロフェッショナルを育てる一流の学校を出て、業界トップクラスの数社で働いた後、世界的に最も称賛される企業の一社で某国担当マネジャーとして成功を収めていた。それ以上に大きかった点は、我々が新CEOに必要だと考えたコンピテンシーのすべてにおいて、彼が要求基準を上回っていた点だ。

ところが、こうしたことすべてが役に立たなかった。素晴らしい経歴を持ち、適性も申し分なかったにもかかわらず、新CEO氏は当時市場で起きていた技術面、競争面、規制面での巨大な変化に適応できなかった。さえない業績が3年続いた後、彼は会社を去るよう言われた。

これと対照的なのが、筆者がエグゼクティブサーチの仕事を始めたばかりの頃のエピソードだ。筆者の任務は、中南米南部のビール市場で当時圧倒的だったキンサが所有する小さなビール醸造所のプロジェクトマネジャーを探し出すことだった。その頃の筆者は「コンピテンシー」などという言葉を聞いたことは一度もなく、職場の出張所はできたばかりでリサーチチームの支援もなかった(インターネットも普及前だった)。しかも当時は、中南米南部でまともなビール醸造事業を営んでいるのはキンサだけだったので、同じ業界や関連業務できちんとした経験を積んだ人材プールも存在しなかった。

最終的に筆者が接触した候補者は、1981年にスタンフォード大学で学んでいた頃に知り合ったペドロ・アルゴルタだった。彼はかの有名な1972年のアンデス山脈の飛行機墜落事故(ノンフィクションが何冊か出版され、映画『生きてこそ』〈原題 *Alive*〉にもなった)の生存者であり、魅力的な候補者であることは間違いなかった。

とはいえ、消費財業界での経験が皆無のうえに醸造所のあるコリエンテス地方にも不案内、さらにはプロジェクトマネジャー職のカギとなるマーケティングや販売での業務経験もなかった。それにもかかわらず、筆者には彼が成功するだろうという勘が働いた。キンサも彼の雇用に合意し、その決断は賢明であったと後に証明される。アルゴルタはあっという間にコリエンテス醸造所の所長に抜擢され、その後にキンサの中核であるキルメス醸造所のCEOになった。さらに彼は、同族経営だったキンサを大規模かつ評価の高いコングロマリットへと変貌させる経営チームの中核メンバーにもなった。このチームは、当時の中南米で最も素晴らしい経営チームの一つと見なされたのである。

あれほど適任に見えた家電販売会社のCEOが悲惨な失敗に終わったのはなぜか。そして、明らかに不適格だったアルゴルタがこれほど見事な成功を収めたのはなぜか――。その答えは〝潜在能力〟にある。すなわち、日ごとに複雑さを増す職務内容と事業環境にしっかりと適応し、自分を成長させる能力のことだ。アルゴルタにはその潜在能力があり、冒頭のCEOにはなかったのである。

筆者は30年にわたって役職者を評価・観察し、彼らの成果を左右する要因を研究してきた。その結果、いまでは潜在能力こそがその人材の成否を予測するうえで最も頼れる判断材料だと考えている。これはヒラの取締役から最高クラスの幹部、取締役に至るまであらゆるレベルに当てはまる。筆者は潜在能力を持つ人々を見つける方法、そして企業がそのような人材を育成・採用するのに役に立つ方法も編み出した。本論ではそれらの方法を公開する。

事業環境の不安定さと複雑さが増し、トップレベルのプロフェッショナルな人材をめぐる世界的な争奪戦が激しくなるにつれ、筆者は次のように確信するようになった。組織およびそのリーダーは、筆者の言う「人材発掘の新時代」に移行しなければならない——。それはお互いを評価する際に筋力や頭脳、経歴や手腕に基づくのではなく、潜在能力で判断するやり方である。

人材発掘「第4の時代」へ

人材発掘の「最初の時代」は1000年続いた。1000年の間、人間は肉体的特徴に基づいて選別された。ピラミッドを築き、運河を掘り、戦争し、穀物を収穫する——。いずれの場合も可能な限り元気で健康で力持ちの人々を選んだ。これらの特徴は簡単にわかる。そして、そのような評価基準がもはや適切でなくなってきているにもかかわらず、いまでも我々は無意識のうちにこれらの特徴を求めてしまう。フォーチュン500企業のCEOの平均身長は、米国人全体よりも6・35センチメートル高い。

軍隊の指揮官や各国元首の統計を見ても同じ傾向がある。

筆者が生まれ育ったのは人材発掘の「第2の時代」であった。人を選ぶのに知性と経験、そして過去の実績を重視する時代である。20世紀の大半の時代、言語・分析・計算・理論の各面で頭の回転の速さを測るIQ（知能指数）が当然ながら採用プロセス（とりわけホワイトカラー）で重視された。IQが不明の場合は学歴と筆記試験の成績が代用された。また多くの仕事は標準化され専門化された。多くの職種において、採用候補者がその仕事をこなせるかどうか、高い信頼度ではっきりと測れるようになった。さらに大半の職種は会社や業界が違ってもだいたい似たようなものだし、仕事内容が毎年大きく変わるわけでもないため、過去の実績によってその人の今後の成果も十分に予測できると考えられた。もし優れたエンジニアや会計士、弁護士、デザイナー、CEOを雇いたければ、最も能力が高く経験を積んだ人を探し出し、面接して採用することができるようになった。

筆者がエグゼクティブサーチの仕事をするようになった1980年代は、人材発掘の「第3の時代」の始まりだった。その推進力となったのは、いまでもはびこる「コンピテンシー」主義である。米国の心理学者、デイビッド・マクレランドは1973年の論文"Testing for Competence Rather than for 'Intelligence'"（『「知性」よりもコンピテンシーを見る』）において、労働者、とりわけマネジャーは、その仕事に求められる役割でどれだけ優れた成果を発揮できるか予測するための、具体的な特性とスキルによって評価されるべきだと提唱した。

こうした考え方は時代に合っていた。というのも、技術革新および業界の垣根の消滅によって仕事内容の複雑さが増し、人材発掘において前職での経験と実績はそれほど当てにならなくなっていたからだ。

そこで筆者らは仕事をコンピテンシーの各要素に分解し、適切な要素の組み合わせを持つ候補者を求めるようになった。またリーダー職に関しては、ＩＱよりＥＱ（感情的知性）のほうが大事だとする研究結果も重視するようになり始めた。

そして現在、人材発掘の「第4の時代」が幕を開けようとしている。この時代は「潜在能力」に着眼点を移さなければならない。激しく変動し、不確実で、複雑で、不明瞭な（各形容詞の頭字語ＶＵＣＡ——Volatile, Uncertain, Complex, and Ambiguous——は軍事用語から転じてビジネス界の流行語となった）いまの環境において、コンピテンシーに頼った人材評価と人材登用は次第に不適切になりつつある。

ある人が今日は見事に特定の職務をこなせたとしても、その人に成功をもたらした要因は、明日になって競争環境が変わったり、会社の戦略が変更されたり、本人が管理または協力する社内のグループが変わったりしたら、もはや通用しなくなるかもしれない。したがって問題となるのは、従業員やリーダー職が適切なスキルを持つかどうかではない。新しいスキルを学ぶ潜在能力があるかどうか、である。

トップ人材の争奪戦を激化させる3つの圧力

残念ながら、人の潜在能力を見極めるのはコンピテンシーよりはるかに難しい（とはいえ不可能ではない。詳細は後述する）。そのうえ、採用市場は遠からず歴史上最も厳しくなるであろう。「厳しい」というのは採用される側ではなく、採用する側にとってである。近年の米国および欧州の高い失業率をめぐる雑音によって重要なシグナルがかき消されてしまっているが、グローバル化、人口動態、人材育成システムという「3つの圧力」によって、この先幹部クラスの人材はかつてないほど稀少になるであろう。

2006年当時、筆者はいまのハーバード・ビジネス・スクール学長ニティン・ノーリアやエゴンゼンダーの同僚らとともにこの問題に関する共同研究を行った。詳細なデータを集め、47社のCEOにインタビューした。この47社は合計で時価総額2兆ドル、売上高は1兆ドル超、従業員数は300万人超で、主要な産業と地域を網羅し、揺るぎない評判としっかりした人材慣行のある成功企業ばかりであった。それにもかかわらず、全社が深刻な人材難に直面しかかっていることが判明した。それから8年を経た現在、状況は悪化していないまでもまったく改善していない。

以下では、順番に「3つの圧力」を詳細に見ていこう。

まず**グローバル化**によって企業は母国以外の市場へ進出せざるをえなくなり、そのために役立つ人材の争奪戦に巻き込まれる。筆者らが2006年に研究対象とした主要なグローバル企業は、2012年までに総売上げに占める発展途上地域の比率が88％増加すると見込んでいた。実際にその通りのことが起き、さらにIMFやその他の団体の現在の予測によると、いまから2016年までの世界の成長は、そのおよそ70％が新興国市場によってもたらされるとしている。同時に世界中の発展途上国において、現地企業の間でも顧客のみならず人材の争奪戦が起きている。

たとえば中国を見てみよう。国外市場の成長のおかげもあり、フォーチュン・グローバル500に占める中国企業は2003年のわずか8社からいまや88社になった。中国有数のテレコム企業、華為技術《ファーウェイ》には7万人を超える従業員がおり、そのうち45％はドイツ、スウェーデン、米国、フランス、イタリア、ロシア、インドを含む世界各地のR＆Dセンターで働いている。インド市場やブラジル市場を本拠地とする企業でも同様の例は見つかるだろう。

次に、**人口動態**が人材供給源に与える影響もまた明白である。伸び盛りの上級管理職として最適なのは35歳から44歳までの年齢層だが、この層が占める比率は劇的に縮小中だ。2006年の研究で筆者らが行った試算によれば、若いリーダー層はこの先30％減ると予測され、その一方で事業の成長が見込まれるため、この非常に大事な年齢層の上級管理職を選ぶための人材プールは規模が半分に減るだろうと結論した。

10年前、人口動態の変化に影響を受けていたのは主に米国と欧州だったが、2020年までにはロシア、カナダ、韓国、中国を含む他の多くの国において、労働市場への新規参入者数よりも退職者数のほうが多くなる。

3番目の圧力も大いに関連性があり、影響力も同等なのだが、あまり知られていない。企業は将来のリーダーを生み出す**人材育成システム**をきちんと構築していないのだ。プライスウォーターハウスクーパースが68カ国のCEOを対象に行った2014年のアンケート調査によれば、回答者の63％が将来あらゆる階層で基幹スキルが不足することを懸念している。ボストン コンサルティング グループの独自調査によれば、企業幹部の56％は近い将来社内のシニアマネジャー職を担う人材が大幅に足りなくなると見ている。

ハーバード・ビジネス・スクール教授のボリス・グロイスバーグが、2013年に企業幹部向けセミナーの参加者を対象に行った調査でも、似たような結果が出ている。自社の人材や組織について5段階評価（5が最高）で採点してもらったところ、現CEOへの評価は平均で4、現経営陣への評価は3・8だったのに対し、次世代リーダー育成システムに対する評価は3・2と低かった。この調査では他の質問からも同様の問題点が浮かび上がった。人事管理部門への評価はすべて3・3以下で、ジョブローテーションといった従業員育成に不可欠の施策については2・6という低スコアもあった。換言すれば、「有望なリーダーを見つけて育てる」という仕事を自社できちんとできていると考える企業幹部は、ほとんどいなかったのである。

筆者の仕事仲間が最近実施した企業幹部対象のパネルインタビューでも、これらの見解は誰もが抱いているものだということが裏づけられた。参加した823人のリーダーのうち、自社の育成システムが成果を生むだろうと考えている人はわずか22％、最高の人材に自社が魅力的だと思わせるのは簡単だと答えた人はわずか19％だった。

筆者の知る限り、多くの企業、とりわけ先進国市場に基盤を置く企業において、上級幹部の半数は今後2年のうちに定年退職の対象となる。そして、そのような幹部の半数には、後を引き継ぐ意思または能力のある後継者がいない。グロイスバーグいわく「企業はいまは痛みを感じていないかもしれない。だが今後5年から10年の間に社員が退職や転職した後、次世代のリーダーはどこから現れると思っているのだろうか」。

グローバル化、人口動態、人材育成システムの3つの問題は、仮に個別に起きていたとしても、それそれが今後10年間で未曾有の人材需要を生み出す要因となったことだろう。グローバル化はかつてないほど急速に進んだ。年配層と若年層の不均衡がここまで劇的だったことはない。有望な後継者の育成システムに対する評価も、かつてないほど厳しい。そしてアンケート調査をすると、人材育成の施策に対する評価は、筆者がいままで見てきた中で最も低いのである。

これらの要因をすべて加え合わせると、人材獲得競争は、大半の組織にとっておそらく克服不可能な巨大な問題として立ちはだかることになるだろう。しかし、潜在能力を持つ人材の発掘方法を学び、そのような人材を巧みに引き留め、最高の人材がさらに能力を高められるような人材育成プログラムを開発する企業にとって、この状況は厳しいどころか並外れたチャンスをもたらすことになる。

採用プロセスを改善する

最初の一歩は、自社にふさわしい人を採用することだ。企業価値の創造者として近年最も印象的な人物の一人、アマゾン・ドットコムCEOのジェフ・ベゾスは、この点について1998年に次のように述べている。「採用のハードルを高く設置してきたことは、いままでもこの先も（当社の）成功を生んだ圧倒的に最大の要因です」

では、採用候補者を評価する際（そしていまの社員を再評価する際）に、どのようにして潜在能力を測ればいいのだろうか。

実は多くの企業には、昔ながらの「高い潜在能力者」向けプログラムがあり、しっかりと根付いている。将来有望なマネジャーをこうしたプログラムに参加させ、駆け足で育成・出世させてきた。しかし、こうしたプログラムの大半は〝成績優秀者〟だけを対象とするのが実態だ。参加者は皆、過去に見事な実績を上げてきた人ばかりで、したがってこの先も優れた仕事をする見込みが最も高いと想定される人々である。だが、VUCAという条件を考慮すると、この想定はもはや当てにならない。筆者が教えている企業幹部向けプログラムの参加者に聞くと、「会社で潜在能力を評価する際には、経験的に正しさが証明されている手法を使わない」と報告する人が常に80％程度に上る。

たしかにこの種の能力を評価するのは、IQやいままでの実績を測るよりもはるかに難しい。それどころか、多様なコンピテンシー要素の計測と比べてさえはるかに難しいと認めよう。それでも計測は可能である。しかも予測精度は85％程度になる。この数字は過去20年以上にわたり開発・改良され続けてきたモデルを使ってエゴンゼンダーが評価した数千人の幹部社員のキャリアデータに基づいている。

筆者らが最初に見る潜在能力の指標は、しっかりとした**モチベーション**だ。(利己的でない)目標追求に向けてずば抜けた成果を上げてみせる、という堅い決意である。高い潜在能力を持つ人は大きな野心を抱き、自分の足跡を残したいと願っているが、同時にみんなで協力して大きな目標を達成したいという夢を抱き、自分個人が目立たぬようとても謙虚であり、やることすべてに向上心を持って努力する。筆者らがまずモチベーションに注目する理由は、その不変性にある。加えて、通常は本人が意識していない性質でもある。完全に利己的な動機だけで動く人は、おそらくずっと変わらないだろう。

次に筆者らが見るのは以下の4つの性質だ。筆者らの調査研究によれば、これらは間違いなく潜在能力を保証するといえる。

好奇心：新しい経験や知識を追い求め、率直な批判を聞きたがる。何かを学び、自分を変えることに積極的。

洞察力：情報を集めて意味を読み取り、新たな可能性を見つける能力。

愛着心：感情と理論を駆使して説得力のあるビジョンを伝え、人々と関係を築くコツを知っている。

意志力：困難にもめげず高い目標を達成するために戦い、逆境を跳ね返す気力。

いまにして思えば、ペドロ・アルゴルタがキンサで成功した理由は、上記の性質をすべて持っていたからだとわかる。特定のスキルとコンピテンシーの組み合わせを持っていたからではないのだ。彼のこうした性質はアンデス山脈での痛ましい試練の時に際立った。

まず、決定的に重要ながら目立たない役目を果たすことでモチベーションを示した。彼は、最終的に墜落地点から離れて救助を呼びに行くことになる探検チームの命を支えたのだ。雪を溶かして彼らに飲ませ、亡くなった犠牲者の肉体を小さく切って乾燥させ、食べ物として提供した。

次に、絶望に打ち負かされるどころか墜落現場の周辺環境に好奇心を刺激され、氷から湧き出る小川に興味を抱いた。その小川は東に向かって流れていた。このことから彼は、死にかけているパイロットが飛行機の位置を間違って報告したのだという洞察を得た。自分たちは山脈のチリ側ではなくアルゼンチン側にいるのだと、彼だけが見抜いたのだ。

そしてこの72日間で、アルゴルタの愛着心と意志力もはっきり示された。死にゆく若い友人のアルトゥーロ・ノゲイラを手厚く看護し、足に負ったいくつもの骨折がもたらす痛みから彼の気を逸らそうと努めた。他の生存者に対しても希望を失わないよう励まし、もし死んだら彼らの体を食糧にすることを皆に許すのは「愛の行為」であるとして、全員にそれを認めさせた。

キンサ（のグループ企業）でのCEO職はアンデス山脈での経験と似た部分はなかったものの、変わらぬアルゴルタの性質が仕事でも役立った。彼のモチベーションの純粋さをおそらく最もよく示すエピソードは、キンサに来て10年目の出来事だろう。戦略的にもっともな理由により、彼は自分が率いていたアグリビジネス・プロジェクトから会社は撤退すべきだと主張した。すなわち自分を失職させる提案をしたのである。

また好奇心旺盛な経営幹部として、いつもわざわざ寄り道してはあらゆる階層の個人顧客や企業顧客、従業員と面談し、普通なら幹部にまで届かない人々の声に耳を傾けた。こうして採用・支援したいくつかの画期的なマーケティング構想のおかげでキルメスの売上げは8倍に伸び、収益性も過去最高になった。

さらに彼は、採用および戦略の意思決定で優れた洞察力を発揮した。後にキルメスとネスレの両方のCEOとなる人物を採用したのはその最たる例だ。また、大胆にも中核ではない事業をすべて売り払い、その資金で地元のビール醸造事業を拡充することができた。

そして愛着心によって、キルメスの非効率で堕落したとさえいえる企業文化を刷新した。彼は公開の会議には必ず上司と部下が連れ立って参加するようこだわったが、これが先例となって後にキンサ・グループ全社にこの動きが広がった。

最後に、キンサでアルゴルタの示した意志力は驚くべきものであった。彼はそもそも醸造所の新設プロジェクトを率いるために雇われたのだが、採用直後にそのプロジェクトは資金を使い果たしてしまった。しかし彼は辞職を考えるどころか金策に奔走した。さらに数カ月後には通貨切り下げとハイパーインフレにより、アルゼンチン全体が激震に見舞われるが、それでも彼は一歩も引かなかった。その15カ月後に新醸造所は稼働を始めた――。

では、会ったばかりの採用候補者、または既存の従業員が潜在能力を持つかどうか、どのように見分ければよいのだろうか。それには、筆者がアルゴルタに対して行ったように、公私にわたる経歴をよく調べることだ。本人と突っ込んだ話し合いやキャリア論議を交わし、さらに徹底的なリファレンスチェック（候補者の以前の上司や同僚へ人柄や仕事ぶりなどを確認する作業）を通して、その人物が上記のような性質を持つのか持たないのかを示す逸話を探し出す。たとえば「好奇心」の程度を知るのに「あなたは好奇心旺盛ですか」と尋ねてもダメだ。自分を向上させることができると信じているか、学ぶことを心から楽しめるか、失敗の後で軌道修正できるか――こうした兆候を探すのだ。相手に次のような質問をするといい。

- 他人に反論された時、どのように反応しますか。
- 自分のチームを他人がどう評価しているか聞かせてもらうにはどうすればいいでしょう。
- 考え方や経験、個人としての成長の可能性を広げるために何をしますか。

●組織内に学びの文化を育てるにはどうすればいいでしょう。
●「いまは未知だが知らねばならないこと」を見つけ出すために、どのような手順を踏みますか。

必ず具体的なエピソードを尋ねるようにして、好奇心の程度を探る場合と同じように、綿密に相手のモチベーション、洞察力、愛着心、意志力を読み取ろう。リファレンスチェックのため採用候補者をよく知る上司や同僚、部下から話を聞く時も、同じように細かい点まで聞き出すべきだ。

あなたがリーダーなら、こうしたインタビューのコツを組織全体に知らしめる必要がある。研究によれば、優れた面接者による採用候補者の評価は入社後の仕事ぶりと高い精度で一致するのに対し、一部の面接者の意見はコイントスよりも精度が低い。それにもかかわらず、ビジネススクールや雇用主から正しい評価テクニックを教えられたマネジャーはほとんどいない。役職者向け人材管理プログラムの参加者に筆者が調査したところ、評価方法について会社から十分な研修を受けたと考える人は30％しかいなかった。どうやら大半の組織は、デキの悪い採用候補者を支持してデキる候補者を根こそぎ追い払う権限を与えられた人々で満ちているらしい。

対照的に、雇用プロセスを重視する企業は成功確率を大いに高めることになる。たとえばアマゾンは、社内に熱心なリクルーターが何百人もおり、人材評価の充実した訓練プログラムがあり、しかも多数の公認〝バー・レイザー〟（ハードルを上げる人）さえいる。これは、社内に本職がありながらも人材評価のスキルを買われ、自分とは無関係の部門の採用面接にも同席する権利を与えられた社員のことだ。自分一人の反対で採用候補者を落とす「拒否権」も与えられている。

ブラジルの鉱業グループ、通称「ヴァーレ」で知られるコンパニア・ヴァーレ・ド・リオドセも、ロジャー・アグネリがCEOを務めた2001年から2011年の間、エゴンゼンダーの協力を得て、アマゾンと同様のしっかりした人材評価手法を導入した。

アグネリの在籍中、上級管理職を選ぶ際は一つの例外もなく、社内外のすべての候補者について第三者の専門家による客観的評価を経たうえで決定した。担当マネジャーは仮に候補者がその分野や部門での実務経験がなかったとしても、本人のモチベーション、好奇心、洞察力、愛着心、意志力の可能性を高く評価するよう奨励された。「我々の長期的戦略と過酷な目標に情熱を感じて本気で取り組もうとする人でなければ、けっして採用されることはなかったでしょう」とアグネリは振り返る。

この方法で採用または昇進となった上級管理職は、世界中でざっと250人に上る。そしてこの方法はきちんと成果をもたらした。ヴァーレは、ブラジルおよび南米地域の同業他社を業績面で大きく引き離し、鉱業界のグローバルプレーヤーとなったのである。

デキる社員の転職を防ぐ4つの〝T〟

真に潜在能力を持った人材を採用したり社内で見つけたりしたら、次は引き留めに全力を注ぐ必要がある。何しろ逼迫した採用市場で同じ人材難に苦しむ競合は、喜んで彼らを誘惑するはずだ。アグネリがヴァーレの仕事で最も誇りとするのは、自分の采配が生んだ巨大な収益や利益、株価上昇ではなく、社内で昇進するリーダーの質が向上した点だという。「(私がCEOになって)5〜6年のうちに、社内の最高レベルの役職は皆、生え抜き社員が占めるようになりました」。さらにアグネリは、優れたチームを生み出し、社内に引き留める能力こそが、あらゆる組織とその指導者にとって成功の〝カギ〟になると言う。

まさにその通りで、2011年にヴァーレの株式の61%を握るブラジル政府がその影響力を駆使してアグネリを早期の辞職に追い込むと、それから1年以内に執行役メンバー8人のうち7人が自発的に辞職する結果となり、ほどなく同社の時価総額はほぼ半減した。ブラジル経済とコモディティへの過剰な期待が醒めてきたことも、たしかに一因だろう。だが、ヴァーレの最大の競合相手であるリオ・ティントとBHPビリトン(の時価総額)が、同じ期間にはるかに少ない落ち込みで済んだことを考慮すると、やはりヴァーレが傑出した経営チームを失った点に投資家が反応したと見られる。

アグネリの率いたヴァーレを見習い、その後の同社のような凋落を避けるにはどうすればいいのか――。それには、高い潜在能力を持つ社員が会社に何を一番求めているかを考えればよい。ダニエル・H・ピンクが『モチベーション3・0』(注)で説明したように、大半の人(特に知識労働者)は3つの基本的要素によって活力を得る。自分の人生を自由に決める「自律性」、何かに熟達したいという欲求、すなわち「マスタリー」、そして自分を超える何かに役立つ仕事をしたいという「目的」である。

たしかに給料も大事だ。すべての社員、とりわけ期待される成長株なら、自分の貢献や努力が報酬に反映されることを望み、似たような仕事をしている人と同水準であるのが当然と考える。とはいえ筆者の経験によれば、不当に安い給料がモチベーションを下げるのは間違いないものの、給料が一定レベルを超えると、その重要性は多くの人が思うよりはるかに小さくなる。弊社を通して採用され、新しい職場で実績を上げながらも3年以内に再び転職した人々を筆者がよく調べた結果、その85%はより高い職位に引き抜かれており、潜在能力を持つ有能な人材であったことが証明された。だが、転職の一番の理由として給料アップを挙げたのは、彼らのうちわずか4%しかいなかった。転職理由として給料より多かったのは、上司への不満、会社の支援不足、成長機会の喪失であった。

したがって、自社のスター社員にはそれなりの給料、できれば平均より多く払うことを勧める。しかしそれだけでなく、4つの〝T〟について自治権を与えよう。その4つとは、「タスク」(何をするか)、「タイム」(いつするか)、「チーム」(誰と一緒にするか)、「テクニック」(いかにそれをするか)である。困難だが達成可能な課題を与え、集中できる環境を整えることで、4つの〝T〟を体得させるのだ。そして彼らスター社員には、チームや組織、社会にとって大きな課題に取り組ませるとよい。

ジェフ・ベゾスを筆頭にアマゾンのリーダーは皆この点が非常に巧い。アグネリおよび彼のヴァーレ時代の経営チームも、やはり上手だった。しかしアグネリがヴァーレを去った後、同社はそれまでと同じように社内のリーダーのやる気を引き出す環境を維持できず、スター社員の多くは転職の道を選ぶことになった。

ちょうどよい負荷を与える

最後の仕上げとして、潜在能力を持つと見抜いたスター社員には、間違いなく本来の力を発揮させなければならない。そのためには居心地のよいぬるま湯から彼らを追いやり、成長機会を与える必要がある。33カ国で営業するANZ（オーストラリア・ニュージーランド銀行）の人事部門最高幹部のジョナサン・ハーベイはこの点を次のように説明する。「役職者を育てて、いずれ指導的立場に就かせるために当社がいつも最大限に力を入れているのは、いかにしてちょうどよい苦しさを与える役割やプロジェクトを本人に課すか、という点です。なぜなら、学びの大半はちょうどよい苦しさの中で生まれるからです。本人の限界を超えた重荷は課したくありません。しかし我々は、広角レンズで世界を見ることができるバランスの取れた価値重視のリーダーがほしいのです。そして人々は、ほどよく苦しむ仕事を課されることで、まさにそのようなリーダーに育つのです」

高い潜在能力を持つ人材を苦しめないとどうなるか、その好例として筆者はよく日本を取り上げる。2008年、筆者はエゴンゼンダー東京オフィスの荒巻健太郎とともに日本の上級役職者を採点した。彼らの潜在能力（いまより大きな役割と責任を引き受ける能力について、前述の指標を用いて我々コンサルタントが客観評価した）と、実際のコンピテンシー（**章末**「潜在能力以外の人材評価ポイント」に掲げたリーダーに必要な8つのコンピテンシーについて、筆者らコンサルタントが客観評価した）を対比して点数化したのだ。

これらの数値を筆者らのデータベースにある世界中の上級役職者の平均点数と比較したところ、何とも不思議な点が一つあることがわかった。日本のプロフェッショナルは潜在能力で世界平均を上回っていたのに、実際のコンピテンシーは世界平均を下回っていたのである。〝素材〟は素晴らしいのに〝最終製品〟は低品質というわけだ。

問題は日本の人材育成プロセスにある欠陥であった。そしてその欠陥はいまでも解決されていない。すなわち、日本文化の一部である強い職業倫理、さらには教育機関のおかげもあり、日本のプロフェッショナルはマネジャーとしてのスタート地点では有利な場所に立つことになる。ところが実際に働き始めると、彼らの成長は阻止されてしまうのだ。日本では伝統的に、一つの会社の一つの事業部だけで育った人が一歩ずつ出世の階段を上ってリーダーとなる。通常、あるリーダー職の候補者として最年長になるまではそのポストを得られないため、それまでは控えめに出番を待っているのである。

つい最近も、東京に本社のある世界的な巨大複合企業から当社が依頼を受け、その企業を率いる上位十数人のシニアリーダーを評価する機会があった。全員が50代半ばから後半の年齢だった。その企業は複数の業界と市場を股にかけて業務を行っており、本来ならば役職者の育成にはうってつけの環境であるはずだ。ところが、評価対象である十数人のシニアリーダーのうち、複数の事業分野で働いた経験があるのはわずか1人だけ。日本以外の国で働いた期間は平均でわずか1年間。英語スキルも皆非常に低かった。このため、現職CEOの後継者としてふさわしい候補者は一人もいない、という結果になった。残念なのは、誰もが就職時には好調なスタートを切っていたことである。彼らは工学を修め、R&Dや製品戦略・マーケティングで平均20年以上のキャリアを積んでいる。しかし、その間に彼らの潜在能力が活かされることはなかったのだ。

高い潜在能力を持つ人材に、ただまっすぐな階段を上らせ、徐々に大きな仕事、予算、スタッフを与えれば、成長はし続けるだろう。だがその成長は加速しない。一方、複雑かつ困難で毎回内容の異なるやっかいな仕事を与えていけば、加速度的に成長することになる。筆者らは最近、世界各国823人の役職者にアンケートを実施し、キャリアを振り返って何が自分の潜在能力を解放するのに役立ったかを答えてもらった。回答者の71％が挙げた一番の答えは「無理しないとこなせない仕事」であった。「ジョブローテーション」と「個人的メンター」が同率で2位だった。

では、組織内の人々に彼らが必要とする「無理しないとこなせない仕事」と「ジョブローテーション」を確実に与えるにはどうすればいいのだろうか。

ここでまた先ほどのANZを取り上げよう。同社はアジア全域に事業を拡大した2007年から2010年にかけて大量の人員を採用し、それに引き続いてリーダー養成課程も見直すと決めた。この取り組みの中心となったのは、同行が「ビジネスクリティカル（事業に欠かせない）職」と呼ぶポストだ。これは同行の戦略的課題の実現に重大な貢献をするポスト、持つ人の少ない貴重なスキルセットを必要とするポスト、担当者いかんで成果が大きく上下するポスト、空席になると事業自体の継続や業績の勢いが大きなリスクにさらされるポスト、である。

ANZはマネジャー職の社員全員について必ず潜在能力を査定し、そのスコアが高い人から上記の「ビジネスクリティカル職」に就かせるようにした。ほかにも人材育成の新基軸として「ゼネラリスト銀行員プログラム」が導入された。毎年10〜15人の参加者に2年間のジョブローテーションの機会を与え、企業向け金融、商業銀行、リテールの各銀行業務やリスク管理、業務部門を経験させ、産業と企業について幅広い知識を身につけさせる。その後で参加者は腰を据えた仕事に取り組み、特定の地域や文化、商品、または顧客対応などの経験を積むことに集中する。さらに、銀行管理の枠組みを確実に理解するため、全員が必ず内部監査部門も経験する。このプログラムは15年間続ける予定で、一国を担当するCEOを生み出すことを最終目標としている。

このようにきちんとした制度を導入したことにより、すでに目に見える成果が実りつつあるようだ。3年前にはANZの上級管理職ポストの70％が社外からの採用だったのに対し、いまではその割合は20％未満になっている。社内アンケート調査によれば、「従業員エンゲージメント」（会社への愛着心）は64％から72％へと上昇し、顧客サービスと品質に対する従業員の熱意で測る「前年同期比の業務卓越性」（パフォーマンス・エクセレンス）は68％から78％へと跳ね上がっている。さらに同行は別の面でも恩恵を得た。定評のあるグリニッジ・アソシエーツの顧客調査でアジア太平洋地域の国際銀行として2年連続で第4位に選ばれたのである（2008年には12位だった）。

＊＊＊

地政学的要因、事業環境、産業動向、そして仕事内容があまりに急速に変化しているため、成功に必要なのはどの種のコンピテンシーになるのか、わずか数年先のことさえ予測できない。したがってなるべく潜在能力が高い人材を見つけ、育てることが不可欠だ。

次のような性質を持った人材を探せばよい。困難な目標を達成しようと自分を高めることに強いモチベーションを抱きつつも、自己利益よりグループを優先する謙虚さを兼ね備える人。飽くなき好奇心を原動力に、新しい考え方や方向性を探求する人。他人が気づかない関連性を見抜ける鋭い洞察力を持つ人。自分の仕事や周囲の人々に強い愛着心を抱く人。挫折や障害を乗り越える強い意志力を持つ人――。

もちろん、知性、経験、実績、そして各種のコンピテンシー（とりわけリーダーシップに関するもの）

といった要素を無視していいわけではない。しかし、採用時には上記のような潜在能力を重視すること、そして組織のあらゆる階層において、潜在能力を持つ人材を巧みに会社に引き留めたり、社内で育成したりすることが、いまや最優先すべき課題なのである。

トップ人材の潜在能力

潜在能力を重視することで、組織のどの階層であろうと人材発掘は改善されうるが、とりわけ一番トップの人材を探す際にその効果が大きい。若手のマネジャーを探す場合とは異なり、CEOや取締役を選ぼうとすると十分な資格と経験、コンピテンシーを持つ候補者が何人も見つかることが多いだろう。だからこそ、候補者のモチベーション、好奇心、洞察力、愛着心、意志力を正確に評価することがいっそう重要となる。

CEO職については非常に早い段階から後継者選びを始める必要がある。新CEOの着任と同時に始めるのが理想的だが、どんなに遅い場合でも、予想される退任時期の3〜4年前には着手すべきである。エゴンゼンダーでは、企業のCEOが3〜4年よりはるかに長く現職に留まると予想される場合でさえ、後継者選びに手を貸している。経営幹部レベルより2〜4ランク下の人々を対象に潜在能力を評価して、会社に引き留めて育成すべき人材を選ぶ。その中からいずれ経営トップの座を争うようになる人材が何人か出ることが狙いだ。

筆者の知る傑出した取締役は、自分が音頭を取って、十分なコンピテンシーのある経営幹部をクビにしたことがいままでに2回ある。幹部に十分な潜在能力がなかったというのが理由だ。最高の成長機会でもある経営幹部ポストは、潜在能力のある人材にこそ与えたいと彼女は考えたのだ。取締役の選任にも同様の縛りが必要だ。

弊社の英国オフィスは最近、名高い小売グループ、ジョン・ルイス・パートナーシップが2つの執行権のないディレクター職について候補者の1次選考を行うのに手を貸し、本文で解説した潜在能力の各要素、とりわけ「好奇心」を中核的な評価基準として用いた。結局のところ、企業のリーダー格が学び、成長し、新たな環境に適応するための潜在能力を持たなければ、その能力を持つ伸び盛りの従業員やマネジャーから敬意を得ることはできないのだ。

潜在能力以外の人材評価ポイント

いまや経営幹部を選ぶ際には潜在能力を決定的な評価基準とすべきであるが、そうは言っても、いままで長い時間をかけて得てきた人材評価の知恵をすべて捨て去るのは間違いであろう。

知性

あなたの会社ではおそらく人材評価にIQテストは使っていないだろう。しかし、相手の学歴や職歴、質問への答えなどから総合的な知性（分析、言語、計算、および理論による推論能力）を評価することも大切である。天才を探す必要はない。ほとんどの仕事は一定レベルの知性があれば十分であり、それを超える知性があっても成果にはほとんど影響しない。それでもやはり採用相手には仕事に必要なだけの知性を求めるべきだ。というのも、総合的な知性は長い時間をかけても劇的には向上しないからだ。

価値観

価値観は決定的に重要である。しかも、採用後に仕事を通して価値観を植え付けることはできない。したがって、面接やリファレンスチェックの際には正直さや高潔さといった基本的事項だけを見るのでなく、相手が自社のコアバリューを共有できるか否かも探り出そう。

リーダーとしての技能

シニアマネジャーを探す場合、いくつかのコンピテンシーは評価基準としてふさわしい（ただし、それだけでは十分ではない）。役職や組織が違っても、優れたリーダーは共通して次の8つのコンピテンシーをある程度は備えている。

❶戦略志向

広範で複雑、しかも分析的かつ概念的な考え方をする能力。

❷市場に対する洞察力

市場を深く理解しており、それが事業にどのような影響を及ぼすか、きちんと把握している。

❸結果志向

事業の主だった指標を目に見える形で改善するのだという強い意志。

❹顧客への影響力

顧客サービスに情熱を持っている。

❺コラボレーションと巻き込み

自分の指揮系統の外にいる人々まで含め、仕事仲間やパートナーと上手に共同作業できる能力。

❻組織の育成

トップレベルの人材を引っ張り込んだり育てたりして、自社の実力を高める能力。

❼チームリーダーシップ

きちんと各チームに目を配り、目標を与え、仕事のできるチームに育てる。

❽チェンジリーダーシップ

組織を変革し、新しい目標に舵を切り直させる能力。

潜在能力を評価するのと同様、面接とリファレンスチェックによって上記のコンピテンシーを評価すべきだ。採用候補者が以前、似たような環境でそれらの能力を発揮したかどうか確かめるのである。

【注】

Daniel H. Pink, *Drive: The Surprising Truth About What Motivates Us*, Riverhead Books, 2009. 邦訳は講談社、2010年。

第**9**章

企業変革の落とし穴

ハーバード・ビジネス・スクール 教授
ジョン P. コッター

"Leading Change: Why Transformation Efforts Fail"
Harvard Business Review, March-April 1995.
邦訳「企業変革の落とし穴」
『DIAMONDハーバード・ビジネス・レビュー』2002年10月号

ジョン P. コッター
(John P. Kotter)
ハーバード・ビジネス・スクール松下幸之助寄付講座教授。33歳で同スクール教授となり、リーダーシップ論の研究者ならびにコンサルタントとして、ゼネラル・エレクトリック等の企業内大学でもリーダーシップ教育の教鞭を執ってきた。

100を超える変革事例からの教訓

筆者はここ10年間、より競争力の強い企業に生まれ変わろうとする100以上の企業に注目し続けてきた。大企業（フォード・モーター）もあれば、中小企業（ランドマーク・コミュニケーションズ）もあり、米国企業（ゼネラルモーターズ）もあれば、他国の企業（ブリティッシュ・エアウェイズ）もある。また、倒産寸前の企業（イースタン航空）がある一方、高収益を上げている企業（ブリストル・マイヤーズ・スクイブ）もあった。

変革の呼び名も企業によってまちまちであった。「TQM」（トータル・クオリティ・マネジメント）、「リエンジニアリング」「リストラクチャリング」「組織再編」「組織風土改革」「企業再建」などである。ただし、その基本目標はほとんどにおいて共通している。すなわち「厳しさを増しつつある新しい競争環境に対応するために、ビジネスのやり方を抜本的に改革する」ことにほかならない。

このような企業変革を見事成功させた企業はごくわずかしかない。とはいえ、何の前進もなくまったくの失敗に終わってしまったという企業も少ない。つまり、ほとんどのケースが成功と失敗の間にあるのだが、どれくらいの成功を収めたかと問えば、失敗に近い企業がほとんどである。これらの事例から得られた2つの教訓はまことに興味深い。今後の10年間、競争の激化が予想されるビジネス環境において、多くの企業の参考となろう。

●変革プロセスはいくつかの段階を踏まなければならない（**図表9**「企業変革の8段階」を参照）。そして通常、最後までたどり着くには相当の時間がかかる。とはいえ、途中一部を省略してしまうと、「スピードアップできた」と錯覚するが、けっして満足のいく成果を上げることはできない。

●どの段階であれ、致命的なミスを犯してしまうと、変革運動はその勢いが削がれる。これまでの成果は台無しとなり、決定的なダメージを被りかねない。ビジネス史において企業変革の経験は十分に蓄積されていないためか、非常に有能な人物であっても少なくとも1回は大きなミスを犯す。

第1ステップの落とし穴

「変革は緊急課題である」ことが全社に徹底されない

変革を成功させるには、まず個人、あるいは社内グループが自社の競合状態、市場シェア、技術トレンド、財務状態などを徹底的に検討することから始めなければならない。

たとえば、自社の屋台骨を支える特許が期限切れとなった場合に予想される売上げの落ち込みはどれくらいか、コア事業の最近5年間の利益は減少傾向にないか、あるいは、まだ誰も目をつけていない新市場は存在するのかなどである。

次に、これらの情報、特に直面している危機、潜在的な危機、あるいは、タイムリーで大規模なビジネスチャンスなどについて、広範かつ効果的に社内に浸透させる方法を考える。この最初のステップは必要不可欠である。というのも、変革プログラムを立ち上げるだけでも、多くの社員の積極的な協力を

図表9｜企業変革の8段階

1 緊急課題であるという認識の徹底

・市場分析を実施し、競合状態を把握する。
・現在の危機的状況、今後表面化しうる問題、大きなチャンスを認識し、議論する。

2 強力な推進チームの結成

・変革プログラムを率いる力のあるグループを結成する。
・一つのチームとして活動するように促す。

3 ビジョンの策定

・変革プログラムの方向性を示すビジョンや戦略を策定する。
・策定したビジョン実現のための戦略を立てる。

4 ビジョンの伝達

・あらゆる手段を利用し、新しいビジョンや戦略を伝達する。
・推進チームが手本となり新しい行動様式を伝授する。

5 社員のビジョン実現へのサポート

・変革に立ちはだかる障害物を排除する。
・ビジョンの根本を揺るがすような制度や組織を変更する。
・リスクを恐れず、伝統に囚われない考え方や行動を奨励する。

6 短期的成果を上げるための計画策定・実行

・目に見える業績改善計画を策定する。
・改善を実現する。
・改善に貢献した社員を表彰し、褒賞を支給する。

7 改善成果の定着とさらなる変革の実現

・勝ち得た信頼を利用し、ビジョンに沿わない制度、組織、政策を改める。
・ビジョンを実現できる社員を採用し、昇進させ、育成する。
・新しいプロジェクト、テーマやメンバーにより改革プロセスを再活性化する。

8 新しいアプローチを根付かせる

・新しい行動様式と企業全体の成功の因果関係を明確にする。
・新しいリーダーシップの育成と引き継ぎの方法を確立する。

必要とするからである。モチベーションがなければ、協力は生まれてこないし、せっかくの努力も水の泡になってしまう。

第2段階以降のステップと比較すると、第1ステップは案外簡単にできそうに思えるかもしれない。しかし、けっしてそうではない。筆者がこれまで見てきた企業だけでも、この段階でつまずいてしまうケースが過半数を占める。その失敗の原因は何だろう。

従来の幸せな職場環境から社員たちを引きずり出すのは、いかに骨が折れるものか、経営陣が十分に認識していなかったケースもあれば、「変革は喫緊の経営課題である」という認識はすでに社員の間に十分浸透していると高をくくっていたケースもある。あるいは「いい加減、もう準備はいいだろう。さっさと先へ進もう」といった具合に、辛抱に欠ける企業もあった。

こんなケースも多い。経営陣がこのステップのマイナス要素ばかりに目が行ってしまい、尻込みし始めたのである。たとえば、「中高年の社員は受け入れてくれないだろう」「モラールが下がるのではないか」「収拾のつかない事態に陥るかもしれない」「短期的には業績が落ち込む」「株価が下がってしまうかもしれない」「危機をもたらした張本人として自分たちがやり玉に挙げられるに違いない」といった具合なのだ。

経営陣がすくみ上がってしまうのは、たいていの場合、その多くは「マネジャー」であり、「リーダー」と呼べる人材ではないことに起因している。

マネジャーの使命は、リスクを最小化し、既存制度をうまく機能させながら維持することである。一方、変革を推し進めるには、新たな制度をつくり出さなければならず、当然強力なリーダーシップは必須である。真のリーダー人材を社内登用するか、もしくは外部から連れてこない限り、変革の第1段階はうまくいかない。

リーダーシップに長け、大規模な変革の必要性を認識している人物を新しいトップに迎えることができれば、変革プログラムは始動し、しかもうまく立ち上がる場合が多い。したがって、全社改革を成し遂げるにはCEOがカギとなる。また、特定部門を変革するには、その長が要となる。このキーパーソンが、新しいリーダーでもなく、優秀なリーダーでもなく、あるいは過去に変革を成功させた者でもないという場合、第1段階は非常に困難なものとなろう。

第1段階において「業績が悪い」という事実は良し悪しといえる。良い面としては、赤字であれば社員の注意を変革に向けさせやすいという点が挙げられる。ただしその際、選択できる戦略の範囲は狭められる。逆に、業績が好調であれば、変革の必要性を社員に納得させるのに苦労するが、変革に注ぎ込める資金は潤沢である。

変革のキックオフが、好業績の時にせよ、業績不振の時にせよ、成功事例には共通点がある。それは変革推進チームのメンバーたちが、不愉快な事実、すなわち、新たなライバルの登場、利益率の悪化、市場シェアの縮小、売上げの伸び悩み、売上成長率の鈍化など、競争力の低下といったさまざまな業績指標について、いつでも忌憚なく議論できるよう配慮していたということである。

にもかかわらず、悪いニュースを持ってくる人物を目の敵にするというのは人類共通の性癖なのだろうか。経営陣、ことに部門の長が過去に変革を指揮した経験がない場合、歓迎できない情報の伝達は社外の人間に任せていることが多い。ウォールストリートのアナリスト、顧客、あるいはコンサルタントなどは、いずれもこのような役割にはもってこいである。

欧州の某大企業で以前CEOを務めていた人物の言葉を借りれば、とにかく肝心なのは「未開拓の領域に踏み込むよりも、現状を維持することのほうが危険は多い」と認識させることに尽きる。

変革の成功例の一つに、社内グループが危機を意図的に演出していたケースがあった。たとえば、あるCEOは創業以来の大赤字を計画的に計上した。これによって、ウォールストリートに「変革は避けられない」という圧力をかけさせたのである。

また、ある部門長の場合、惨憺たる結果は承知の上で、初の顧客満足度調査を実施し、その結果を公表した。表面的には、このような戦術は危険極まりないものと映るだろう。しかし、安全策を講じたところで依然危機は存在している。危機意識が十分に浸透しなければ、変革の成功は望むべくもなく、企業の将来は長期的にも危険なままである。

では、危機意識がどのくらい浸透していれば十分なのだろうか。筆者の経験では、経営幹部の75%程度が「従来のままビジネスを進めていては絶対にだめである」と本気で考えている必要があるだろう。この数字が75%以下では、変革プロセスの後半において、非常に深刻な問題が起きる可能性が高い。

第2ステップの落とし穴

変革推進チームのリーダーシップが不十分である

大がかりな変革プログラムでも、当初は1人ないし2人の体制でスタートすることが多い。成功例を見ると、その体制は時間が経つにつれて徐々に大規模な変革推進チームへと発展していく。ただし、変革の初期段階で最低限の人数が揃わない場合だと、その後に見るべき進展はない。

トップが積極的にサポートしない限り、大規模な変革は実現しえないとよくいわれるが、ここで筆者が言わんとしているのは、そんな程度の話ではない。変革が成功する時は、会長に社長、あるいは本部長に加え、5人、15人、あるいは、50人の社員が団結し、改革を通じて最高の業績を実現することを誓い合っているものだ。

ところで筆者の経験では、この変革推進チームに執行役員全員が参加していた例を知らない。というのは、少なくとも初めのうちは、彼らの中に変革に賛同しない者が何人かいるからである。ただし、ほとんどの成功例において、その変革推進チームは相当強力なメンバーで構成されており、メンバーの職位、情報量、専門知識、評判や人間関係などは申し分ない。

組織の大小を問わず、変革プログラムが1年目くらいでは、変革推進チームの陣容はせいぜい3〜5人足らずである。ただし、第3段階以降で長足の進歩を遂げるには、大企業の場合、20〜50人程度に増員されている必要がある。グループの中心人物はだいたいシニアマネジャーであるが、取締役、主要取引先の代表者、または影響力のある労働組合の執行委員まで加わっているケースもある。

変革推進チームには執行役員ではないメンバーもいるため、当然、通常の組織階層や命令系統を超えて活動することになる。ぎこちなく感じるかもしれないが、これが欠かせない。もし既存の組織階層でうまく機能しているならば、そもそも大規模な変革など必要ない。現行システムに問題があるからこそ、組織内の境界線、常識、慣習といったものを無視した活動が要求されているのである。

経営陣が変革の緊急性を十分認識していれば、変革推進チームの結成はたやすい。もちろんそれだけでは不十分である。誰かが音頭を取ってチームメンバーをまとめ、自社の問題点やビジネスチャンスに関する認識を共有させ、必要最低限の信頼関係とコミュニケーションを築き上げなければならない。その際の常套手段は、会社から離れた場所で2~3日、合宿形式のミーティングを開くことである。5~35人までの幹部たちを、数カ月に何度かこのような合宿に参加させている例は数多い。

第2段階で失敗する企業の場合、変化を生み出す難しさをあなどっているため、強力な変革推進チームの重要性を見くびっていることが多い。また、経営陣にチームワークの経験が乏しいため、チームの重要性が軽視されていることもある。あるいは、要となる当該事業部門の長ではなく、人事部や品質管理部、経営企画部などのスタッフ部門の幹部がチームを率いてしまっている場合もある。その人がどれほどの逸材であり、いかに献身的であっても、当該部門からリーダーが出ない限り、グループが十二分の力を発揮することはありえない。

変革推進チームにリーダーシップが欠けていても、当座のところ、変革プログラムは進展を見せるものだ。しかし遅かれ早かれ、変革プログラムに抵抗する機運が高まり、頓挫してしまうことだろう。

第3ステップの落とし穴

ビジョンが見えない

これまで筆者が見てきた変革に成功した企業では、例外なく変革推進チームが、顧客や株主、社員に説明しやすく、かつアピールしやすい未来図を描いていた。

ビジョンとは、5カ年計画のような数字が羅列したものではなく、自社が進むべき方向性を明確に指し示したものである。その草案は、一人の社員が書く場合もあり、少なくとも初めはやや漠然とした内容であるのが普通である。とはいえ、3カ月、5カ月、1年と作業を進めるうちに、変革推進チームによる熟考に熟考を重ねた分析と理想が反映され、素晴らしい出来栄えのものになる。最終的には、そのビジョンを実現する戦略も策定される。

欧州のある中規模企業では、最終的にでき上がったビジョンに提示されたコンセプトのうち、その3分の2が草案に盛り込まれていたものだった。この草案には、まず「国際化」というコンセプトが描かれており、また「特定分野でトップになる」という方向性も含まれていた。しかし「低付加価値事業からは撤退する」という方針については、数カ月にわたって議論を重ねて初めて打ち出されたものだった。そして、それが最終案の中核の一部を成すものとなった。

当意即妙なビジョンに欠けた変革プログラムは、紛らわしく、矛盾するプロジェクトが乱立しがちであり、その結果、誤った方向へ組織を導いたり、やみくもに直進させたりといったはめになりかねない。確固たるビジョンが描かれていないと、経理部のリエンジニアリング・プロジェクトも、人事部の新しい多面評価システムも、工場の品質管理プログラムも、営業部門の組織風土改革プロジェクトも、全社的な結果へと結実しない。

変革の失敗例を見ると、たいてい計画や方針、プログラムといった類が羅列されており、肝心のビジョンが欠けている。ある企業では、厚さ10センチにも及ぶ変革プログラムマニュアルを社員に配付していた。気が遠くなるようなこの分厚い冊子のページをめくると、今後の手順、目標、方法、最終期限などについて事細かく記載してあったが、このプログラムが導く先が何であるかについて、明確かつ説得力あふれる記述はいっさい見当たらなかった。

当然のことながら、筆者が話を聞いた社員のほとんどが戸惑い、もしくは冷ややかな目で静観していた。この大仰なマニュアルは、彼らを結束させることも、変革を成し遂げようというやる気を引き出すこともなかった。それどころか、まったく逆の効果をもたらしてしまったのである。

また、経営陣がどの方向に進むべきか感覚的にわかっていても、それが錯綜していたり、あまりに曖昧だったりする場合もある。筆者が見てきた限り、そのようなケースでもさしたる成功は望めなかった。

先日、ある中堅企業の役員に「あなたはどのようなビジョンを持っているのか」と尋ねたところ、要領を得ない講義を30分も拝聴することになった。そこには、たしかに立派なビジョンの基本要素がないわけではなかったが、奥深く埋もれてしまっていた。

一つの目安を示したい。5分以内でビジョンを他の人に説明できない、あるいは相手から理解と関心を示す反応が得られないのであれば、変革プロセスの第3段階を完了したとはいえない。

第4ステップの落とし穴

社内コミュニケーションが絶対的に不足している

社内コミュニケーションの落とし穴については、次の3パターンがよく散見される。どれもありふれたものばかりである。

❶変革推進チームが優れた変革ビジョンを作成したものの、たった一度説明会を開いただけ、あるいはたった一通の文書を配布しただけで、その内容を社員に伝え終えたとしてしまう。年間の社内コミュニケーション量から見れば、ほんの0・0001％だけしか時間を費やしていない。にもかかわらず、新しい方針を理解している社員がほとんどいないことを知って、変革推進チームは愕然としてしまう。

❷トップがそれ相応の時間を割いて社員に説明したつもりだったが、ほとんどが理解できていない。この場合も、ビジョンの説明に年間の社内コミュニケーション量のせいぜい0・0005％しか費やしていないのだから、当然と言えば当然である。

❸社内報や説明会といった形でも、①や②以上の努力を傾けているが、有力役員の何人かが新しいビジョンと正反対の態度を取り続けている。その結果、社員たちの気持ちは次第に冷め始め、伝えられた内容にも疑心暗鬼が強まっていく。

何百、何千という人々が――多くの場合、短期的な犠牲を払ってでも――すすんで協力してくれない限り、変革は不可能である。仮に社員が現状に満足していなくとも、変革は成功すると確信できない限り、みずから犠牲を払おうとはしない。信頼に足る十分なコミュニケーションなくして、彼らの心や関心を集めることなどけっしてできない。

短期的な犠牲の中身が「人員削減」となると、第4段階は困難を極めることだろう。リストラがビジョンに含まれている場合、ビジョンへの理解や支持を得るのは難しい。それゆえ、ビジョンを実現させるには、新たな成長の可能性を示唆すると同時に、解雇される社員全員にしかるべき待遇を確約することを謳うべきである。

コミュニケーション力に長けた執行役員の場合、日常業務のあらゆる面でビジョンに関するメッセージを巧みに織り込む。

たとえば、業務上の問題に関する解決策が定例会議に諮られた際などは、全社のビジネスシステムに適合するのか否かについて話す。また通常の人事考課の場面でも、その社員の行動がビジョンに貢献するのか、逆に不適当なのかについて説明する。ある部門の四半期の業績を検討する際も、ただ数字を追うだけでなく、その部門のマネジャーたちがいかに変革に貢献しているかに触れる。さらに、社内説明会などの質疑応答の場にでも、変革の目標に関連付けながら、社員からの質問に答える。

成功した変革運動を見てみると、ビジョンを広く知らしめるため、執行役員はありとあらゆるコミュニケーション手段を活用していた。たとえば、退屈で誰も読まなかった社内報をビジョンに関する記事だらけにしてリニューアルする。あるいは、形式的で時間ばかりかかっていた役員会議を、変革について意見を交わす議論の場へ改める。従来の管理者研修を思い切って廃止し、その代わりに業務上の課題や新しいビジョンを主眼にした研修に変更する。

この場合における基本原則は至ってシンプルである。つまり、思い付く限りのコミュニケーション手段を利用すること、それもさして重要視されていなかった情報メディアを活性化させることである。

さらに重要なことは、大規模な変革を成功させた企業の場合、執行役員たちが「歩く広告塔」となっていたことである。彼らは新しい企業文化のシンボルになろうと意識的に努めていた。これは生やさしいことではない。

60歳になる一人の工場長について考えてみよう。それまでの40年間、顧客のことなど脳裏をかすめた経験など微塵もないのに、突然「顧客重視で行動せよ」と求めても土台無理な話である。しかし、そのような人が変わる様を筆者はこの目で見た。それも劇的な変わり方であった。

この場合、事態が切迫していたことが好都合となった。加えて、彼も変革推進チームの一員であり、またビジョン作成チームの一員であったことも幸いした。望ましい行動が何であるのか、あらゆるコミュニケーション手段を用いて伝えられたこともプラスに作用した。同僚や部下からのフィードバックのおかげで、みずからの行動がビジョンにふさわしくない場合などは、そのことに気づくこともできた。

コミュニケーションは言葉と行動の両方が必要であり、特に行動は最も説得力あふれる手段となる。要するに、自分の言葉とは裏腹な行動を取る経営幹部こそ、変革を潰してしまう元凶なのである。

第5ステップの落とし穴

ビジョンの障害を放置してしまう

変革プログラムが成功に向かいつつある場合、段階が進むにつれて社員たちを巻き込み始める。社員たちはプログラムに勇気付けられ、みずから新しいアイデアを思い付いたり、リーダーシップを発揮したりするようになる。このような行動は、ビジョンが指し示す方針から大きく外れてさえいなければ問題はない。それに、大勢の人が参加すればするほど成果は大きくなる。

変革推進チームが新たな方針を効果的に伝えられれば、ある程度は社員たちに新しい行動を起こさせることが可能である。しかし、コミュニケーションだけで事足りるわけではない。イノベーションを現実化させるには、障害を取り除くことも不可欠なのだ。

これはよくあることだが、ある社員が新しいビジョンを理解し、その実現に協力しようと思い立ったとしよう。しかし、その行く手には巨象が立ちはだかる。その象は、その当人の頭の中にしか存在しないこともあり、この場合、障害と思えるものが実は幻であることを当人に納得させることが課題となる。最も多いのは、障害物は実際に存在しているケースである。たとえば、組織構造が障害となる場合もある。職務規定が細分化されているため、生産性を向上させようという意欲が湧かなかったり、顧客について考えることすら難しかったりする時がある。また、成功報酬制や勤務査定制度があるために、新しいビジョンよりも、個人の利益を優先してしまうケースもある。

ただし最もやっかいなのは、変革を拒み、全社の動きとはそぐわない要求を突き付けてくる管理職である。ある企業では、社内広報を十分に展開したうえで変革プロセスを開始し、第4段階までは順調に進めてきた。ところが、同社最大の事業部を統括する執行役員がすべてを振り出しに戻すような行動を取ったために、変革は見事に覆されてしまった。彼は口では変革に賛成していたが、みずからの行動を改めたり、部下の意識を変えようとしたりはしなかった。また、ビジョンが求めるような斬新なアイデアが提示されても、その発案者に報いることもなかった。明らかに人事制度が新ビジョンと齟齬を来しているにもかかわらず、改定することはなかった。

彼の心境は複雑なものだったことは想像に難くない。自社がこれほどまで大規模な変革を必要としているとは思っていなかったばかりか、変革一つひとつがみずからを脅かしていると感じていたことだろう。また、変革を推し進める一方、予算上の営業利益を達成するなど土台無理な話だとも思っていたはずである。

他の執行役員たちは改革推進派であったにもかかわらず、彼がボトルネックとなっていることに、何ら手立てを講じようとはしなかった。この原因もやはり複雑だった。この企業は過去このような難題に直面したことがなかったばかりか、なかには当の執行役員を恐れている者もいた。CEO自身も優秀な役員を失うことになるのではないかと危惧していた。

結末は悲惨であった。現場のマネジャーたちは、経営陣たちの意気込みは偽物だったと結論付け、冷ややかな見方が社内に蔓延し、変革プログラムのすべては崩壊してしまった。

どんな組織でも、変革プロセスの前半では、すべての障害を排除するだけの勢いもエネルギーも、そして時間すら持ち合わせていない。それでも、重大な障害と対峙し、これを取り除かなければならない。それが人間の場合でも、泣いて馬謖《ばしょく》を切らなければならないこともある。

ただし、その処分についても新しいビジョンに沿って公明正大に実施することが肝要である。しかし、処分という行動をためらってはいけない。社員のやる気を引き起こし、変革プログラムへの信頼を維持するためには是が非でも必要だからである。

第6ステップの落とし穴

計画的な短期的成果の欠如

変革が本物になるには時間がかかる。したがって、達成可能な短期目標を設定しておかないと、変革の勢いを失速させかねない。このまま行けば期待通りの成果が得られると確信できる証拠を、1~2年の間に確認できなければ、ほとんどの人が遠い道程を歩き続けようとはしない。短期間で何らかの成果を上げられない場合、多くの人は投げ出したり、抵抗勢力についてしまったりする。

変革が順調に進んでいる場合、1年もしくは2年で品質に関する指標が向上し始め、最終利益の減少にも歯止めがかかる。新製品が成功することもあれば、市場シェアが拡大することもある。あるいは、生産性が格段に向上したり、顧客満足度が上昇したりするかもしれない。どのようなケースであれ、成果は目に見えて明らかなものであり、変革の反対派にあざけられるような主観的なものでもない。

短期的に成果を上げることと、短期間で成果を上げたいと願うことは別物である。後者は受動的であり、前者は能動的である。順調に進んだ変革を見ると、経営陣は業績が明らかに改善しうる手段を積極的に模索し、年度計画に目標を設定し、その目標の達成に貢献した社員を表彰したり、昇格させたり、また褒賞を与えたりする。

一例を紹介しよう。米国の某メーカーでは、変革プログラムを開始した20カ月ほどで、変革推進チームの発表した新製品が大成功を収めた。この新製品は、プログラムのスタートから6カ月経った時点で、複数の基準をクリアしていたため発売が決まったのである。その基準とは、比較的短期間に設計可能であり、市場に投入できること、新しいビジョンの信奉者である少数の面々で担当できること、売上げの伸びが期待できること、製品開発チームが組織を超えて作業しても実務上の問題を生じないことなどであった。つまり、これは計算ずくの計画だったのである。そしてこの成果によって変革プログラムの信頼性はいっきに高まった。

短期的な成果を求められ、不平を漏らすマネジャーも多い。とはいえ、変革を推進するうえでは、このようなプレッシャーがプラスに働くことがある。というのも、「大規模な変革は時間がかかる」ことが社員の間に広がると、変革が喫緊の課題であるという事実がなおざりにされやすい。そこで、短期的な成果を出すという責務を課すことで、緊急性を常に意識しつつも、ビジョンに磨きをかける努力が後押しされるのである。

第7ステップの落とし穴

早すぎる勝利宣言

経営者とすれば、数年にわたって懸命に努力した末、業績が改善したと誰もが認める段階が訪れれば、勝利宣言を発したいという衝動に駆られるのも無理からぬことである。

個々の成果を祝うのは結構だが、この段階で勝利を宣言してしまうと、いままでの努力が台無しになりかねない。さまざまな変化が企業文化に定着するには、少なくとも5~10年は必要であり、そこに至るまでは新しいアプローチというものはもろく、後退の可能性をはらんでいる。

つい最近、筆者は「リエンジニアリング」というテーマの下に実行された12社の変革プロセスについて観察してみた。このうち実に10社で、開始して2～3年後、最初の大プロジェクトが完了した時点で勝利宣言が出されていた。コンサルタントたちには、ねぎらいの言葉とともに高額な報酬が支払われた。しかし、変革プロジェクトの効果は、その後2年足らずで次第に影が薄くなっていった。10社のうちの2社に至っては、現在リエンジニアリングの痕跡すら見当たらないという有り様であった。

この20年間、大きなTQMプロジェクトや組織再編などでも同様のことが繰り返されてきた。まず、変革の初期段階から何らかの問題をはらんでいるというのが典型である。つまり、緊急性への認識不足、変革推進チームの力量不足、ぼやけたビジョンなどである。そして、せっかくの変革の勢いに水を差すのが、先走った勝利宣言である。その結果、保守勢力が主導権を奪い返してしまうのである。

皮肉なことに、変革推進派と反対派が時期尚早の勝利を一緒に祝う場面も珍しくない。推進派は進歩の兆しが目に見えたことにすっかり舞い上がってしまう。一方の反対派は変革を阻止するチャンスと見抜き、喜ぶ。

祝勝会が終わると、反対者は「戦いは勝利のうちに終わったのだから、戦士諸君は自分の家に帰りなさい」と声をかける。すると、疲れ切った彼らは「自分たちは勝ったのだ」と思い込んでしまう。一度自分の家へ戻ってしまうと、彼らは再び戦艦へ乗り込もうとはなかなか思わない。ほどなく変革は座礁し、過去が再び忍び寄ってくるのである。

優れたチェンジリーダーは、勝利宣言の代わりに、短期間で結果を出したことによる信頼感を追い風に、より大きな問題へと立ち向かっていく。具体的には、ビジョンから逸脱しており、これまで放置されていた制度や組織に次の狙いを定める。誰が昇進し、どんな人材が登用され、社員がどのような教育を受けているかにも着目する。また、当初のプログラムよりも範囲を広げたプロジェクトにも取り組む。彼らは、変革プロジェクトに年単位の時間が必要であることを承知しているのである。

ここで、7年間にわたったある変革の成功例について触れてみたい。変化の度合いを年度ごとに点数化し、最低は1、最高は10とした。初年度は2、2年目は4、3年目は3、4年目は7、5年目は8、6年目は4、7年目は2という結果となった。ピークは5年目で、それは成果が目に見える形で表れてから3年が経過した時点でもあった。

第8ステップの落とし穴

変革の成果が浸透不足である

会社を人間の体に例えるならば、変革という血液が体の隅々まで行き渡るようになって、初めて変革の成果が「我々の生き様」として定着したといえる。新しい行動様式が社内の規範や価値観として根を下ろさない限り、変革の圧力が弱まるや否や、廃れてしまう。

変革を企業風土として制度的に根付かせるには、次の2つの要素が特に重要である。

1つ目は、新しいアプローチや行動様式、考え方などが業績改善にどれくらい貢献しえたのか、社員に意図的にアピールしていくことである。業績改善との関連性の是非を社員任せにしてしまうと、とんでもない勘違いが起こってくることがある。

たとえば、ハリーというカリスマ的な上司の下で業績が改善した例では、社員はハリー流のやり方が功を奏したと考え、自分たちの顧客サービスの質や生産性が向上したことが成功要因だとは考えない。

変革の因果関係を正しく理解させるには、やはり社内コミュニケーションが不可欠である。この点において、ある企業は驚くほど徹底していた。実際、その成果はてき面であった。同社では、経営会議で毎回時間を割いて、なぜ業績が向上したのかを話し合った。そして社内報で、変革によってどのように売上げが向上したのか、何度も何度も報じたのである。

第2の要素は、次世代の経営陣に新しい考え方がしっかり身につくよう、十分な時間をかけることである。また、昇格の基準が変わらないままでは、変革の効力は長続きしない。実際、トップの交代人事で、誤った後継者を選んだがために、10年にわたる変革の努力が水の泡になってしまうことは珍しくない。

取締役会が変革プロセスに参画していない場合、誤った選択に向かってしまう可能性は大きくなる。筆者が見た中では、少なくとも3つの企業でそのような事態が起こった。

変革の立役者が退任するに当たって、その後任として選ばれた人物は変革の反対者ではなかったが、変革の貢献者と呼べるほどでもなかった。取締役会は変革プロセスの細部まで理解していなかったため、自分たちの選択が正しくなかったことに気づかなかったのである。

また、退職する執行役員が変革を熟知している人物を後継者に推したという例もあれば、経験が浅いという理由で他の役員を説得し切れなかったという例もあった。

さらに別の2社では、よもや変革を中止するとは思わずに、取締役会が推す人物を後継者として考えもなく受け入れたCEOもいた。しかし、彼らの判断は間違っていた。2年も経たないうちに、どちらの企業でも変革の兆候は消え始めていた。

失敗を最小化することが成功のカギ

変革における落とし穴は、これら以外にもたくさんあるが、ここで挙げた8つはとりわけ無視できないものである。このような限られた紙幅では、すべて単純すぎる印象が残るかもしれない。事実、成功例にしてもその変革プロセスとは混乱極まる、驚きの連続である。

しかし、変革を成功させるべく人々を駆り立てるには単純明快なビジョンが必要であり、そのようなビジョンを掲げることができれば、その過程でミスを犯す確率を減らせるはずだ。どれだけミスを減らすことができるか、これが変革の成否を分けるカギにほかならない。

第**10**章

ビジネスモデル・イノベーションの原則

イノサイト 共同創設者兼会長
マーク W. ジョンソン
ハーバード・ビジネス・スクール 教授
クレイトン M. クリステンセン
SAP CEO
ヘニング・カガーマン

"Reinventing Your Business Model"
Harvard Business Review, December 2008.
邦訳「ビジネスモデル・イノベーションの原則」
『DIAMONDハーバード・ビジネス・レビュー』2009年4月号

マーク W. ジョンソン
(Mark W. Johnson)
2000年に設立したイノベーションおよび戦略コンサルティング会社、イノサイトの共同創設者（2017年にHuron Consulting Group傘下に）。近著に*Reinvent Your Business Model: How to Seize the White Space for Transformative Growth*, Harvard Business School Publishing, 2018.（邦訳『ホワイトスペース戦略』CCCメディアハウス、2011年）がある。

クレイトン M. クリステンセン
(Clayton M. Christensen)
ハーバード・ビジネス・スクールのキムB. クラーク記念講座教授。専門は経営管理論。イノサイトの共同創設者。最近の共著に*The Prosperity Paradox: How Innovation Can Lift Nations Out of Poverty*, HarperBusiness, 2019.（邦訳『繁栄のパラドクス』ハーパーコリンズ・ジャパン、2019年）がある。

ヘニング・カガーマン
(Henning Kagermann)
ドイツのバルドルフに本社を置くSAPのCEO兼会長。ドイツで「インダストリー4.0」を提唱したメンバーの一人。

ビジネスモデル・イノベーションの破壊力

アップルは2003年、iTunesミュージックストアとiPodを発表し、携帯型エンタテインメントに革命を起こして新市場を創造するだけでなく、企業に変革を起こした。

それからわずか3年のうちに、iPodとiTunesの組み合わせは100億ドルに迫る商品となり、いまではアップルの売上げのほぼ半分を占めるようになった。また同社の時価総額は、2003年初めには10億ドルだったが、2007年末には1500億ドルを超えた。

ここまでは、誰もが知っているサクセスストーリーである。しかし、デジタル音楽プレーヤーを最初に世に送り出したのはアップルではないことは、あまり知られていない。

ダイアモンド・マルチメディア・システムズという企業は1998年、リオを発売した。また、ベスト・データ・プロダクツという別の企業が、2000年にカボ64を発売している。どちらも優れた性能を備えた、スタイリッシュな携帯音楽プレーヤーであった。では、なぜリオやカボ64ではなく、iPodが成功したのだろうか。

アップルは、しゃれたデザインで先端技術を商品化しただけではない。優れたビジネスモデルに先端技術を組み入れたのである。アップルが成し遂げた真のイノベーションは、音楽のダウンロードを簡単かつ便利にしたことである。そのために、ハードウェア、ソフトウェア、サービスの三位一体という、これまでにないビジネスモデルを構築した。

これは、かの有名なジレットの「かみそりと替え刃」モデルの逆を行くものだった。つまり、「替え刃」すなわち楽曲をiTunesで安価に配布することにより、「かみそり」すなわち利益率の高いiPodの購買客を囲い込んだのである。このビジネスモデルは、新しい方法によって価値が再定義され、ゲームのルールを変えてしまうような利便性を消費者にもたらした。

ビジネスモデルのイノベーションが起こると、産業構造全体が変わり、数百億ドルの価値が再配分される。

ウォルマートやターゲットといったディスカウント小売チェーンは、草分けといえるビジネスモデルによって市場に参入し、いまでは小売業界全体の時価総額の75%を占める。米国の格安航空会社は、レーダーに映る小さな影のような存在から、航空業界全体の時価総額の55%を占めるまでに成長した。

過去25年以内に設立され、これまでの10年間に「フォーチュン500」入りを果たした27社のうち11社は、ビジネスモデルのイノベーションを通じて、成長を遂げてきた。

とはいえ、アップルのような大企業がビジネスモデル・イノベーションを成功させたという例は珍しい。現存する企業が過去10年に起こした大きなイノベーションを分析したところ、ビジネスモデル関連のものはわずかしかなかった。

アメリカン・マネジメント・アソシエーション（AMA）による最近の調査では、グローバル企業のイノベーション投資のうち、新しいビジネスモデルの開発に焦点を当てたものは1割に満たないことがわかった。

それでも、ビジネスモデル・イノベーションの重要性は十分理解されている。エコノミスト・インテリジェンス・ユニットが2005年に実施した調査では、半数以上の経営者が、成功の条件としてビジネスモデル・イノベーションが製品やサービスのイノベーションよりもますます重要になるだろうと回答している。

2008年にIBMがCEOを対象に実施した調査でも、同様の結果が出ている。調査対象となったCEOのほとんどが、環境の変化に応じてビジネスモデルを変更する必要性を感じており、3分の2以上が大幅な改革が必要であると述べている。現在の厳しい経済環境にもかかわらず、市場環境の構造転換に対応するためにビジネスモデル・イノベーションを模索しているCEOもいた。

しかし、シニアマネジャーが現実に直面する問題となると、話は別である。調査によれば、ビジネスモデル・イノベーションによって新たな成長を成し遂げるには、2つの難問があることが明らかになっている。

1つ目は、定義されていないことにある。ビジネスモデルを開発する際の力学やプロセスに関する研究はほとんどなされてこなかった。

2つ目は、開発の前提条件、そこに働く相互依存性、強みや限界など、既存のビジネスモデルを十分理解している企業がほとんどないことである。したがって、どのような場合にコア事業を活用し、またどのような場合に新しいビジネスモデルが成功条件となるのかは判然としない。

数十社の企業と一緒に、これらの問題に取り組んでいるうち、新しいビジネスモデルは開発された当初、社内外のステークホルダーの目には魅力的に映っていない場合が多いことがわかってきた。

これまでの限界は何であり、どこからが新たな挑戦となるのか、それを理解するには、ロードマップが必要である。筆者らが描いたロードマップは、次の3つのステップから成る。

まず、ビジネスモデルを考えないことが成功への糸口となる。つまり、何らかのニーズを抱えている真の顧客を満足させるチャンスは何かを考えることが成功につながる。次に、そのニーズを満たすことによって利益を生み出す方法の青写真を描く。筆者らのモデルでは、この青写真は4つの要素で構成される。

最後に、新しいビジネスモデルと既存のビジネスモデルを比べて、チャンスをとらえるにはどのような改革が必要なのかを考える。これらのステップをたどれば、既存のビジネスモデルと組織を活用できるのか、あるいは新規部門を立ち上げ、新しいビジネスモデルを実行する必要があるのかが見えてくる。

これらのことを理解しているかどうかはともかく、成功企業は効果的なビジネスモデルを通じて真の顧客ニーズに応えている。

ビジネスモデルを定義する

筆者らの考えるビジネスモデルとは、互いに関連し合う4つの要素から成り立っており、これらによって価値が創造され、提供される（図表10-1「ビジネスモデルを成功させる4要因」を参照）。そして、ビジネスモデルを正しく理解するうえで最も重要なのは、1番目の要素である。

図表10-1｜ビジネスモデルを成功させる4要因

成功を収めている企業はもれなく、効果的なビジネスモデルに従って経営されている。すべての構成要素を体系的に特定することで、そのビジネスモデルがどのような資源やプロセスによって、どのような潜在的なCVPを満たし、どのように利益を生み出しているのかがわかる。

この理解の下、このビジネスモデルを導入すると、従来とはまったく異なるCVPをどれくらい満たせるのかが判断できる。またそのチャンスを活用するうえで、もし必要ならば、新しいビジネスモデルを構築するには何が必要かを判断する。

顧客価値の提供（CVP）

- **ターゲット顧客**
- **解決すべきジョブ**：ターゲット顧客が抱えている重要なニーズ、あるいは重要な問題に対処する。
- **提供するもの**：問題を解決するもの、あるいはニーズを満たすもの。この場合、何を提供するかだけでなく、どのように提供するかも含まれる。

利益方程式

- **収益モデル**：売上げはどれくらいか、すなわち、価格に数量を乗じる。数量は、市場規模や購買頻度、付随的な売上げなどから推測できる。
- **コスト構造**：コストはどのように分配されているか。重要な資産に関連するコスト、直接費や間接費、規模の経済などが含まれる。
- **利益率モデル**：個々の取引は、期待利益水準にどれくらいまで達するか。
- **資源回転率**：目標数量を達成するために、どれくらいのスピードで経営資源を活用できるか。これには、リードタイム、スループット、在庫回転率、資産稼働率などが含まれる。

カギとなる経営資源

利益を生み出すCVPに必要な資源。これには、次のものが含まれる。

- 人材
- 技術や製品
- 機器や設備
- 情報
- 流通チャネル
- パートナーシップや提携
- ブランド

カギとなるプロセス

利益を生み出すCVPは、ルール、評価指標、最低基準などと同じく、再現性と拡張性がある。これには、次のものが含まれる。

- **プロセス**：設計、製品開発、調達、製造、マーケティング、採用と研修、IT
- **ルールと評価基準**：投資、信用条件、リードタイム、サプライヤーとの取引条件
- **最低基準**：そのビジネスチャンスは、投資を回収できるだけの規模があるか、また顧客と流通チャネルにちゃんとアプローチできるか。

❶顧客価値の提供（CVP）

成功を収めている企業は、顧客価値を創造する方法を発見した企業、つまり顧客が重要なジョブを処理する一助となる方法を見つけた企業である。筆者らが言うところのジョブとは、解決策を必要とする基本的な問題を意味する。ジョブは何か、そしてこのジョブを処理するプロセス全体を含めたジョブの全容をつかめれば、何を提案すべきか、これを企画できる。

顧客が抱えているジョブが決定的なものであればあるほど、現状の選択肢に対する顧客満足度は低くなりやすく、また提案した解決策が現状のものより優れていればいるほど――もちろん価格も低ければ低いほど――「顧客価値の提供」（CVP：customer value proposition）は高い。代替製品や代替サービスがジョブの本質を無視して設計されている場合、そのジョブを完全に、かつそのジョブだけを処理する提案を考えることができれば、CVPを創造する最高のチャンスといえる。この点については後に詳しく述べる。

❷利益方程式

利益方程式とは、どのように価値を創造するのかと同時に、どのようにその価値を顧客に提供するのかを定義する、言わば青写真である。

利益方程式は、以下のもので構成されている。

- 収益モデル：価格×売上数

●コスト構造：直接費と間接費、規模の経済。コスト構造は、そのビジネスモデルに必要とされるカギとなる経営資源のコストによって、ほぼ決まるといってよい。

●利益率モデル：予想売上数とコスト構造を所与のものとした場合、期待利益を実現するために必要な一取引当たりの貢献度。

●資源回転率：期待売上数と期待利益を達成するには、在庫、固定資産、その他資産を、どれくらいのスピードで回転させる必要があるのか、またこれらの資源をどのように活用する必要があるのか。

利益方程式とビジネスモデルを同義に考える人が少なくない。しかし、どのように利益を生み出すかは、ビジネスモデルの一部分にすぎない。まずCVPを提供するための価格を決め、そこから逆算して変動費と粗利率を決定するとよいだろう。変動費と粗利率が決まれば、期待利益を実現するために必要な規模や資源回転率もおのずと決まってくる。

❸カギとなる経営資源

カギとなる経営資源は、ターゲット顧客へのCVPに必要な人材、技術、製品、設備や機器、流通チャネル、そしてブランドなどの資産である。ここで注目すべきは、顧客と自社に価値をもたらす「カギとなる要素」であり、またこれらをどのように結び付けるかである。なお、どんな企業にも、競合他社との差別化を生み出さない、ありふれた経営資源がある。

❹カギとなるプロセス

成功を収めている企業には、何度も再現し、かつ規模を拡大する方法によって、CVPを提供できる業務プロセスと経営プロセスが整っているものだ。カギとなるプロセスには、研修、開発、製造、予算編成、企画、営業、サービスなどがある。また、社内のルール、評価基準、最低基準なども、これに含まれる。

いかなるビジネスにおいても、これらの4要素はその基盤といえる。CVPと利益方程式は、顧客と企業にとっての価値は何か、それぞれを定義する。カギとなる経営資源とプロセスは、この価値を顧客と企業に提供する方法を示す。

このフレームワークは一見単純だが、これら4要素の複雑な相互依存性の上に成り立っている。これら4要素のどれかに重大な変化が起これば、それが他の要素と全体に影響を及ぼす。成功事業は多かれ少なかれ、これら4要素が相互かつ補完的に結び付いた安定的なシステムを備えている。

成功するビジネスモデルを開発する

ビジネスモデルに関する我々のフレームワークの4要素について、わかりやすく説明するため、ゲームのルールを変えてしまうビジネスモデル・イノベーションを起こした2社を例に、その背景には何があるのかを見てみたい。

CVPを開発する

まずCVPが何かを具体的に特定できなければ、新しいビジネスモデルを開発することも、また既存のビジネスモデルを再構築することもできない。CVPは、極めて単純なことに気づいたことで生まれてくる。

雨の日にインドのムンバイの路上に立っている自分を想像してほしい。いくつものスクーターが自動車と自動車のすき間を縫いながら、危なっかしく蛇行していることに気づくだろう。

よく見れば、ほとんどのスクーターが、家族全員——両親と子どもたち何人か——を乗せている。普通なら、「なんて危ない」とか、「開発途上国では当たり前だ。あるもので済ませるしかないのだから」と思うのではないか。

タタ・グループを率いるラタン・タタはこの光景を目にして、これこそ、解決されるべきジョブであると確信した。すなわち、スクーターに乗る家族に、より安全な乗り物を提供すべきということである。インドで一番安い自動車でも、スクーターの最低5倍の価格はする。したがって、大半の世帯にとって自動車は高嶺の花であることは、彼にもわかっていた。経済的に手が届き、安全かつ全天候型の乗り物は、スクーター家族にとって最高のCVPであり、自動車購買層に達していない数千万世帯を開拓できる可能性があった。同時に、ラタン・タタは、タタ・モーターズのビジネスモデルでは、ここに求められる価格でこのような製品を開発できないこともわかっていた。

リヒテンシュタインに本社を置くヒルティは、土木・建築業向けに電動工具を提供しているメーカーだが、インドのような市場とは対極にある市場で、既存顧客のために解決すべき本当のジョブを再認識することになった。

建築業者は工事を完成させることで収入を得る。もし必要な工具がなかったり、うまく動かなかったりすれば、仕事にならない。また、彼らは工具を所有しても儲からない。工具をできる限り効率よく利用することで儲けることができる。

ヒルティは、工具を販売するのではなく利用してもらうことで、建築業者のジョブを解決できると気づいた。すなわち、必要な時に、最高の工具を提供したり、迅速に修理したり、取り換えたり、改良したりすることで、顧客の工具や機材を管理するサービスを月額料金で提供するのである（**図表10－2**「ヒルティ：コモディティ化を回避する」を参照）。

ヒルティはこのCVPのために、工具や機材を保有・管理するフリート・マネジメント・サービスを開発しなければならなかったが、その過程で主力事業を製造からサービスへと転換させた。つまり、新しい利益方程式を編み出し、新たな経営資源とプロセスを開発することになったのである。

CVPにおいて最も重要なのは「正確さ」である。顧客が処理しなければならないジョブをどこまで正しく把握できるか、それがすべてだ。しかし、このように正確に把握するのは極めて大変である。

新機軸を打ち出そうとすると、一つのジョブに絞り込めないことが多い。さまざまなジョブに応えようとして、努力が分散してしまうのだ。あれこれ手を出しすぎると、どれ一つとして身にならないものだ。

図表**10-2** | **ヒルティ：コモディティ化を回避する**

ヒルティは、ゲームのルールが変わるチャンスを狙って、製造業からサービス業に業態を転換したことで、収益性を拡大した。価格の下落が著しい製品を販売する代わりに、「必要な時に、必要な工具を、修理や保管の手間を省いて」提供したのである。ただし、このようなCVPの抜本的改革には、ビジネスモデルを全面的に転換させる必要があった。

	伝統的な工具メーカー	ヒルティのフリート・マネジメント・サービス
CVP	売上げは、業務用工具、建築業者用の専門工具および関連製品による。	建築業者の現場生産性を向上させるため、豊富な品揃えによって工具をリースする。
利益方程式	収益性は低く、在庫回転率は高い。	収益性はさらに高い。資産の保有、工具のメンテナンスや修理、および交換に関する料金を月極めで請求する。
カギとなる経営資源とプロセス	流通チャネル、開発途上国における低コストの生産工場、R&D	強力な直販営業、契約管理、在庫管理や修理および保管のためのITシステム

ジョブを正確にとらえたCVPを生み出す一つの方法が、ジョブの解決を阻む障壁に目を向けることだ。これは4つある。すなわち「価格」「アクセス」「スキル」、そして「時間」である。

ソフトウェアメーカーのインテュイットは、資金繰りの苦労を回避したいという中小企業オーナーたちのニーズを満たすため、クイックブックスを発売した。インテュイットは、このとても簡単に使える会計ソフトを提供することで、彼らのジョブに応えた。こうしてスキルの障害が取り除かれ、ITにうとい中小企業オーナーたちは、これまでの複雑な会計ソフトを使わなくてよくなった。

ドラッグストア内で医療サービス

を提供しているミニット・クリニックは、ちょっとした健康上の不安であれば、予約なしで看護師に相談できるようにし、医師を訪れるという時間の障壁を取り除いた。

利益方程式を編み出す

ラタン・タタは、スクーターを自動車に乗り換えさせる唯一の方法は、自動車の価格を劇的に下げ、価格の障壁をなくすことだとわかっていた。彼は「1ラーク（10万ルピー）の自動車をつくれたら、競争環境が変わるかもしれない」と考え、2500ドル程度の価格帯を目指した。この価格は、当時で一番安い自動車の半分以下だった。

もちろん、利益方程式は劇的に変わる。粗利益は大幅に低下し、大半の費目で徹底的な削減が不可欠だった。それでも、売上台数が劇的に増加すれば利益が出ることを、また潜在顧客は膨大であることを、彼は知っていた。

ヒルティにとって、契約管理へと移行することは、顧客のバランスシート上にあった資産を自社に移し替え、リースや月額レンタルによって売上げを稼ぐことにほかならなかった。月額料金を支払えば、どのような種類の工具でも即入手できるばかりか、修理やメンテナンスの必要もなくなる。

このため、利益方程式の重要項目すべてを抜本的に変える必要に迫られた。すなわち、「売上げの流れ」（プライシング、支払いサイト、そして予想数量）、「コスト構造」（売上増に伴うコストや契約管理のコストなど）、これを支える「利益率」と「取引回転率」である。

カギとなる経営資源とプロセスを特定する

顧客と事業の両方のバリュープロポジションがはっきりしたら、そのために必要なカギとなる経営資源とプロセスについて考えなければならない。

たとえば、プロフェッショナルサービス会社にとって最も重要な資源は人材であり、最も重要なプロセスは、研修や能力開発など人事業務である。消費財メーカーの場合、強力なブランドと選別された流通チャネルが最も重要な資源であり、それに関連するブランディングとチャネル管理が最も重要なプロセスといえる。

差別化をもたらす要因が、個々の経営資源やプロセスではなく、これらが一体化したものである場合も多い。ある顧客セグメントのために、そのジョブを完璧に解決するには、カギとなる経営資源やプロセスを独自の方法で統合する必要がある。これができれば、必ず持続的な競争優位を獲得できる。

CVPと利益方程式にまず焦点を当てることで、カギとなる経営資源とプロセスがどのように相互作用するのかがはっきりしてくる。

たとえば、多くの総合病院が、「すべての人にあらゆる医療を」といったCVPを提供している。ただし、すべての人にあらゆるものを提供するには、専門家、機材といった資源を膨大に用意しなければならず、これらを独自の方法で組み合わせることはとうてい不可能である。その結果、差別化できないばかりか、患者には不満が残ることになる。

対照的に、CVPを特化させている病院は、みずからの経営資源とプロセスを独自の方法で統合し、患者の満足度を高めている。

デンバーにあるナショナル・ジューイッシュ・ヘルスは、特定分野のバリュープロポジションに焦点を絞っている。「呼吸器系の病気でしたら、当院をお訪ねください。我々がその原因を突き止め、効果的な治療を提供いたします」と触れ込んでいる。このように医療分野を絞り込むことで、専門家の力を引き出し、専門機器を活用できるように、両者を統合させたプロセスを開発した。

タタ・モーターズが、ナノにおけるCVPと利益方程式の要件を満たすには、設計や製造、流通のあり方を一から見直さなければならなかった。そこで、若手エンジニアを集めた小規模チームを組織した。若手であれば、ベテランデザイナーたちと違って、自動車業界の利益方程式に影響されたり、囚われたりすることもないと思われたからである。

このチームは、部品数を劇的に減らし、莫大なコスト削減を実現した。また、サプライヤー戦略を見直し、ナノ用のコンポーネントの85％を外注し、ベンダーの数を6割近く減らすことで、取引コストを削減し、規模の経済を働かせた。

製造ラインのもう一方では、まったく新しい手法で自動車を組み立て、流通させることが考えられていた。それは、モジュール化したコンポーネントを自社工場と外部工場のネットワークに流し、そこでBTO（受注製造）するという究極の計画であった。

ナノの場合、設計、組み立て、流通、そしてサービスのすべてが、従来の常識を覆すようなものだった。ただし、新しいビジネスモデルなくしては実現しなかった。結果が出るにはまだ時間がかかるが、ラタン・タタはこれによって、交通安全の問題も解決するかもしれない。

ヒルティにとって最大の難関だったのは、営業担当者たちにまったく新しい仕事を覚えさせることだった。フリート・マネジメント・サービスは、30分程度の商談で売り込めるものではない。何日も、何週間も、時には何カ月もかけて、顧客に商品ではなくサービスを購入するよう説得しなければならない。営業担当者たちは、現場監督や購買マネジャーとトレーラーの中で商談したりすることには慣れていたが、一転して、会議室でCEOやCFOを相手にすることになったのである。

そのうえリース事業では、顧客にぴったりのサービスパッケージを設計・開発し、月額料金について合意を取り付けるために、新たな人材、より強固なITシステム、そしてその他の新技術といった経営資源が必要だった。大量の工具や機材を維持するうえで、ヒルティはそのコストを顧客以上に引き下げ、効率を高める必要があった。これには、倉庫、在庫管理システム、交換する道具の供給が不可欠である。

顧客管理の面では、現場監督者が使用中の工具すべてとその使用状況を閲覧できるウェブサイトを用意した。このような情報をすぐに閲覧できれば、監督者たちはこれらのコストを簡単に計算できる。

ビジネスモデルを開発する過程において、ルール、一般基準、評価基準はたいてい最後に登場してくる。これらの要素がどのようなものになるかは、新しい製品やサービスが市場で試されるまで、はっきりしない。だからといって、前もって決めるべきではない。ビジネスモデルはその当初、変更できるだけの柔軟性が必要だからである。

新しいビジネスモデルが必要とされる時

既存企業は、軽はずみにビジネスモデル・イノベーションに取り組んではならない。なぜなら、たいていの場合、ビジネスモデルを抜本的に変えなくとも、新製品を開発し、競合他社を出し抜けるからである。

たとえば、プロクター・アンド・ギャンブル（P&G）は、掃除用モップのスウィッファー・ダスターや消臭剤のファブリーズなどを開発し、いわゆる「破壊的な市場イノベーション」を数多く展開してきた。どちらのイノベーションも、既存のビジネスモデルと家庭用品市場における支配的な立場の上に築かれたものだ（**章末**「既存のビジネスモデルがそのまま使える場合」を参照）。

しかし、これまで以上の成長を求めるならば、未知の市場だけでなく、未知のビジネスモデルという領域にあえて踏み込まなければならない時がある。それはどのような場合か。簡単に言えば、「既存モデルの4要素すべてを刷新しなければならない時」である。

とはいえ、けっして簡単ではない。まさしく経営判断が求められる。以下のように、ビジネスモデルの改革が必要とされる5つの状況が考えられる。

❶既存のソリューションが高すぎる、あるいは複雑すぎるため、市場から完全に排斥されている膨大な潜在顧客が抱えているニーズに、破壊的イノベーションによって対応するチャンス。タタのナノのように、新興市場において、またはボトム・オブ・ピラミッド（最下層の消費者）に向けて製品を大衆化する場合も、ここに含まれる。

❷アップルなどのMP3プレーヤーのように、目新しい技術を新しいビジネスモデルによって提供す

るチャンス。あるいは、軍事技術を民生分野に応用する、またはその逆など、既存技術を活用して、まったく新しい市場に参入するチャンス。

❸「解決すべきジョブ」という視点が存在しない分野に、この視点を持ち込むチャンス。製品や顧客セグメントに目が向いている業界の場合、おしなべて、既存製品の改良を繰り返し、時間の経過とともにコモディティ化していく傾向がある。ここにジョブの視点を持ち込むことで、業界の収益性を変えることができる。たとえばフェデックスは、宅配便市場に参入した時、低価格やマーケティングで競争しようとはしなかった。その代わり、いままでより速く、より確実に荷物を受け取りたいという、それまで満たされていなかった顧客ニーズを満たすことに集中した。そのためには、カギとなる経営資源とプロセスを効率よく統合する必要があった。このように「解決すべきジョブ」に注目したビジネスモデルによって、フェデックスは大きな競争優位を獲得し、ユナイテッド・パーセル・サービス（UPS）はこれを真似るのに何年もかかった。

❹価格破壊者に対抗する必要性。かつてミニミルが超低コストで鉄鋼を生産することで、大手製鉄会社を脅かしたように、ナノが成功すれば、他の自動車メーカーの脅威となろう。

❺競争基盤の転換に対応する必要性。何が市場で受け入れられるかは、むろん時代によって異なるため、主要な市場セグメントではコモディティ化が不可避といえる。ヒルティは、ビジネスモデルを部分的に変える必要があった。製造コストがグローバルに低下したからである。つまり、「そここの品質」のローエンド企業が、高品質工具市場を侵食し始めていたのだ。

言うまでもなく、努力が報われるほどのチャンスであると確信できなければ、ビジネスモデルを再構築すべきではない。また、新しいだけでなく、何らかの形で業界や市場のルールを変えるようなものでなければ、新たなビジネスモデルを構築する意味がない。そうでなければ、時間とお金の無駄であろう。

次の質問は、新たなビジネスモデル・イノベーションへの挑戦が好結果をもたらすかどうかを評価する一助となろう。以下の４つのすべてに、イエスと答えられれば、成功確率はぐんと高まる。

- ●焦点が絞られ、説得力のあるＣＶＰによってジョブを解決できるか。
- ●できる限り効率的な方法でジョブが処理できるように、すべての要素、すなわちＣＶＰ、利益方程式、カギとなる経営資源とプロセスがうまく結び付いたビジネスモデルを構築できるか。
- ●自社のコア事業からの悪影響を被ることなく、新規事業を立ち上げるプロセスをつくり上げられるか。
- ●競合他社にとって、その新しいビジネスモデルは破壊的なものか。

新規事業のために新しいビジネスモデルをつくり出すことは、必ずしも既存のビジネスモデルを脅かしたり、改革を突き付けたりするわけではない。ダウコーニングが発見したように、新しいビジネスモデルはコア事業を強化し補完することが少なくない。

ダウコーニングのザイアメター事業が成功した理由

ビジネスモデル・イノベーションが明らかに必要な場合、しかるべきビジネスモデルを構築しただけで成功が保証されるというわけではない。

新しい事業を成功させるためには、既存のビジネスモデルが、新しいビジネスモデルの価値創造活動はもとより、その成長をじゃましないよう、十分配慮しなければならない。

ダウコーニングは、新しい利益方程式によって新規事業を一から立ち上げた時、この問題に遭遇した。同社はこれまで、数千ものシリコン関連製品を販売し、さまざまな業界向けに先端的なテクニカルサービスを提供してきた。ここ数年も、ずっと利益を伸ばしてきてはいたが、多くの製品分野では成長が鈍ってきていた。

戦略を検討したところ、決定的な問題が浮かび上がった。ローエンドの製品セグメントで、コモディティ化が起こっていたのである。顧客の大半がシリコンについてすっかり詳しくなっており、もはやテクニカルサービスを必要としていなかった。むしろ彼らが求めていたのは、低価格な汎用品であった。

この方向転換はまさしく成長のチャンスだった。ただし、ダウコーニングがこれを物にするには、より低価格の製品を提供する方法を見つけ出す必要があった。

問題は、同社のビジネスモデルと企業文化が、革新的な高価格製品やサービスパッケージの上に成り

図表10-3｜ダウコーニング：ローエンド市場に参入する

ダウコーニングは長らく、高い利益率を追求してきたが、一転して、利益率の低い事業にチャンスを見出し、その事業部門を独立させた。ローエンド事業とハイエンド事業を根本的に棲み分けることで、ローエンド事業を新たな利益源とすると同時に、既存事業とのカニバリゼーションを回避した。

	既存事業	新規事業
CVP	カスタマイズされたソリューション、交渉による契約	サービスなし、量販価格、オンライン販売
利益方程式	高付加価値なサービスを提供できるような、高い利益率と高い間接費が反映された小売価格	スポット市場での値付け、低い利益率と間接費、高スループット
カギとなる経営資源とプロセス	R&D、営業、サービス重視の姿勢	ITシステム、最小限にコストが抑えられたプロセス、可能な限りの自動化

立っていたことだった。

2002年、ローエンド顧客向けの汎用品事業に本格的に参入するため、当時のCEOゲリー・E・アンダーソンは、バイスプレジデントのジョセフ・ドナルド・シーツに命じて、新規事業を立ち上げるチームを編成させた（**図表10-3**「ダウコーニング：ローエンド市場に参入する」を参照）。

同チームは、価格重視の顧客のニーズを満たすCVPはどのようなものかを検討し、15%の値下げが必要であるという結論に達した。汎用品としては、これは大幅な値下げである。また、新しいCVPには何が必要かを分析したところ、単にテクニカルサービスを削っただけでは、とてもこの価格を実現できないこともわかった。

このように劇的な値下げを実現するには、低コスト構造に基づく利益方程式が不可欠であり、これは新しいＩＴシステムを構築できるかどうかにかかっていた。より大量の製品をよりスピーディに販売するには、インターネットを使ってプロセスを自動化し、できる限りコスト削減しなければならなかったのである。

ルールを壊す

ダウコーニングは成熟した成功企業であり、それゆえハイタッチでＣＶＰを提供する訓練を受けた社員ばかりだった。自動化するために、この新規事業にはこれまで以上の標準化が不可欠だった。すなわち、これまでとは異なる包括的で厳格なルールが必要とされたのである。

たとえば、一回の注文単位を何種類かに絞り、しかも大口に限る。リードタイムを2〜4週間に引き下げ、例外的な対応には別途費用をもらう。支払期限を設定する。顧客サービスが必要な場合には、その分の料金を別途請求する。

これだけではない。この新規事業は、人手を減らせるセルフサービス方式、標準化がカギを握っていた。とにかく成功するには、ダウコーニングを成功に導いてきた過去のルールを打破しなければならなかった。

シーツは、これら新しいルールと合わせて、この新規事業がダウコーニングという企業体の制約の中ではたして成功できるのかどうか、判断しなければならなかった。彼は、新しいＣＶＰの要件について、現在のスタッフとシステムがどのように反応するのか、実験的な対戦ゲームによって検証してみることにした。

すると、すっかり染み付いた習慣と現行のプロセスがじゃまをして、いくらゲームのルールを変えようとしてもうまくいかず、彼は玉砕した。このイニシアティブは、企業内の抗体によって、立ち上がる前に葬り去られるのは明らかだった（**章末**「ビジネスモデル・イノベーションを妨げるもの」を参照）。

進むべき道は一つしかなかった。既存のルールに囚われず、汎用品事業を成長させるために必要なルールを独自につくるしかない。このビジネスチャンスを活かし、かつ既存のビジネスモデルへの影響を避けるには、新しい事業部門とブランド・アイデンティティが必要だった。こうしてザイアメターが生まれた。

新しいコンピテンシーを見つける

新しいＣＶＰと利益方程式を明らかにした後、ザイアメターのチームは、必要なコンピテンシー、カギとなる経営資源とプロセスに注目した。当時ダウコーニングでは、ＩＴはコアコンピタンスとしてあまり重要視されていなかったが、いまではウェブ事業の中心的存在になった。

同時に、ザイアメターでは、賢明な決断を迅速に下し、当初はまったく先が見えない、刻々と変化する環境でも実力を発揮できる人材が必要だった。この新規事業には、新しい能力が要求されることは言うまでもなかった。

ザイアメターは分離されて運営されることになったが、シーツとザイアメター・チームは、深い業界知識や自社製品がもたらした既存の優位性を放棄するつもりはなかった。したがって、古いルールに縛られることなく、専門性を活用することが課題であった。

シーツは、リスクテイクできる人材を求めて社内公募を実施した。面接でふさわしいスキルの持ち主に出会うと、彼は面接が終わる前に採用を出した。こうして、迅速に意思決定し、大きなリスクが負える人材を選りすぐることができた。

忘れてならない「忍耐」

新規事業が成功するまでには、ビジネスモデルを通常4回くらい手直しして、ようやく利益が出てくる。入念に検討されたプロセスによってビジネスモデル・イノベーションに取り組むならば、このサイクルが短くなるが、みごと成功させるには、最初の失敗を乗り越え、どのように路線変更すればよいかを把握する必要がある。

実際、実行のみならず、学習と調整にも集中しなければならない。新しいビジネスモデルの成長を忍耐強く見守る、すなわち市場機会が花開くのを待つだけでなく、早期に利益を出す、すなわちそのビジネスモデルがうまくいくことを証明することが望ましい。本当に利益が見込める事業であれば、ビジネスモデルの有効性は早くわかるものなのだ。

したがって、おのずと新しいビジネスモデルが生まれてくるように試行錯誤を重ね、開発サイクルを構築することは、最小限の資源によって成果を出し、実現可能性を示すことになる。

ダウコーニングの場合、ザイアメターのオペレーションを小規模に維持しつつも、立ち上げのスケジユールを急ぎ、1年目が終わるまでには利益を出すという目標を設定した。ザイアメターは、わずか3カ月で投資を回収し、構造転換をもたらすほどの大成功となった。

ダウコーニングはそれまで、オンラインからの売上げは皆無であった。いまや売上げの3割がオンラインからもたらされている。これは業界平均の3倍である。また、オンライン顧客のほとんどが新規顧客だった。

既存顧客を侵食するどころか、ザイアメターはむしろ主力事業を支え、ダウコーニングの営業担当者はコア製品をプレミアム価格で提供しやすくなったと同時に、価格感度の高い顧客層にも手の届く代替商品を提供できるようになった。

＊　＊　＊

既存企業が成長を目指して構造転換を図るのは、たいてい製品や技術のイノベーションが理由である。このような場合、開発期間が長期にわたり、やみくもに市場を探す企業が少なくない。

冒頭で触れたアップルのｉＰｏｄの例に見るように、企業を一変させるような事業は、一大発見や優れた技術の製品化だけに留まるものではない。成功の秘訣は、新しい技術を適切かつ強力なビジネスモデルに乗せることにある。

ハイランド・キャピタル・パートナーズの創設者兼ゼネラルパートナー、ロバート・F・ヒギンズは20年という業界経験の中で、新規事業の成功と失敗を目の当たりにしてきた。彼はビジネスモデル・イノベーションの重要性とその影響力を、次のようにまとめる。「これまでの経験から、我々（ベンチャー投資家）が失敗するのは、技術を過信した時です。成功するのは、新しいビジネスモデルに投資した時です」

既存のビジネスモデルがそのまま使える場合

ゲームのルールが変わるチャンスを活かすに当たって、必ずしも新しいビジネスモデルが必要というわけではない。P&Gがスウィッファー・ダスターを開発したケースのように、既存のビジネスモデルが新規市場でも変革を起こせることがある。それは、どのような場合か。また、新しいCVPを満たせるのは、どのような場合か。

- ●既存の利益方程式で対応できる。
- ●すべてではないにしても、既存の経営資源とプロセスの大半が使える。
- ●事業運営に当たって、現在用いている評価基準、ルール、最低基準が使える。

ビジネスモデル・イノベーションを妨げるもの

いかなる事業においても、ビジネスモデルの根本的な意味合いは、組織の記憶の中に埋もれ、忘れ去られていることが多い。しかし、たとえば粗利率40%を維持するなど、現状を維持するためにつくられたルール、評価基準や最低基準だけは残る。既存企業が新しいビジネスモデルを開発する場合、このようなルールや評価基準が最初の障害として立ちはだかる。

財務

- 粗利率
- ビジネスチャンスの規模
- 単価
- 単価当たり利益率
- 損益分岐点を超える時間
- NPV（正味現在価値）の計算
- 固定費の投資額
- 貸方項目

オペレーション

- 最終製品の品質
- サプライヤーの質
- 内製か委託生産か
- 顧客サービス
- 流通チャネル

●リードタイム
●スループット

その他

●価格
●性能ニーズ
●製品開発サイクル
●個人への報酬とインセンティブの基準
●ブランド特性

第**11**章

戦略実行力の本質

ブーズ・アンド・カンパニー シニアパートナー
ゲイリー L. ネイルソン
ブーズ・アンド・カンパニー プリンシパル
カーラ L. マーティン
ブーズ・アンド・カンパニー プリンシパル
エリザベス・パワーズ

"The Secrets to Successful Strategy Execution"
Harvard Business Review, June 2008.
邦訳「戦略実行力の本質」
『DIAMONDハーバード・ビジネス・レビュー』2008年9月号

ゲイリー L. ネイルソン
(Gary L. Neilson)
ブーズ・アンド・カンパニーのシニアパートナー。HBR誌には "The Passive-Aggressive Organization," HBR, October 2005.(邦訳「受動攻撃性:変化を拒む組織の病」『DIAMONDハーバード・ビジネス・レビュー』2006年12月号)などを寄稿している。

カーラ L. マーティン
(Karla L. Martin)
ブーズ・アンド・カンパニーのサンフランシスコ支社のプリンシパル。

エリザベス・パワーズ
(Elizabeth Powers)
ブーズ・アンド・カンパニーのニューヨーク支社のプリンシパル。

組織構造をいじっても戦略実行力は改善しない

優れた戦略、大ヒット商品、または技術的なブレークスルーによって、有力企業に躍進することは可能だ。ただし、戦略を確実に実行できて、初めてその地位を守り続けることができる。みずからの意図を実現する必要があるのだ。

残念ながら、大多数の企業が自認しているように、この能力に長けている企業はあまりない。筆者らは過去5年にわたり、数え切れないほどの人たち（そのうちの25%は執行役員クラス）に、自社の組織能力に関するオンライン評価に回答してくれるよう要請してきた。その結果、50カ国1000を超える企業、政府機関および非営利団体に所属する12万5000人のデータベースができ上がった。

所属する組織の戦略実行力は低いと評価している社員は、実に6割に上った。つまり「戦略上および業務上の重要な意思決定が迅速に行動に移される」という記述に同意するかという質問に、半数以上が「いいえ」と回答したのである。

戦略実行力とは、手持ちの情報とおのれの利益に従って行動する社員たちが、日々積み重ねてきた無数の意思決定の産物である。筆者らはこれまで、経営コンサルタントとして250を超える企業に、より実効性の高い戦略実行力の習得を支援してきた。

その経験を踏まえ、経営陣が社員の行動に影響を及ぼすうえで欠かせない基本要素を特定した。それは以下の4つである。

- 意思決定の権限を具体化する。
- 情報の流れを改善する。
- 適切に動機付ける。
- 組織構造を再設計する。

業績の改善を目指す組織はたいてい、まず組織構造に手をつける。組織図を書き換えることは解決策としてもわかりやすく、そのような変化は実際に目に見え、具体的だからである。この施策は即効性があるとはいえ、機能不全に短期的に対処したにすぎず、根本的な原因にメスを入れるものではない。数年後には、以前と同じ状況に逆戻りする。

組織構造の変更は、もちろん戦略実行力の強化を図る道程の一部でありうるし、またそうあるべきだ。とはいえ、いかなる企業変革プログラムにおいても、組織構造を変更することを前提とするのではなく、最後の仕上げと考えるのが何より賢明である。

筆者らの調査では、前述の4つの基本要素を改善するに当たり、意思決定権と情報活用に関係する施策がはるかに重要であることが判明した。その効果は、動機付けや組織構造のそれよりも2倍大きい（**図表11-1**「戦略実行に不可欠な4つの要素」を参照）。

グローバルに事業展開する某消費財メーカーが1990年代初頭に、組織の再設計に着手した例を見

図表11-1｜戦略実行に不可欠な4つの要素

戦略がうまく実行されない時、たいていのマネジャーが真っ先に、組織をいじることを考える。しかし我々の調査によると、優れた戦略実行力の基本は、意思決定の権限を具体化し、そしてしかるべき情報がしかるべきところに届けられることを徹底することから始まる。これら2つを正しく実施できれば、どのような組織構造や動機付けが適切かも、おのずと明らかになる。

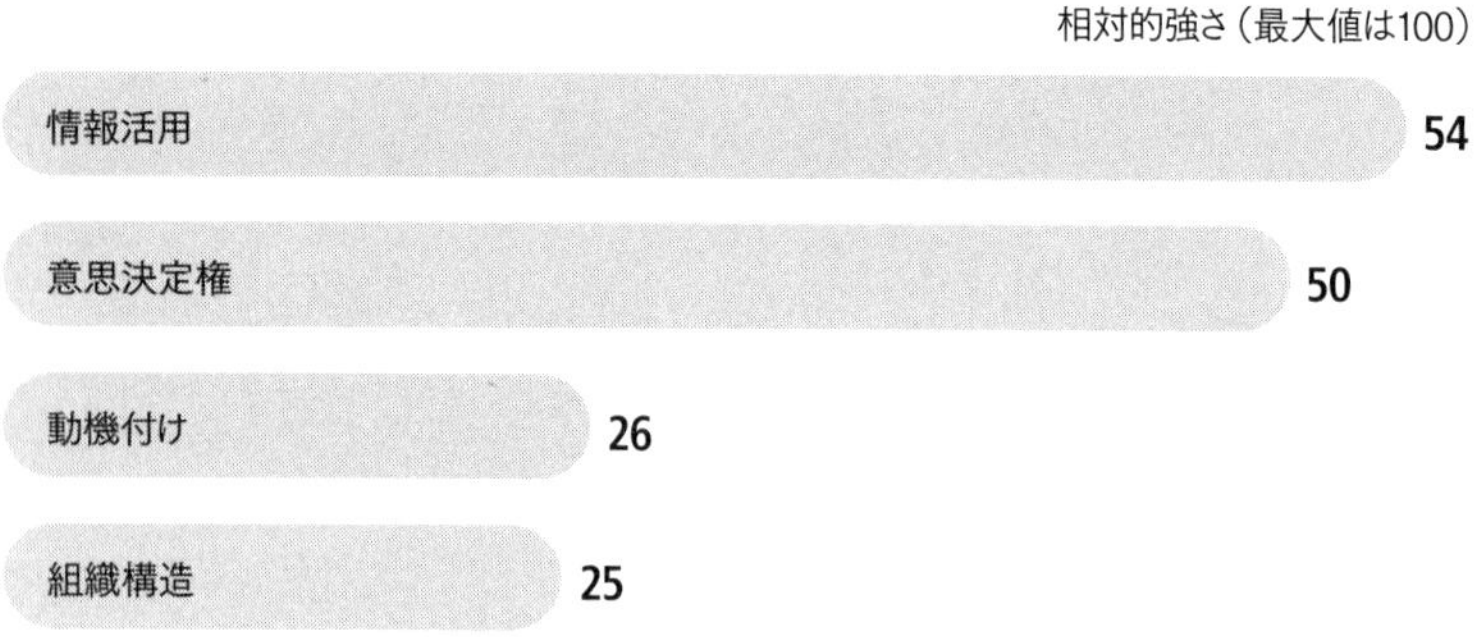

てみよう。なおこの事例を含め、以下では、企業名が特定できないように詳細を変更している。

業績に落胆した経営陣は、当時ほとんどの企業がやっていたことを真似た。すなわちリストラである。管理階層をいくつか撤廃し、それぞれの管理範囲を広げた。こうして、管理職の総人件費はすぐさま18％減少した。

しかし、8年後には以前の状態に戻っていた。撤廃したはずの階層がいつのまにか復活しており、管理範囲もまた縮小していたのだ。同社経営陣は、組織構造だけをいじることで目に見える打開策を講じたとはいえ、根本的な原因、つまりどのように意思決定し、どのように責任を負うのかについては、何の手も打たなかったのだ。

今度こそと、経営陣は組織構造に囚われることなく、業務が遂行される仕組みに注意を向けた。コスト削減を追求する代わりに、戦略実行力の改善に重点的に取り組んだ。その過程で、業績未達の本当の理由が判明した。

すなわち管理職たちが、自分の役割と責任を具体的に認識していなかったのだ。言い換えれば、自分が下すべき決定事項が何なのか、直観的に理解していなかったのである。さらに、業績と報酬の関連性も乏しかった。

この消費財メーカーでは、マイクロマネジメントが恒常化しており、意思決定の後からとやかく言うようなことも頻発し、アカウンタビリティ（結果への説明責任）に欠けていた。ミドルマネジャーたちは時間の40%を、上層部への自己正当化と報告、または直属の部下が下した戦術上の判断に疑問を呈することに費やしていた。

以上のような状況把握に基づき、同社は新しいマネジメントモデルを設計した。誰が何について責任を負うのかをはっきりさせると同時に、業績と報酬を連動させたのである。

同社ではこれまで、昇進は1年半から2年という速さだった。これも業界ではけっして珍しくはなかったが、自分のプロジェクトの行く末を見届ける前に異動しなければならなかった。その結果、どのレベルの管理職も、例外なく昇進後も以前の仕事を続け、自分のプロジェクトを引き継いだ部下の様子を監視し、頻繁に口出しした。

しかし現在では、在任期間が以前より長くなり、プロジェクトが終わるまで見届けられるようになった。そのため、自分の働きがちゃんとした成果として表れ始める頃に、その場に居合わせることができる。

さらに人事査定でも、プロジェクトの成果が、昇進した後もしばらくの間、引き続き考慮される。したがって、昇進前に立てた予測について無責任でいることはできない。その結果、予測の精度と信頼性が向上した。

これらの施策を実施した後でも、管理階層は減少し、管理範囲は拡大していた。ただし、それは変革の副産物であり、また主たる焦点ではなかった。

戦略実行力を強化する組織特性

筆者らの結論は、数十年にわたる経験と徹底的な調査から導かれたものである。およそ5年前、筆者らは同僚と一緒に、経験的に合理的と思われるデータの収集を始めた。その目的は、戦略実行力に資する行動を特定することだった。組織再編、動機付け、情報流通の改善、意思決定権の具体化、これら施策のうち、どれが最も効果的なのかを判断するためである。

筆者らはまず、17項目に及ぶ組織特性のリストを作成した。これらの組織特性は、先の4つの基本要素の1つ以上と関連している。たとえば、「情報」は組織の境界を超えて自由に流通しているか、シニアマネジャーたちは業務上の「意思決定」を蒸し返したりしないか、といった具合である。

これらを踏まえて、誰でも自社の戦略実行力について評価できるオンライン診断プログラムを開発した。その後約4年間にわたり、数万人の協力を得て、データを収集した。こうして、各組織特性が戦略実行力に及ぼす影響をより正確に測定できるようになった。その結果、17の組織特性の重要度を相対的に比較し、順位付けした（**図表11－2**「戦略実行力を強化する17の組織特性」を参照）。

このように組織特性の重要度に順位をつけたことで、実効性の高い戦略実行力を身につけるには、意思決定権と情報活用がいかに重要であるかが明らかになった。上位8つの組織特性はまさに意思決定権と情報活用に関わるものである。また17の組織特性のうち、組織構造に関係するものは3つにすぎず、しかも13位以降にようやく登場する程度である。以下では、上位5つの組織特性について詳しく見ていこう。

❶誰もが、自分の責任となる意思決定と行動についてしっかりした考えを持っている。

戦略実行力に優れた組織では、71％の回答者がこの組織特性に同意している。戦略実行力に劣る組織では、その割合は32％に低下する。

組織が成熟化していくにつれて、意思決定権は曖昧になりやすい。若々しい組織は通常、仕事に追われるあまり、はなから役割と責任を具体的に定義する余裕がない。また、その必要もないだろう。中小企業では、ほかの人たちが何をしているのかを知るのはそれほど難しくない。したがって、当面の間、物事はうまく回る。

ところが、成長するにつれて、経営陣が何度か交代し、そのつど異なる予測や期待が持ち込まれたり、排除されたりする。やがて稟議プロセスも複雑化していき、曖昧さが高まっていく。たとえば、ある社員のアカウンタビリティがどこからで、他の社員のアカウンタビリティがどこまでなのか、次第に不明確になる。

図表11-2｜戦略実行力を強化する17の組織特性

31社2万6000人超を対象とした調査に基づいて、我々は組織の戦略実行力に資する特性についてランキングしてみた。なかには相矛盾する特性、あるいはある状況では戦略実行力に有効でも、別の状況ではかえってじゃまになる特性もある。一部の特性だけで戦略実行力を説明できるものではない。以下のリストは、重要度の高い順に並べたものである。

基本要素　意思決定権　情報活用　動機付け　組織構造

順位	組織特性	強さ（最大値は100）
1	誰もが、自分の責任となる意思決定と行動についてしっかりした考えを持っている。	81
2	競争環境にまつわる重要情報は迅速に本社に伝えられる。	68
3	いったん下された意思決定について、蒸し返されることはめったにない。	58
4	組織の境界を超えて、情報が自由に流通している。	58
5	現場の社員たちはたいてい、自分たちの日常的な判断が業績に及ぼす影響を理解するうえで必要な情報が与えられている。	55
6	ラインマネジャーは、担当事業の主要な業績評価指標を測定するうえで必要な数値を入手できる。	48
7	ライン部門を統括するシニアマネジャーが、業務上の意思決定に関与している。	32
8	市場を混乱させるようなメッセージが発せられることは、めったにない。	32
9	社員一人ひとりの査定は、優秀、平均、要努力など、業績に従って区別される。	32
10	業績目標を実現する能力が、昇進と報酬に強く影響する。	32
11	「懐柔と迎合」というよりは、「コマンド・アンド・コントロール」（命令と統制）の企業文化である。	29
12	本社スタッフの主たる仕事は、事業部門の監査よりも、むしろその支援である。	29
13	昇進を伴う水平異動（同じ組織階層における配置転換）もありうる。	29
14	出世コースに乗った社員は、3年以内に昇進を期待できる。	23
15	ミドルマネジャーの直属の部下は平均5人未満である。	19
16	全社の業績が不振でも、高い業績を上げている部門の管理職はボーナスが得られる。	13
17	給与以外にも、社員たちに「素晴らしい仕事をしよう」という意欲を起こさせるものが多い。	10

耐久消費財を扱う某グローバル企業は苦い経験を経て、この問題に気づいた。競い合うがゆえに相反する意思決定を下す人たちがあまりに多く、CEO以外に、損益責任を真剣に意識している人間を見つけるのは難しかった。

同社では16ある製品部門を、北米、欧州、インターナショナルという3つの地理的グループに分けていた。それぞれの部門は、具体的に設定された業績目標を達成する責任を負っていた。一方、R&D予算をどのように配分するかといった支出目標は、本社部門によって管理されていた。

部門リーダーや地域リーダーが下した意思決定が本社部門によって覆されることなど、日常茶飯事だった。各製品部門は本社部門の決定事項に対抗すべく、スタッフを増やし、そのため人件費が膨らみ始めた。

各製品部門が本社部門と交渉し、各層で質問が検討されている間、意思決定は先送りされた。また、製品部門それぞれに配置された財務アナリストなどの専門スタッフたちは、自分が所属する部門のバイスプレジデントよりも、本社の各職能部門のリーダーに従うことが多かった。何しろ、彼ら彼女らの報酬と昇進を決めているのは本社部門のこれらリーダーだったからである。つまるところ、この論争を解決できるのはCEOをはじめ経営陣だけだったのだ。

これらの弊害すべてが影響し合い、絡み合うことで、戦略の実行が妨げられていた。この悪い流れが一変するのは、新CEOが現れてからである。

この新CEOはコスト管理の優先度を下げ、利益ある成長の優先度を上げた。具体的には、消費者を起点に組織を再設計したのである。新しい組織モデルの一環として、CEOは、各製品部門の損益責任を具体的に定めた。同時に、その目標を支援するために本社部門を利用する権限を各製品部門に与えた。ただし、予算はより厳しく管理されることになった。

本社部門の役割と権限は改められ、各製品部門のニーズをこれまで以上に支援することに加えて、事業全体でグローバルなケイパビリティを開発するため、部門を超えて連携することが求められた。

こうして、本社部門のリーダーたちはおおむね、市場の現実を理解するようになり、この改革によって、事業運営の調整も必要になった。

CEOは、組織の再設計プロセスに本社部門のリーダーたちを参加させ、それが功を奏した。新しい業務モデルは、押し付けられたものではなく、自分たちが関与して、共同で生み出されたものになったからである。

❷競争環境にまつわる重要情報は迅速に本社に伝えられる。

戦略実行力に優れた組織では、平均して回答者の77%がこの組織特性に同意するが、戦略実行力に劣る組織では、この割合は45%に留まる。

パターンを特定し、事業部門や地域部門にあまねくベストプラクティスを広めるうえで、本社部門は本来、強力な機能を果たしうる。ところが、本社部門にそのような調整役が務まるのは、正確かつ最新の市場情報を把握している場合に限られる。そうでない場合、顧客の側にいる現場の意見を無視して、本社部門が検討した課題と方針を押し付けがちである。

重機メーカーのキャタピラー・トラクター（1986年にキャタピラーに社名変更）の事例(注1)を紹介し

よう。同社は現在、売上高450億ドルという大成功を収めているグローバル企業の一つである。しかし30～40年前は、組織は機能不全に陥り、生き残りすら危ぶまれていた。

意思決定は中央集権化し、イリノイ州ピオリアにある本社内の各職能部門のリーダーたちが権力を掌握していた。一方、意思決定に必要な情報の多くは、各営業マネジャーたちが預かる現場に分散していた。

あるラインマネジャーの言葉を借りると、「縦割りの管理部門の間を行ったり来たりしなければならないので、意思決定するまでに、嫌というほど長い時間がかかりました。下された意思決定も、事業部門のためというより、管理部門のためのものでした」。

現会長兼CEOのジェームズ・W・オーエンズは当時、インドネシアでマネージングディレクターを務めていた時、情報がトップに届くまでに「都合よく直されたり、取り繕われたりしたことが何度もありました」と我々に語っている。

こうして、市場の現実を知らない経営陣によって、社内調整や過剰な分析が行われ、また現場の意思決定が蒸し返されることもしばしばだった。キャタピラーはその結果、変化の激しい市場で数々のチャンスを逸していた。

たとえば価格は、本社のプライシング担当部門が、市場動向などおかまいなしに、原価に基づいて決定していた。世界各国の販売代理店が次々と、小松製作所（コマツ）に客先を奪われていった。コマツのプライシングは、キャタピラーのそれ以上に競争力があったからである。

そして1982年、キャタピラーはおよそ60年の歴史の中で、初めて赤字決算を経験した。1983

年と84年には、毎日100万ドルの赤字を垂れ流していた。1984年末までに、同社の損失額は10億ドルに膨らんだ。

1988年、先に1985年にCEOに就任していたジョージ・A・シェーファーが、この硬直化した官僚組織のトップになった。当時のキャタピラーは、彼の言葉を借りると「私が尋ねたことについては話してくれるが、私が知らなくてはならないことは話してくれない」組織だった。そこでシェーファーは、反体制的なミドルマネジャーを集めてタスクフォースをつくり、キャタピラーの将来像を考える任務を課した。

皮肉にも、しかるべき情報が本社に確実に伝わるようにする方法は、組織のはるか下位で意思決定が下されることを徹底することだった。業務上の責任が現場に委ねられると、経営陣にはグローバル戦略上の課題を重点的に検討する時間が生まれた。

キャタピラーは事業部制に再編され、各事業部門がそれぞれ損益責任を負うようになった。それまで全権力を掌握していた本社部門は、文字通り一夜のうちに消滅した。本社部門が有していたエンジニアリング、プライシング、製造を含めた専門知識と人材は、各事業部門に配分された。そして各事業部門が、独自に製品を設計し、独自に生産工程とスケジュールを決め、独自に価格を決められるようになった。

以上によって、いっきに分権化が進み、市場に関する意思決定については各事業部門にその権限が委譲された。また、ROA（総資産利益率）が共通の業績評価指標となり、全事業部門の損益がこれで測定されることになった。

経営陣は、正確かつ更新も比較もできる情報のおかげで、古い売上データを用いて効果の上がらないマーケティングについて決定を下していた過去と決別し、戦略上の選択を賢く下せるようになった。同社はわずか1年半で、新しいマネジメントモデルによって運営されるようになっていた。オーエンズは、次のように当時を振り返っている。
「これは、まさしく革命がもたらしたルネッサンスでした。低迷していた会社を、起業家精神のあふれる会社にみごとに変身させたのです。しかも、決定的で完全、徹底し、全世界同時に実施されたため、改革は極めて迅速でした」

❸いったん下された意思決定について、蒸し返されることはめったにない。

ただの蒸し返しなのか、これとは異なるのかは、言い出した人の立場による。より上層部による全社的な視点からのものであれば、意思決定に価値が付加されるかもしれない。直属の上司とはいえ、付加価値を提供できないこともある。たとえば、部下の仕事をやり直し、そのせいで進捗が足踏みするかもしれない。そのマネジャーはこの間、管理職としての仕事を果たせない。

筆者らの調査では、戦略実行力に劣る企業の回答者のうち71%が、「意思決定が蒸し返される」と見ていた。一方、戦略実行力に優れた企業では、同じように感じている回答者の割合は45%に留まった。

筆者らは、もっぱら貧困の撲滅に向けてグローバルに活動している慈善団体と一緒に仕事をする機会に恵まれたことがある。この団体は、ほかがうらやむような問題を抱えていた。寄付金が急増し、その結果、質が高く広範にカバーするプロジェクトを考えなければならなくなり、その重圧に苦しんでいたのである。

この非営利団体は、個人的な使命感に燃える人たちを中心とした組織である。ちょっとした雑務ですら、誰かに任せるのをよしとせず、たとえば支部長みずからコピー機を修理するといった具合であった。組織が大きくなるにつれて、権限委譲できないことが足かせになり、意思決定が滞り、しかもアカウンタビリティの欠如も顕在化し始めた。そして、言い訳のテクニックが磨かれていった。

誰に意思決定権があるのか、はっきりしない場合、何度も会議が開かれたが、どうにも結論に至らないことが常だった。ようやく意思決定が下されても、それはすでに大勢の関係者たちの吟味を経たものであり、それゆえ責任の所在は曖昧だった。

そこで組織を見直し、本部と各支部のリーダー、そして専門家たちのために「センター・オブ・エクセレンス」（COE）を各地に設け、意思決定を迅速化する取り組みがなされたが、効果を上げるどころか、新たな不都合を生じさせるはめとなった。これらリーダーたちは、自分たちにこれらCOEを利用する権利があるとは思えなかったのだ。

この非営利団体の事務局と理事会は、また振り出しに戻った。筆者らは彼ら彼女らと共同して、意思決定マップを策定した。これは、個々の意思決定それぞれがどこで下されるべきかを特定するうえで役に立つものだ。このマップを使って、すべてのレベルにおける意思決定権をはっきりさせ、これを徹底した。

次に、全マネジャーに向けて、誰がやっても同じような作業はほかの誰かに任せるように指示した。こうして、自分の下すべき意思決定とそうすべきでない意思決定を区別できるようになり、自分の意思決定に責任を負うことを公正に感じるようになった。

何よりも、マネジャーたちはそもそものミッションに全力を傾けられるようになった。決定権とその責任を具体化したことで、組織が一人ひとりの成果を追跡する能力も改善した。そして、能力開発の新たな方向性を示すことにもつながった。

❹組織の境界を超えて、情報が自由に流通している。

情報が部門横断的に水平に流れていないと、各部門には自己中心的な行動が目立ち始める。その結果、規模の経済が失われ、ベストプラクティスも共有されない。また組織全体としては、仕事ができる将来有望な人材を育成する機会が失われる。

筆者らの調査では、「情報が組織の境界を超えて自由に流れている」と回答した人の割合は、戦略実行力に劣る企業では21%足らずだった。一方、戦略実行力に優れた企業では55%だった。優れた企業でさえ、それほど高くないということは、これはほとんどの企業において取り組むべき課題といえよう。

ここで、某B2B企業の例を紹介しよう。同社では、重要顧客にサービスを提供しようにも、顧客担当部門と製品部門の間に協力体制が確立されていなかった。

そこで同社では、さまざまな製品を購入する大口顧客など、重要なセグメントとの関係を円滑化するために、顧客マーケティンググループをつくり、客先に出かけていくアウトリーチ・プログラムの展開、革新的な価格体系、顧客別にカスタマイズした販促活動や値引きといった仕事を任せた。

この顧客マーケティンググループは、これら一連のイニシアティブとその進捗状況について、各製品部門に報告書を提出することはなかった。また、各部門長が集まり、主要な業績評価指標について話し合う定例会議に出席する時間の確保すら難しいという状況にあった。

そこで各製品部門は、それぞれ独自に顧客マーケティンググループと連絡を図り、計画を立てた。当然ながら、製品部門ごとに優先事項は異なり、それぞれに合わせた対応が必要になる。その対応のために、顧客マーケティンググループは膨大なエネルギーを費やしていた。

ところが、各製品部門は、この新設部門が重要顧客に食い込むために建設的な手段を展開していることに気づきもしなければ、また耳にはさんだとしても信じていなかった。また顧客マーケティンググループも、製品部門が自分たちの計画に関心を示しても、それはうわべだけのことだと思っていた。

したがって、さまざまな製品を購入している大口顧客が抱えている重要な関心事、たとえば潜在的なトレードオフやボリュームディスカウントといった課題について、両者が協力することはなかった。

同社がかつて、利益率の高い市場で圧倒的な強さを誇っていた時代には、このような協力体制の欠如が問題になることはなかった。しかし、市場競争が激しくなるにつれて、かつての顧客たちは同社のことを、信頼の置けない、やっかいなサプライヤーと見なし始めていた。その結果、顧客たちは次第に同社と関係を深めることをためらい出した。

しかし、問題が明らかになれば、解決策はそれほど難しいものではなかった。顧客マーケティンググループと各製品部門が話し合う程度で済んだのである。顧客マーケティンググループは、目標と実績の差について製品別と地域別に示した報告書を製品部門に定期的に報告する責任、および根本原因分析を支援する責任を負うことになった。

また、くだんの定例会議は四半期ごとに開かれるようになり、フェース・トゥ・フェースで情報交換する場ができ、懸案事項についてもその場で検討できるようになった。協力には信頼関係が欠かせないが、これら一連の施策によって、その輪が社内に広がっていった。

❺現場の社員たちはたいてい、自分たちの日常的な判断が業績に及ぼす影響を理解するうえで必要な情報が与えられている。

社員たちが利用できる情報が限られれば、意思決定の合理性はおのずと制約される。売上げをさらに増やすために必要なコストがわからなければ、マネジャーたちはやみくもに売上増を目指す。十分な情報が与えられていれば、そのような行動は明らかに間違っていることもわかろうが、十分な情報が与えられていなければ、彼ら彼女らを責めることはできない。

筆者らの調査では、「現場の社員たちはたいてい、自分たちの日常的な判断が業績に及ぼす影響を理解するうえで必要な情報が与えられている」という組織特性について、戦略実行力に優れた組織では、回答者の61％が同意している。戦略実行力に劣る組織では、この割合が28％に落ち込む。

筆者らのクライアント企業の一つ、某大手金融サービス会社でも、この不健全な力学が働いていた。同社は、小規模な地方銀行を相次いで合併することで、今日の地位を築いていた。合併後の業務統合によって、ローン営業を担当するフロントオフィスと、与信評価を担当するバックオフィスが分離された。両部門は所属組織も別々となり、しかも多くの場合、場所も分かれることになった。

その結果、残念ながら、必要な情報と動機付けがうまく連動せず、業務の円滑化につながらなかった。

さらに、フロントオフィスとバックオフィスの両部門が、異なる目標、しかも相反することの多い目標を追求していた。

たとえばフロントオフィスは通常、一回限りの顧客にも、過剰にカスタマイズした取引を提案して契約を物にしていた。しかし、この類の取引はコストが利益を上回る。フロントオフィスでは、このような取引のコストはどれくらいで、どれくらい複雑な取引なのか、きちんと理解されていなかったのだ。

このような情報を知らないために、営業スタッフたちは「事務方が妨害している」と思い込んでいた。一方のバックオフィスは、彼ら彼女らを「無鉄砲な仕事をする連中」と決め付けていた。年度末が近くなり、データを突き合わせてみると、同社の経営陣は必ず業務コストの急増に嘆かされた。多くの場合、そのコストで利益は消し飛んでしまうからだ。

前述のような情報格差の問題に対処するために、フロントオフィスに「スマート・カスタマイゼーション」というアプローチを導入した。大多数の取引で利用するエンド・トゥ・エンド・プロセスを標準化する一方、特定の状況に限り、カスタマイゼーションが許可された。

バックオフィスでは、カスタマイゼーションの処理プロセスを明確化し、分析支援ツールが用意された。こうして、その案件のコスト面に関する正確な情報をフロントオフィスに提供できる体制が整った。同時に、フロントオフィスとバックオフィス双方が使える共通の報告基準やツールも導入された。これは、意思決定の際、両部門が同じデータを用い、同じ評価基準に従うようにするためである。

お互いが相手の仕事について理解したことで、より効果的に協力し合い、全社の利益を最優先して行動するようになった。こうして、年度末に経営陣が嘆くこともなくなったのである。

障害になっている組織特性にメスを入れる

戦略実行力を改善するための４つの基本要素、すなわち意思決定権、情報活用、動機付け、組織構造は相互に関連し合っている。

意思決定権が具体化されていない場合、意思決定そのものが混乱するだけでなく、情報の社内流通を妨げたり、業績と報酬を断絶させたり、また公式の指示命令系統を迂回することが助長されたりする。情報の流通が妨害されれば、賢明とはいえない意思決定が下されたり、キャリア開発の機会が制限されたり、各部門の自分勝手な振る舞いが助長されるおそれもある。では、どうすればよいだろうか。

あらゆる組織が唯一無二であり、社内外で直面する条件はそれぞれ異なるため、普遍の解というものは存在しえない。とはいえ、最初の一歩は、問題の根本を特定することである。

筆者らがコンサルティングを提供する時は、まずクライアント企業の社員を対象に組織プロファイル診断を実施し、その結果を集計することから始めることが多い。調査対象の数は多ければ多いほど望ましい。

ひとたび自社の弱点がわかれば、そのための対策はいくらでも考えられる。**図表11－3**「戦略実行力を改善する施策例」では、業績に影響を及ぼしうる改善策を15例示している。ここに列挙したものは、考えられる選択肢の一部にすぎない。

図表11-3｜戦略実行力を改善する施策例

戦略実行力を改善するための施策はいろいろある。ここに示した15の施策は、そのほんの一部にすぎない。戦略実行力を改善するに当たって、「意思決定権の具体化」「情報の流れの改善」「適切な動機付け」「組織構造の再設計」の4要素を活用しているが、いずれの施策もこれら4要素の1つ以上を強化するものである。

基本要素　○意思決定権　●情報活用　■動機付け　□組織構造

○	本社スタッフに、事業部門の意思決定の支援に重点的に取り組ませる。
○	各業務レベルでの意思決定を具体化・整理する。
○	本社は、戦略上の重要問題に重点的に取り組む。
○●	類似・重複する機能を一つの組織に統合し、センター・オブ・エクセレンスを創設する。
○●■	業務プロセスの責任者を、複数の職能部門に関わる活動の調整役に任命する。
○■	個人の業績評価指標を確立する。
●	現場から本社への情報の流れを改善する。
●	日常業務の業績評価基準を定義し、現場に導入する。
●■	クロス・ファンクショナル・チームを結成する。
■	表彰制度を導入する。
■	卓越した業績を認める目的で非金銭的報酬を拡大する。
●□	在任期間を延長する。
●□	水平異動とローテーションを定例化する。
□	管理範囲を広げる。
□	管理階層を削減する。

これらの施策はいずれも、17の組織特性の中の1つ以上を強化することを目標としている。たとえば、「意思決定権の具体化」のための施策であれば、次の2つの組織特性、すなわち「誰もが、自分の責任となる意思決定と行動についてしっかりした考えを持っている」「いったん下された意思決定について、蒸し返されることはめったにない」の強化につながる可能性が高い。

企業変革プログラムに、図表11－3に挙げた15の施策すべてを盛り込みたいと考えるマネジャーはまずいないだろう。実際、ほとんどの組織が、一度に5つか6つ以上の施策に取り組めるだけの管理能力や意欲を持ち合わせていない。

また、筆者らがこれまで強調してきたように、最初に取り組む施策としては意思決定権と情報活用をまず対象にすべきである。その後、その取り組みを支援するために、動機付けと組織構造を変えることを計画すればよい。

自社の弱点を理解し、最も実効性の高い企業変革プログラムを立案することを支援するために、筆者らはオンラインの組織変革シミュレーターを開発している。

この双方向型のツールには、組織プロファイル診断もついているため、要素を変えて、変革プログラムをあれこれシミュレーションできる。つまり、自社の弱点を改善するうえで、どの要素に取り組むのが最善なのかを検討できるのだ（**章末**「組織変革をシミュレーションする」を参照）。

組織プロファイル診断から始まり、戦略プランニング、変革プログラムの立ち上げに至るまでのプロセス全体を理解していただくために、某大手保険会社の事例を紹介しよう。以下では、同社をグッドワード・インシュランスと呼ぶことにする。

グッドワードは自己資本が潤沢で、保険料収入も契約顧客数も着実に伸びている成功企業の一つだった。しかし、同社経営陣は戦略実行力をさらに強化し、意欲的な5カ年計画の達成を望んでいた。顧客基盤の拡大、保険料収入の増大、およびコスト削減に関する高い目標もこの計画の一部であり、その実現にはより高次元のチームワークが要求されると思われた。

部門を超えた協力が一部で見られるものの、各部門とも自分たちの目標を重視するのがやはり当たり前だった。それゆえ、他部門の目標達成を支援するために自部門の資源を傾けることは考えにくかった。また多くの場合、そのような行為へのインセンティブもほとんどなかった。たとえば、A部門の目標を達成するにはB部門の力が必要だったが、B部門の目標にはA部門への支援は盛り込まれていないといった具合である。

グッドワードはこれまで、全社プロジェクトを幾度も立ち上げ、時間と予算をオーバーすることなく成功させてきた。しかしこれらのプロジェクトは、ステークホルダーのニーズを十分考慮していなかったため、やり直しが必要になる場合も少なくなかった。

たとえば、シェアードサービスセンターを新設した後、その業務モデルとプロセスを再検討する必要に迫られた。各部門が、自分たちが一番に片づけたい作業を同センターが速やかに処理してくれないせいで、内緒でそれを処理するスタッフを雇い入れるようになったからである。

このような結果が招かれたのは、「全社的に判断して、何が一番重要なのか」という優先順位を脇に置いて、同センターの都合で、技術アプリケーションを決めていたことが原因だろう。

また、部門間のコミュニケーションが不十分だったことから、主要商品の上市が滞ったことがあった。

マーケティング部門は、保険金の請求処理部門に新しい種類の請求を処理できる能力があるかどうかを確認せず、新しい特約を開発した。実のところ、このような処理能力がなかったため、新しいタイプの請求が殺到し始めると、請求処理部門のスタッフたちはコストのかかる手作業によって急場をしのがなければならなかった。

マーケティング部門は保険数理部門にも、新規開発した特約が会社のリスクプロファイルと償還引当支出にどのような影響を及ぼすのかを相談しなかった。実際、一部の特約ではコストが増加した。

より優れた戦略実行力を目指す組織文化に向けて、グッドワードでは、最大の障害を見極めるために、7000人強の全社員に組織プロファイル診断表を配付し、17の組織特性に関する同社のスコアを戦略実行力に優れた企業のそれと比較した。

優れた戦略実行力の障害となっているものを特定するうえで、過去に実施したさまざまな調査、たとえば従業員満足度調査からは定性情報が得られた。一方、筆者らの組織プロファイル診断によって、何が障害になっているのか、グループ別、職位別に分析できる定量化可能なデータが得られた。

また、戦略実行力の評価では、経営陣よりもミドルマネジャークラスのほうが悲観的であることが判明した。それゆえ、改革課題を最終的に決めるに当たり、ミドルマネジャーからのインプットが決め手となった。

以上の調査を通じて、グッドワードは、影響力の大きい組織特性のうち、戦略実行力を妨げる以下の3つの障害を特定した。

組織の境界を超えて、情報が自由に流通していなかった。

グッドワードには、情報を共有し合うという文化がまったくなかった。部門間で情報が流通していないことを示すケースが少なくないにもかかわらず、管理職たちはいつも「よその問題」として取り合わなかった。

しかし組織診断データによって、このように一見もっともらしい否定は口実にすぎないことを明らかにした。そして、診断結果を見直していたCEOは、部門を超えた情報の流通を示したチャートを掲げ、次のように断言した。

「我々はこの問題を数年間ずっと検討しています。しかし、君たちはいつも『それは他部門の問題であって、自分たちの問題ではない』と言うばかりです。ですが、回答者の67%が『情報が自由に流れているとは思わない』と述べています。これはどこかの問題ではありません。我々の問題なのです。あまねく低いからこそ、このような結果になったのでしょう。我々全員がこの問題を正す責任を負っています」

情報が横に流れないことの一因は、他部門に異動して昇進することが少ないことにあった。グッドワードでは、もっぱら同じ部門内で昇進し、他部門に異動して昇進することはなく、事実、ほとんどのミドルマネジャーとシニアマネジャーが部門内での昇進だった。そのため、他部門の活動のみならず、他部門の人たちについてもほとんど知らなかった。

競争環境にまつわる重要情報は、迅速に本社に伝えられていなかった。

診断データとそれに続く調査、さらにはミドルマネジャーとの面談によって、不適切な情報が組織図の上方へ伝えられていく様子が明らかになった。ありふれた日常の意思決定までも上申されていた。たとえば、ミドルマネジャーの採用や１０００ドル程度のボーナスについても、経営陣が承認しなければならなかった。

このため、ライバルの動向、顧客ニーズ、市場の広範な変化に対応しようにも、機敏さに欠けた。一方、重要情報は各組織階層でフィルターにかけられたため、有力な判断材料としてはまったく使えなかった。

ジュニアマネジャーが、あるプロジェクトが必ず失敗するであろう理由を知っていても、その上司たちはその意見を握り潰し、経営陣に伝えることはなかった。

みずから動かない人は何も始めないばかりでなく、流れに身を任せ続けた。たとえば同社では、保険販売員向けに新たなインセンティブを設定するプロジェクトが進んでいた。同じ取り組みが以前失敗に終わっていたが、誰も意見を言わず、またプロジェクトを止めようともしなかった。なぜなら、経営陣の一人の肝いりだったからである。

誰もが、自分の責任となる意思決定と行動についてしっかりした考えを持っていなかった。

部門間での情報流通の欠如によって、意思決定権にまで悪影響が及んでいた。というのも、どこまでが自分の権限で、どこからが他のマネジャーの権限なのかをちゃんと理解しているマネジャーがほとんどいなかったのである。

日常の意思決定でさえアカウンタビリティが曖昧で、マネジャーは誰に具体的な説明を求めればよいのか、わからずにいた。当然のことながら、意思決定権に関する混乱は、後から非難が集まるような状況を招いた。実際、グッドワードでは、回答者の55％が「いったん下された意思決定が、いつも蒸し返される」と感じていた。

グッドワードの名誉のために申し上げておくと、経営陣は前記の診断結果にただちに対応して、これら3つの問題すべてを対象とした変革プログラムに着手した。その旗印として、長期的なイニシアティブが立ち上げられた。改革にはずみをつけるとともに、参加意欲と当事者意識を醸成することがその目的であった。

経営陣は、ピラミッド組織によって権力を与えられている人たちへの「受動攻撃的」な態度(注2)が情報の社内流通を妨げていると認識した。この認識に基づき、形式にこだわらないオープンな社風に変えていこうという考えを示すため、ただちにいくつかの施策が講じられた。

象徴的な例を一つ挙げると、経営会議の座席配置が見直された。それまで経営陣は、テーブルの一角にまとまって座っていた。経営陣と他の出席者の間にある距離は、まさしく権力の違いを意味していたのだ。グッドワード経営陣はいまや、社員たちと交流し、より身近な存在となるように努め、また社員たちが非公式に情報共有することを奨励するようになった。

Cクラスの執行役員たちを交えた弁当持参の定期昼食会も制度化された。これによって社員たちは、企業文化変革運動、意思決定権、部門を超えたコミュニケーションの仕組みなど、さまざまなテーマについて話し合う機会を得た。

その際、各テーブルには異なる部門の社員が必ず着席するといった配慮がなされた。また、一人ひとりが他部門の仕事を学ぶことを奨励する目的で、対話の糸口となるような活動が取り入れられた。

一方シニアマネジャーたちも、情報活用と意思決定権に関する問題を是正するために本気で取り組み始めた。彼ら彼女らは、自分以外の人たちがどのように主要な意思決定を下しているのかを理解するために自分の社内人脈について評価し、また自分の人脈と他人のそれの決定的な違いを見極めた。その結果、重要な意思決定を下すための新しいフレームワークが生まれた。これにより、各意思決定の責任者は誰か、情報提供者は誰か、誰がアカウンタビリティを負っているのか、どのように成果を定義するのかがはっきりした。

長期的なイニシアティブはほかにもあり、その一部を以下に紹介する。

- 一部の決定事項を社内の隅々まで浸透させ、入手可能な最善の情報と意思決定権をいっそう結び付ける。たとえば、大半の雇用とボーナスに関わる意思決定は、雇用数と給与水準についてあらかじめ決められた範囲内である限り、当該部門のマネジャーに委ねられた。また、誰が、どのような情報を必要としているのかを明確にすることで、部門の壁を超えた対話が促される。
- 重複している委員会を特定し、廃止する。
- 業績評価基準とスコアカードを部門単位に細分化する。これにより経営陣は、問題を起こした張本人は誰かという犯人探しよりも、なぜ問題が生じたのかという原因に目を向けることができる。正しく設計されたスコアカードであれば、販売量や売上げといった成果だけでなく、顧客への訪問回数や顧客計画の達成度といった成果の先行指標も把握できる。その結果、経営会議の焦点は、過去を説明することから、将来を見据えることに移行した。すなわち、問題を予見し、その発生を防ぐことに変わったのである。

●企画立案プロセスを複数の部門を巻き込んだものに変える。各部門は、自分たちの取り組みが相互依存的で、互いに影響を及ぼし合う関係であることを理解し、これに従い、部門共通の目標が割り当てられる。

●ミドルマネジャーのキャリアパスにおいて他部門に異動して昇進することを重視する。

グッドワードはこれらの改革に着手したばかりである。これら一連のイニシアティブは、さまざまな部門、さまざまな職位が担当している。イニシアティブが自己中心的で、視野狭窄的にならないようにするためだ。そしていまや、同社の戦略実行力は着実に強化されつつある。

これが成功しつつあることは、従業員満足度にまず表れる。事実、部門間コラボレーションの水準と意思決定権の明確さに関する質問では、ミドルマネジャーたちの回答が20～25ポイントも改善している。また成績の高い社員たちを見ると、事業全体をより広範に理解するために部門を超えて活動している。たとえそれが、昇進に直結しなくともである。

＊　＊　＊

戦略の実行とは、終わりのない挑戦にほかならない。戦略実行力に卓越した企業、いわゆる「レジリエント型組織(注3)」でさえ、「戦略上および業務上の重要な意思決定が迅速に行動に移される」と認める社員は、全体の3分の2にすぎない。

組織構造や動機付けばかりに注目し、戦略実行力の問題に対処し続けている限り、失敗が繰り返されることだろう。短期的には成果が上がることもあろうが、これまで見てきたように、失敗の本質に踏み込まなければ、必ず元の木阿弥となる。

とはいえ、このような失敗はたいてい修正可能である。まず、おのれの責任は何か、誰がどのような決定を下すのかについて、社員たちが正しく理解するように周知徹底させる。次に、社員たちが責任を果たすうえで不可欠な情報を提供する。以上、意思決定権と情報活用が整えば、組織構造と動機付けもおのずとこれに従うはずである。

調査について

組織の実効性を検証するために、組織特性に関する17項目と成果に関する2項目の計19の質問から成るオンライン診断に回答してもらった。そして、最低150人以上の匿名回答が寄せられた企業31社、回答総数2万6743件に上るデータが集まった。

組織特性に関する17項目のうち、どの特性が優れた戦略実行力と最も関係しているのか、これを判定するために、各社について回帰分析を実施し、戦略実行力の指標と17特性の相関を調べた。

なお、戦略実行力の指標とは、「戦略上および業務上における意思決定が迅速に実行に移される」という成果に関する質問項目に「イエス」と回答した比率である。

次に、各組織特性について、当該特性と戦略実行力の指標が90％の確からしさ（90％の信頼区間）で相関している企業の数に基づいて順位付けした。最終結果は、100を満点として指数化している。

トップとなった組織特性「誰もが、自分の責任となる意思決定と行動についてしっかりした考えを持っている」にイエスと答えたのは31社のうち25社で、戦略実行力の指標と正の相関を示し、指数値は81であった。

組織改革をシミュレーションする

どのような組織にも、業績改善のチャンスがある。時間と資源が無限にあれば、やれる打ち手は山ほどあろう。しかし実際には、時間と資源には限りがあり、ビジネスは実世界で行われている。

では、どの取り組みを優先すべきか。この課題について、最善と考えられる知識に基づき、コスト効率にも極めて優れた意思決定を下すには、はたしてどうすればよいのだろうか。

筆者らは、意思決定権の具体化、クロス・ファンクショナル・チームの設置、非金銭的報酬の拡充といった施策の有効性について、時間とコストをかけずに検証する方法を開発した。

自社の戦略実行力を改善するには、どのような組織改革プログラムが最も効果的かつ効率的か、これをシミュレーションできるサイトを用意した。一度利用してみていただきたい（注）。

シミュレーションを開始するには、まず7種類ある組織プロファイルの中から、自社の現状に最も近いと思われるものを選択する。選択に悩む場合のために、簡便な診断法も用意されている。

このオンライン診断から自動的に組織プロファイルと戦略実行力の基準点がわかる。満点は100だが、完璧な組織など、この世に存在しない。極めて戦略実行力の高い企業でも、たいていは60〜70点台となる。

基準点を設定した後、シミュレーターの28ある施策から5つ選ぶことで、自社の戦略実行力を改善するための道筋が見えてくる。理想的には、自社の組織面における最大の弱点と一致していることが望ましい。正しく選べるように、シミュレーターの各施策には、4つある組織特性（意思決定権、情報活用、動機付け、組織構造）のどれに関連するものかが表示されている。

必要な施策を5つ選択したら、1年後の結果についてシミュレーションが行われる。これは、31社2万6000件超のデータによって経験合理的に導き出された関係性に基づいている。

あわせて、戦略実行力の改善結果が棒グラフで示される。このグラフには、戦略実行力に優れた企業サンプルと比較した相対的な位置が表示される。さらに、このシミュレーターでは、同じ組織プロファイルを選んだ他社の得点も同時に表示される。

必要ならば、2年目のシミュレーションに進んで、あらためて5つの施策を選ぶこともできる。ここに挙げた画像（次ページを参照）は実際の表示結果の一例である。

このシミュレーターが優れている点は、考えられる施策を無数に組み合わせ、結果を気にすることなく検討できることだ。シミュレーションできるのは2年分に限られるが、シミュレーションは何度でも好きなだけ試すことができる。

また、このシミュレーターはチーム評価にも利用できる。実際、シニアマネジャーたちの関心を集め、生産的な対話が生まれている。

このシミュレーターで、組織が直面しうる個別状況のすべてを把握することはできないが、目標を定め、実効性の高い組織改革プログラムを評価・構築する一助になりうる。これは、膨大な時間と資源をかけずに、さまざまな変化の影響について考えるきっかけとしても有益だろう。

【注】www.simulator-orgeffectiveness.comを参照。ただし英語版のみ。

【注】

(1)この事例に関する詳細の出典はGary L. Neilson and Bruce A. Pasternack, *Results: Keep What's Good, Fix What's Wrong, and Unlock Great Performance*, Crown Business, 2005.(邦訳『最強企業が最強であり続けるための組織デザイン』日本経済新聞社、2006年)を参照。

(2)問題解決に取り組まなかったり、頑なになったり、わざと能率を悪くするなどして攻撃すること。詳細は"The Passive-Aggressive Organization," HBR, October 2005.(邦訳「受動攻撃性:変化を拒む組織の病」DHBR 2006年12月号)を参照。

(3)市場や環境の変化に素早く適応できる柔軟性を備える一方、一貫した戦略に基づいて行動する企業。ブーズ・アンド・カンパニーの組織プロファイル診断で最高とされる組織。詳細は、注1の『最強企業が最強であり続けるための組織デザイン』を参照。

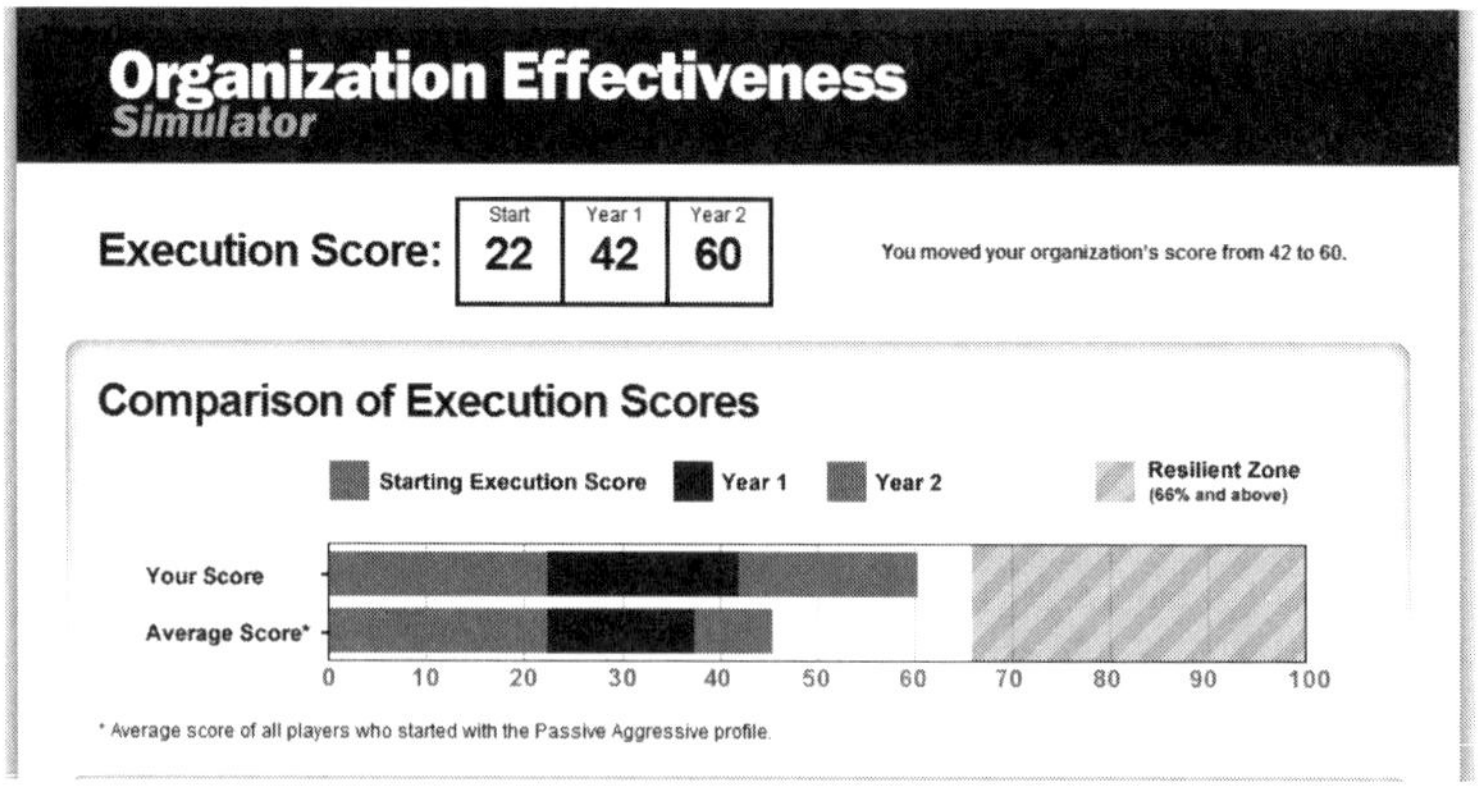

第 12 章

CEOが活発な取締役会とうまくやっていく方法

バンガード・グループ 創業者
ケン・バンタ
カヨン・パートナーズ マネージングディレクター
スティーブン・ゲロー

"How CEOs Can Work with an Active Board"
HBR.org, August 2017.
未訳

ケン・バンタ
(Ken Banta)
バンガード・グループ創業者。CEO やトップエグゼクティブにリーダーシップや組織変革をアドバイスするバンガード・グループ・フォー・リーダーシップのプリンシパル。ファルマシア、シェリング・プラウ、ボシュロムなどのマネジメントチームの一員として、これらの企業の業績をV字回復させた経験も持つ。

スティーブン・ゲロー
(Stephen D. Garrow)
カヨン・パートナーズのマネージングディレクター。アントレプレナー・イン・レジデンス（客員起業家）として、ニューヨーク大学スターン・ビジネススクール W. R. バークレー・イノベーション・ラボにも在籍。

活発な取締役会への4つのアプローチ

ほぼあらゆる規模の企業、あらゆる業種の企業で、取締役会は大きく変貌を遂げている。企業の業績が思わしくなかったり、振るわないことに対して、株主がますます不寛容になっているせいだ。これまでは、ただ型通りに議事を進行するだけの取締役会だったのが、経営陣に厳しい要求を突き付け、経営陣のやり方にいちいち口を出す活発な取締役会へと変わってきているのだ。

この変化はCEOにとっては脅威であり、いまいましいものだ。筆者らがこれまでコンサルティングを引き受けてきたCEOへの助言や、筆者ら自身のCEOとしての業務経験、取締役としての経験から、経営陣は取締役会との接し方を一新することで、このような新しい取締役会の下でも、十分に成果を発揮できることがわかった。そのための4つのアプローチを紹介する。

取締役会という組織に相対するだけでなく取締役個人と個別に接する――時に応じて助力を求める

驚くべきことに、CEOの多くは、正式な会議の場で取締役と会話することだけを重視しているようだ。しかし、定期的に取締役と一対一の非公式な面談をすることで、事業の詳細を把握したがる活発な取締役会の取締役をうまく使うことができる。個人的なやり取りを通じて、重要な案件について、取締役に助力を求めたり、問題が起こっても、それが大事になる前に対処したりできる。しかも取締役と個人的なパイプを築いておけば、CEOは取締役会に寝首をかかれ、突然決議を覆される可能性が少なくなる。

この場合、筆頭取締役（および議長）との関係を深めることが特に重要だ。活発な取締役会では、筆頭取締役や議長こそが、採り上げるべき議題を決め、個々の取締役が取締役会に持ち出した議論に対処するカギを握っているからだ。

筆者の一人は、ある活発な取締役会に出席していたことがある。いつも非生産的な質問をして、議題を脱線させ、会議を紛糾させる取締役が何人かいた。そこで、CEOは会議の秩序を取り戻すために、密かに筆頭取締役と議長を味方につけ、実際それ以後会議は正常に行われるようになったのだった。

CEOは取締役の一人を非公式な相談役にすることを検討すべきである。しかし、その人選には細心の注意を払い、野心の有無や人となりをよく確かめなければならない。あるCEOが相談役として頼りにしていた取締役が、実際にはCEOの椅子を狙っていたことが後で判明した例もあるからだ。そのCEOは、最も経営の弱みを見せてはいけない人物に、せっせと相談していたわけだ。取締役との通常の一対一の面談の時間に（相手に相談役を選ぶための面談だと悟られずに）相談役を決める面談のつもりで臨めば、適切な人物を選ぶことができるだろう。

相談役を担ってくれる取締役は、取締役会ではCEOの代弁者として、またほかの取締役たちとうまく仕事をしていくためのガイドとして大きな意味を持つ。

会議以外の場所で、より集中的に、より頻繁に取締役とやり取りを重ねる

ＣＥＯや経営陣の多くは、いまだに、従来通り、大部のパワーポイントのスライドを使って取締役会にプレゼンする。しかし、いまの取締役会はもっと実質的な対話を望んでいるので、パワーポイントではなく、よく練られた報告と、重要な最新情報、課題、そして今後の事業機会についてのQ&Aを口頭で発表するように勧めている（ほかに必要な情報は、会議までに簡潔にまとめた資料を渡しておけばよい）。

これはＣＥＯが取締役会と真剣な議論をするために、より直接的なコミュニケーションに時間を割いているというアピールになる。そうすれば、取締役会は、ＣＥＯが本当に必要としている、事業についての洞察や助言に力を注ぐだろう。取締役会を事業の重要な問題に引き込むことで、ＣＥＯは取締役会の事業への関与を適切にコントロールできるし、活発な取締役会の最大の欠点の一つである、取締役が業務そのものに干渉してきて、事業をぶち壊しにするといった事態を避けられる。

ＣＥＯが取締役会との会議以外にも、定期的に、実質的な意味で取締役たちとコミュニケーションを取るべきなのは自明だろう。しかし実際には、ＣＥＯはえてして問題が起こった時にしか取締役会に相談しない。多くのＣＥＯは、重要な話題を良いことも悪いこともバランスよく織り交ぜて報告するのが苦手である。

それをうまくやるために非常に効果的な方法は、ＣＥＯから取締役会に定期的に報告のレターを出す

というものだ。このレター関連の業務はコミュニケーション責任者またはCOOなどのCEOの補佐役に委任するとよい。多くの取締役会での実績から、レターの頻度は月1回が効果的だということがわかっている。読む者にとって確実に意味のあるバランスの取れた中身にするために、レターでは毎回報告する固定の項目を決めておく（事業環境の傾向、事業の最新情報、人事異動や採用のニュース、業績の上昇あるいは下降トレンドの兆候など）。

取締役会への中堅マネジャーの顔見世

これまでの取締役会は通常、CEOの後継者育成計画とCEOの直属の部下の手腕にのみ注目していたが、活発な取締役会は経営陣より下位のレベルの人材にも非常に関心を持っている。取締役会は中堅マネジャーたちを未来のリーダーであり、現場で成果を出すべく事業を推進しているオペレーションリーダーとして正しく認識している。だからこそ活発な取締役会の取締役は、彼らと知り合いになりたがるのだ。

これを非常に煩わしいと感じ、経営陣より下位のレベルの中堅マネジャーはまだ未熟なので取締役に会わせられないと懸念するCEOも、中にはいる。実際には、取締役に実務を担当している層を知ってもらうことは有益だ。取締役会は事業自体についても、次世代のリーダーについてもより理解を深めることになる。取締役会は経営陣以外の社員について、また、会社全体の人材の厚みについてどう考えているのか、CEOに貴重な意見をもたらしてくれるだろう。何より、中堅マネジャーにとって、取締役会に適切な形で紹介されるのは成長のチャンスである。

ＣＥＯは中堅マネジャーを取締役会に紹介する際には、取締役会をリードすべきだ。それは取締役会に影響力を及ぼすことにもなる。ＣＥＯは取締役たちと意味のあるやり取りができそうなマネジャーを何人か選び、取締役とマネジャーの面談が有意義になるように場を設定する。たとえば、朝食や夕食時の一対一の会食などもよいだろう。

ＣＥＯは取締役の人となりや想定される質問について、あらかじめマネジャーたちに説明し、かたや取締役にも、引き合わせるマネジャーたちがどんな人物であるかを説明しておくとよい。

戦略立案のやり方――戦略的に

旧来型の取締役会は、戦略立案プロセスの最後の段階――通常は取締役会会議がそれに当たる――にのみ参加して、戦略を確認し承認するのが普通だ。これとは対照的に、活発な取締役会は、戦略は会社の業績にとって非常に重要であるという理由で、戦略立案の最初から関与することを強く要求してくる。

取締役会が戦略立案に関わろうとするのは、ＣＥＯにとってはいやなもので、つい身構えてしまうだろう。ＣＥＯは、取締役は事業に関する知識が足りないために、事業計画を潰す可能性があるのではないかと恐れている。また、ひとたび取締役会を戦略立案に関わらせたら最後、彼らは増長して会社の日常のマネジメントにまで干渉してくるのではないかという懸念も持っている。

大切なのは、戦略立案はあくまで経営陣のコントロールの下で行いつつも、計画の最初の段階で、助言やフィードバックをもらうために取締役を呼んでおくことである。

方法としては、会社にとって妥当で全般的な戦略的方向を決定する早い段階で、取締役会を巻き込むのがよいだろう。ただし、そこでは細部に立ち入った説明はしない。

CEOと経営陣は戦略プランをいくつか作成して取締役会の席上で発表する。そして、それぞれのプランのメリットを取締役会に説明する。CEOと経営陣は各プランについての意見を取締役会に求めるが、どのプランを採用すべきかを取締役会に決めさせるわけではない。

この方法であれば、CEOと経営陣は、自分たちが考えてきたすべてのプランについて、取締役会の貴重な意見を知ることができ、その意見に基づいてプランの弱点を補強できる。これで、最終的に採用するプランを含む、用意したすべてのプランについて早い段階で取締役会の了承を取り付けたことにもなる。

CEOはその後、取締役会への定期レターや取締役会会議を通じて、戦略立案の最新情報を提供する。取締役会はその後も戦略立案に関与し続け、折々に意見することもできるが、戦略を実行に移すのはあくまで経営陣であり、取締役には手を出させない。

＊　＊　＊

活発な取締役会は企業にとってもはや現実のものとなっている。取締役会といかに協力して効果的に事業を進めるかということは、CEOの最も重要な問題の一つであるはずだ。これまで述べてきたように、CEOにとってこれはチャンスでもある。前述のアプローチによって、新しい取締役会とうまく関係を築けるようになるだけではなく、活発な取締役会をうまく使えば、会社を長期的なスパンで高業績企業にしていけるのだ。

『Harvard Business Review』(HBR) とは

ハーバード・ビジネス・スクールの教育理念に基づいて、1922年、同校の機関誌として創刊された世界最古のマネジメント誌。米国内では29万人のエグゼクティブに購読され、日本、ドイツ、イタリア、BRICs諸国、南米主要国など、世界60万人のビジネスリーダーやプロフェッショナルに愛読されている。

『DIAMONDハーバード・ビジネス・レビュー』(DHBR) とは

HBR誌の日本語版として、米国以外では世界で最も早く、1976年に創刊。「社会を変えようとする意志を持ったリーダーのための雑誌」として、毎号HBR論文と日本オリジナルの記事を組み合わせ、時宜に合ったテーマを特集として掲載。多くの経営者やコンサルタント、若手リーダー層から支持され、また企業の管理職研修や企業内大学、ビジネススクールの教材としても利用されている。

ハーバード・ビジネス・レビュー CEO論文ベスト12
経営者の教科書

2020年4月8日　第1刷発行
2024年4月26日　第2刷発行

編　者——ハーバード・ビジネス・レビュー編集部
訳　者——DIAMONDハーバード・ビジネス・レビュー編集部
発行所——ダイヤモンド社
〒150-8409　東京都渋谷区神宮前6-12-17
https://www.diamond.co.jp/
電話／03·5778·7228(編集)　03·5778·7240(販売)

装丁デザイン—デザインワークショップJIN(遠藤陽一)
製作進行——ダイヤモンド・グラフィック社
印刷————新藤慶昌堂
製本————ブックアート
編集担当——大坪亮

ISBN 978-4-478-10747-8